Herbert Fecker

Stuttgart

Die Schlösser und ihre Gärten

Herbert Fecker

STUTTGART
DIE SCHLÖSSER UND IHRE GÄRTEN

Das Werden der Schlösser und Gärten von der gräflichen Residenz bis zur Internationalen Gartenbauausstellung

Geleitwort von Carl Herzog von Württemberg

Fotos von Uli Kreh und Ute Schmidt-Contag

J. F. Steinkopf Verlag Stuttgart

Inhalt

Die Deutsche Bibliothek – CIP-Einheitsaufnahme

Fecker, Herbert:
Stuttgart: Die Schlösser und ihre Gärten/Herbert Fecker.
[Fotogr. Uli Kreh und Ute Schmidt-Contag]. –
Stuttgart: Steinkopf, 1992
ISBN 3-7984-0723-1

Umschlaggestaltung: Atelier Reichert, Stuttgart
Satz: Typobauer Filmsatz GmbH, Ostfildern 3
Lithos: pkom Ulf Dengler, Stuttgart
Druck und Bindung: Freiburger Graphische Betriebe

Geleitwort

Wer es nicht mehr selbst erlebt hat, muß sich auf alten Fotografien die Schönheit des alten Stuttgart vor seiner Zerstörung im Zweiten Weltkrieg vergegenwärtigen. Neben ihrem mittelalterlichen Kern erhielt die Stadt einen besonderen Reiz durch ihre Funktion als württembergische Hauptstadt und Residenz der Landesherren. Eine prachtvolle Lage inmitten von Wäldern und Weinbergen trug wesentlich zum Stadtbild bei, in dem sich bürgerliches Selbstbewußtsein und fürstliches Repräsentationsbedürfnis widerspiegelten. Die württembergischen Herrscher haben ihrer Residenzstadt durch den Bau von Schlössern und die Anlegung von Gärten nicht nur zu äußerlichem Glanz, sondern auch zu wirtschaftlicher Blüte verholfen. Als die Herzöge von Württemberg im 18. Jahrhundert ihre Residenz zeitweise nach Ludwigsburg verlegten, brachte dies für Stuttgart in wirtschaftlicher und kultureller Hinsicht einen Niedergang mit sich. Auch die fürstliche Baulust hatte eben zwei Seiten. Die Besucherzahlen der Schlösser und Gärten belegen eindrücklich, wie sehr wir auch heute noch von diesen historischen Bauten und Anlagen fasziniert sind.

In der Kriegszeit gingen gerade in Stuttgart viele Gebäude ganz oder teilweise unwiederbringlich verloren. Heute schätzen wir, was nach dem Krieg unter vielen Mühen wieder aufgebaut wurde; an erster Stelle denkt man wohl an das Neue Schloß. Was wäre das Stadtzentrum ohne die beiden, in ihrer Entstehung und Architektur so verschiedenen Schlösser? Sie sind ein Beispiel dafür, daß kein moderner Zweckbau die Ausstrahlung historischer Gebäude ersetzen kann. Auch heute noch läßt es sich darin gut leben und arbeiten.

Über die Geschichte der Schlösser und Gärten in Stuttgart und Umgebung konnte man sich bisher nur aus zahlreichen Einzelveröffentlichungen, viele davon schon älteren Datums, informieren. Professor Herbert Fecker hat den Versuch unternommen, diesen Themenkreis zusammenfassend darzustellen. Dabei berücksichtigt er auch die bisher kaum behandelte Zeit nach dem Zweiten Weltkrieg mit ihren Fragestellungen und Entscheidungen. Es ist sehr erfreulich, daß nun eine kompakte Darstellung über Schlösser und Gärten als wichtiger Beitrag zur Stuttgarter Stadtgeschichte und zur württembergischen Landesgeschichte vorliegt. Als Chef des Hauses Württemberg begrüße ich das Erscheinen dieses Buches, weil ich mir vorstellen kann, wieviele Schwierigkeiten mit der Erarbeitung einer solchen breit angelegten Gesamtdarstellung verbunden sind. Der verdienstvollen Arbeit von Professor Fecker wünsche ich eine weite Verbreitung und interessierte Leser.

Carl Herzog von Württemberg

Von den geschichtlichen Anfängen bis zum Ende des Zweiten Weltkriegs

Zur Vorgeschichte

Das Werden der Stadt

Um 950 n. Chr. wurde in der Talaue des Nesenbachs von dem Alemannenherzog Liutolf ein Stuotgarten (Gestüt) angelegt und mit einem festen Herrensitz, dem Stuthaus, verbunden. Ein neugeschaffener Burgfriedensbezirk umschloß das Ganze. Seine Lage wird im Bereich der Stiftstraße vermutet. Die Anfänge der Wasserburg auf einer Motte (künstlich angeschütteter Hügel) mit dem Kern des heutigen Alten Schlosses und einer burgartigen Ausformung dürften wohl erst kurz vor 1100 entstanden sein und sind wahrscheinlich dem Bischof Bruno von Metz zuzuschreiben.

Die Ansiedlung von Gebäuden und damit der Ursprung einer städtischen Niederlassung erfolgte jedenfalls im Gebiet um die heutige Schulstraße. Um 1030 ist Hermann IV. von Schwaben als Herr des Fleckens Stuttgart genannt. Bis um 1175 entstand eine einschiffige romanische Kirche; aus jener Zeit stammt das unterste Geschoß des Südturms der Stiftskirche – nach Hansmartin Decker-Hauff und Gustav Wais »das älteste in Stuttgart über dem Boden aufragende und in originaler Lage verbliebene Bauwerk«.

Gegen 1200 fiel Stuttgart an Baden. Nach 1219 wurde es durch den Markgrafen Hermann V. von Baden zur Stadt erhoben und als Drei-Tore-Stadt angelegt. Um 1229 ist die erste urkundliche Erwähnung des Ortes Stuttgart zu verzeichnen.

Die Herren von Wirtenberg

Der Name Wirtenberg ist in unserer Gegend erstmals nach 1070 bei der Heirat des aus dem Luxemburgischen stammenden Adeligen Konrad mit der beutelsbachischen Erbtochter Luitgart aufgetaucht. Durch diese Heirat war die Herrschaft Beutelsbach in die Hände des Adeligen gelangt, der auf dem Wirtenberg genannten Bergkegel vor dem Abbruch des Schurwalds zum Neckar eine Burg errichtete. Ein Inschriftstein bezeugt die Weihe der Burgkapelle im Jahr 1083.

Nach dem aus dem keltischen Virodunum abgeleiteten Namen des Berges »Wirtenberg« benannte er sein Geschlecht, dessen Name erstmals in einer Urkunde des Klosters Hirsau von 1081 erwähnt ist. (Luitgart war die Schwester des Abtes Bruno von Hirsau.) Die Niederschrift eines 1092 von Mitgliedern der Welfenpartei in Ulm abgehaltenen Treffens aus dem Jahr 1116 enthält den Namen Conradus de Wirtinisberk.

Ein wichtiges Datum für die weitere Entwicklung liegt um 1130, als die Württemberger das Grafenamt im Remstalgau gewannen.

Der Stammburg auf dem Wirtenberg war kein günstiges Schicksal beschieden. Im Jahr 1311 wurde sie im Reichskrieg König Heinrichs VII. gegen den Grafen Eberhard I. durch die reichsstädtischen Truppen der Esslinger erstmals zerstört, jedoch nach 1316 wieder aufgebaut. Zum zweitenmal wurde sie 1519 durch den Schwäbischen Bund nach der Flucht des Herzogs Ulrich niedergebrannt. Dieser ließ sie nach der Rückeroberung seines Landes ab 1534 wiedererrichten.

Den Todesstoß erhielt die Burg erst fast 300 Jahre später durch König Wilhelm I., der den Bergkegel zur Ruhestätte für seine verstorbene Frau Katharina bestimmte und den Gebäudekomplex 1819 abbrechen ließ. In den Jahren 1820–24 hat dort Giovanni Salucci die Grabkapelle als Mausoleum für die Königin und die königliche Familie erbaut. Seither krönt dieser der Villa Rotonda in Vicenza nachempfundene, edle klassizistische Bau den Berg und ist zu einem unverwechselbaren und unverzichtbaren Symbol unserer Heimat geworden.

Der Weg zur Landeshauptstadt

Zwischen 1245 und 1248 heiratete Graf Ulrich der Stifter (des Chorherrenstifts Beutelsbach) – oder auch der mit dem Daumen – Mechthild von Baden, die Erbin Stuttgarts. So gelangte der Graf in den Besitz der Stadt, wobei als letztes Datum dafür das Jahr 1259 angegeben wird. Es ist anzunehmen, daß danach ein planmäßiger Ausbau erfolgte, der den Grundriß der Stadt wesentlich prägte und bis heute erkennbar geblieben ist. Die drei Tore, das Tunzhofer Tor im Nordosten (heute Kanzleibogen zwischen Alter Kanzlei und Prinzenbau), das Esslinger Tor im Südosten (im Zuge der Markt- bzw. Hauptstätterstraße) und das Obere Tor (an der Kreuzung Breite und Lange Straße) markierten die ursprüngliche Ausdehnung der Stadt. Wie eine ovale Schüssel lag das Gebilde mit dem Marktplatz an der tiefsten Stelle des ursprünglichen Nesenbachverlaufes.

Die Standorte des Stuthauses wie der ersten romanischen Kirche befanden sich auf der Sauerwasser-Kalkterrasse im Norden, also auf festem Baugrund. Damit erklärt sich auch die etwas abseitige Lage der Stiftskirche. Graf Ulrich starb 1265 und wurde in der Stiftskirche von Beutelsbach beigesetzt. Von seinem Nachfolger Ulrich II. ist wenig bekannt.

Graf Eberhard I., der Erlauchte (1265–1325), trat 1279 die Regierung an. Seine Regentschaft dauerte bis 1325, also eine Zeitspanne von 46 Jahren, damals die Länge eines ganzen Menschenlebens. Sie ist gekennzeichnet durch eine fast ununterbrochene Reihe von Kriegen und Fehden und von wechselnder Parteinahme. Alle Auseinandersetzungen dienten dem einen Ziel, seine Macht und Herrschaft zu mehren und eine weitgehende Unabhängigkeit vom Reichsoberhaupt zu erreichen.

Zum ersten Mal belagerte König Rudolf von Habsburg Stuttgart im Jahr 1286. Graf Eberhard mußte kapitulieren. Im Sühnevertrag vom 10. September war die Schleifung der Stadtmauer gefordert worden. In diesem Zusammenhang ist die früheste Nennung Stuttgarts als Stadt geschehen. Schon im Jahr danach gab es erneute Kämpfe mit dem König; wieder unterlag Eberhard.

Fast ein Vierteljahrhundert später, im Reichskrieg, den König Heinrich VII. nach Verhängung der Reichsacht zwischen 1311 und 1314 gegen Eberhard führte, verlor der Graf Land und Macht. Während der Reichsexekution 1311 wurden die Stammburg auf dem Wirtenberg zerstört und der Sitz Beutelsbach mit dem Stift zum Heiligen Kreuz und dem Erbbegräbnis der ersten Württemberger Herren verwüstet. Stuttgart ergab sich 1312 dem Reich und Esslingen. Eberhard mußte fliehen und hielt sich in der Burg Besigheim bei seinem badischen Vetter verborgen. Im folgenden Jahr starb der Kaiser in Italien. Graf Eberhard gelang es, mit seinen Standesgenossen Sühneverträge zu schließen und sogar seinen unnachgiebigsten Gegner Esslingen zur

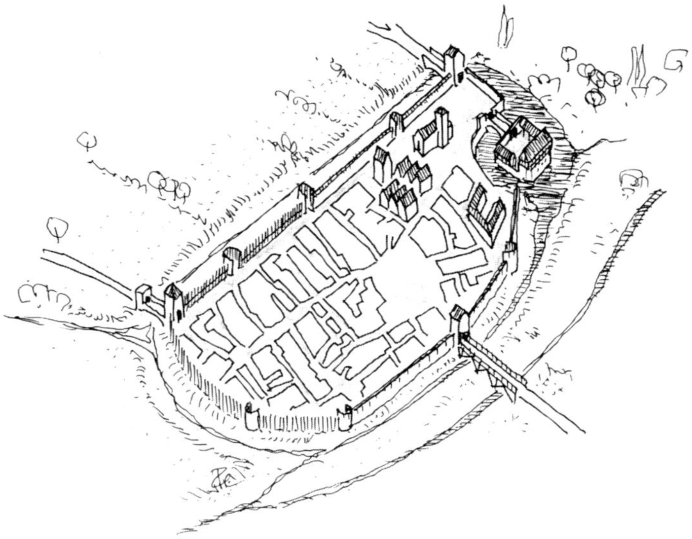

STADTGRUNDRISS
13. JAHRHUNDERT

Anerkennung seiner Vogtrechte zu bewegen. Stuttgart gelangte 1315 wieder in den Besitz des Grafen.

Die große Stunde der Stadt schlug im Jahr 1316. Graf Eberhard bestimmte Stuttgart zum »Sitz der Herrschaft zu Wirtenberg«. Ein verlorener Krieg und die wiedergewonnene Macht haben somit den Aufstieg der Stadt zur Residenz und damit zur Hauptstadt von Württemberg bewirkt. Sie blieb es mit Unterbrechungen bis zum Jahr 1952, als Stuttgart zur Landeshauptstadt des größeren Landes Baden-Württemberg wurde.

Nach der Entscheidung des Grafen Eberhard begann eine rege Bautätigkeit. Die Stammburg auf dem Wirtenberg wurde wieder aufgebaut. In Stuttgart selbst wurde der Umbau der alten Wasserburg eingeleitet.

Die noch als Filiale der Pfarrei St. Martin in Cannstatt bestehende Abhängigkeit der Kapelle zum Heiligen Kreuz wurde aufgehoben; sie ist zur Pfarrkirche sowie durch die Verlegung des Chorherrenstifts und des Erbbegräbnisses der Württemberger von Beutelsbach nach Stuttgart auch zur Stiftskirche erhoben worden. Ihr zwischen 1327 und 1347 entstandener, langgestreckter gotischer Chor mit der Grablege des Herrschergeschlechts war die bauliche Entsprechung dieses Schrittes. Die Kirche lag damit im Spannungsfeld zwischen Staat und Kommune, an der Verbindungslinie vom Schloß zum Marktplatz: Der Chor wurde zum beherrschenden Element an der Stadtseite des Burgbereichs, das Langhaus war mit den Eingängen dem bürgerlichen Zentrum zugewendet. Stadt und Burg waren so zu einer Einheit verschmolzen.

Das Alte Schloß

Die Burg des Mittelalters

Altes Schloß, 13. Jahrhundert. Vielleicht hat die »Urburg« so ausgesehen.

Mit dem ab 1316 errichteten Dürnitzbau trat das Alte Schloß sichtbar in die Geschichte ein. Dieser Urbau kann in wesentlichen Teilen bis heute nachvollzogen werden. Der mächtige, leicht schiefwinklige Baukörper ist über 50 Meter lang und etwa 23 Meter breit. Die abgeschrägten Ecken an der Nordost- und Südostseite dienten sicher der besseren Verteidigung, zumal das Schloß dem Stadtoval an der Nordostecke in unmittelbarer Nachbarschaft zum Tunzhofer Tor vorgelagert war und die Hauptangriffseite mit den wichtigsten Zufahrtsstraßen abdecken konnte. Der massige Bau stieg dort unmittelbar aus dem Sumpfgelände des Nesenbachs empor; ein umlaufender Wassergraben verstärkte noch die trutzige Wirkung.

Es wird angenommen, daß der Bau auf einem nach Osten, Süden und Norden hohen Sockel zwei Geschosse aus Stein aufwies. Dies läßt sich aus dem Gefüge des Mauerwerks ablesen, dessen alte Mauerteile aus Stubensandstein mit fast quadratischem Format bestehen, die durchweg mit den in der gotischen Zeit charakteristischen Löchern für die Aufzugzangen versehen sind. Es kann offenbleiben, ob diese Bauteile noch im Ganzen der Wasserburg des Grafen Ulrich im 13. Jahrhundert zuzuordnen sind.

Die großen Spitzbogenfenster in der Dürnitz – der üblichen großen Halle im Erdgeschoß – waren später eingebrochen und mit Gewänden aus Schilfsandstein versehen worden. Die Steinmetzzeichen dort stimmten zum Teil mit denjenigen am Chor der Stiftskirche überein; der Baumeister Walther ist namentlich überliefert. Diese (zweite) Bauphase kann somit auf den Zeitraum nach 1316 unter Graf Eberhard I. datiert werden.

Unter dem steilen Dach befand sich wahrscheinlich noch ein Fachwerkgeschoß. Gegen die Stadtseite hin war allein vom Bedarf her sicher schon damals ein Burghof mit Wirtschaftsgebäuden vorgelagert und mit einem Wassergraben umgeben.

Wie eine Halskrause umgab ein überdeckter Wehrgang den Dürnitzbau auf der Nord-, Ost- und Südseite. Er entstand vermutlich um die Mitte des 15. Jahrhunderts und ging sogar auf der Westseite, der Hofseite, entlang. In einem Plan aus dem 18. Jahrhundert war er noch bis zur Reittreppe eingezeichnet. Bis zur Zerstörung im Zweiten Weltkrieg steckten in der Umfassungsmauer noch die Reste der das Dachgebälk tragenden Kragsteine.

Dem Charakter nach dürfte das erst viel später (1443–1445) gebaute Uracher Schloß der Stuttgarter Burg ähnlich gewesen sein, wenn es auch in Größe und Aussehen weit wohnlicher und weniger wehrhaft erscheint.

Das Innere war bestimmt durch die mächtige, zweischiffige Halle. Neun auf die Trennwand des darunterliegenden, gewölbten Weinkellers abgestellte Rundpfeiler nahmen die hölzernen Längsunterzüge auf und trugen die flache Holzbalkendecke. Weitere Hinweise auf die räumliche Aufteilung fehlen im 14. Jahrhundert.

Nach dem Grafen Eberhard regierten Ulrich III. bis 1344 und Eberhard II, der Greiner, von 1344 bis 1392. Die Stadt war um die Jahrhundertmitte auf etwa 4000 Einwohner angewachsen und hatte eine Ausdehnung von ungefähr 525 auf 250 Meter. Das entsprach noch dem Längsoval zur Zeit der Stadtgründung mit den drei Toren. Eberhard der Greiner ließ um 1380 im geschützten Winkel südöstlich des Schlosses einen Garten anlegen, der durch einen Steg über den Wassergraben mit dem Schloß verbunden war. Der älteste »Lustgarten«, d.h. eine zum Schloß gehörende Gartenanlage, ist somit vor sechshundert Jahren entstanden.

Im Hinblick auf die Funktion als Residenz ist die Erwähnung der »Herrschaftskelter« hinter dem Stiftsfriedhof 1393 und der Kanzlei des Grafen im »Neuen Steinhaus« 1397 von Belang. Die Grafen wohnten um die Jahrhundertwende vornehmlich in Stuttgart.

Zum Schloß erfahren wir aus einer alten Urkunde des Jahres 1417 etwas über die Räume in den Obergeschossen der Burg. »Über dem unden großen Dürntzen minß herren saligen alten gemach obenn in dem hus; kamer mit dem Würtzgarten gen den hof hin uss; kamer gegen der dantzwisen hin us; ritterstuben oben in dem hus.« Im gleichen Jahr wird auch von einem neuen Sommerhaus berichtet. 1425 wird eine Burgkapelle urkundlich erwähnt.

1484 erscheint die »krumme Stube« als Wohngemach des Grafen Eberhard im Bart. Sie lag wohl an einer der gebrochenen Ecken auf der Ostseite. Gleichzeitig taucht in den Unterlagen ein neues Haus auf, das vermutlich mit dem Brunnenhaus identisch war, das nach einem unter Eberhard gebauten Rohrbrunnen so genannt wurde. Es war mehrstöckig und diente der Unterbringung von Kindern und Gästen.

Die Angaben über das Burginnere fallen überwiegend in die Regierungszeit des Grafen Ulrich V., des Vielgeliebten, der von 1433 bis 1480 herrschte, und seines älteren Bruders Graf Ludwig.

Die Brüder teilten 1441 das Herrschaftsgebiet auf; Stuttgart blieb zunächst gemeinsame Hauptstadt. Bereits ein Jahr später wurde Stuttgart alleinige Residenz Ulrichs; Ludwig nahm seinen Herrschaftssitz in Urach. Er erbte im übrigen 1444 von seiner Mutter Henriette die Grafschaft Mömpelgard, die so an Württemberg kam und bis 1803 verblieb.

Unter Graf Ulrich nahm die Stadt einen beachtlichen Aufschwung. Eine seiner ersten Taten war die Ausschreibung einer Steuer zum Umbau der Stiftskirche, d. h. zur Erweiterung als dreischiffige Hallenkirche. Sie wurde 1433 von Hänslin Jörg begonnen und von seinem Sohn Aberlin Jörg bis 1493 fortgeführt und 1495 vollendet.

Um 1450 ließ Ulrich auf dem Marktplatz das »Herrenhaus« als Sitz der peinlichen Gerichtsbarkeit errichten und erlaubte 1456 der Stadt den Bau eines Rathauses, das bereits zwei Jahre später fertiggestellt wurde. Die politische Mitte der Stadt war damit baulich fixiert.

Wesentlicher noch für das Land war die erste Zusammenkunft eines »Landtages« und damit der Beginn demokratischer Auseinandersetzungen zwischen Herrscher und Volk. Die Versammlung war aus Ritterschaft, Prälaten und den Vertretern der Städte in der »Landschaft« zusammengesetzt und tagte vermutlich im Juli 1457 in Stuttgart. Eine zweite Sitzung folgte am 16./17. November im Schwarzen Adler zu Leonberg. Die Landschaft wirkte zum ersten Mal bei den Regierungsentscheidungen mit; die »Ehrbarkeit der Städte« gewann einen vertraglich festgelegten Anteil an der Regierungsgewalt.

In Urach hatte 1459 Graf Eberhard V., »im Bart«, die Regierung übernommen. Im Uracher Vertrag von 1473 leitete er die Wiedervereinigung der getrennten Landesteile ein. Nach der Abdankung Graf Ulrichs V. und dessen Tod im Jahr 1480 wurde die Teilung im Münsinger Vertrag vom 14. Dezember 1483 aufgehoben. Es erfolgte die Erhebung der Grafen in den Fürstenstand; alle Besitzungen wurden erbliches, unveräußerliches, unteilbares Reichslehen. Stuttgart wurde zur alleinigen Haupt- und Residenzstadt bestimmt.

Eberhard im Bart verlegte 1483 seine Hofhaltung von Urach nach Stuttgart. Bauliche Veränderungen des Schlosses sind aus jener Zeit nicht bekannt. In diesem Zusammenhang wurde aber der bereits um 1380 genannte Garten südöstlich der Burg erweitert und zum Lustgarten für die Gemahlin Eberhards, Barbara von Gonzaga, Herzogin von Mantua, hergerichtet.

Auf dem Reichstag in Worms, am 21. Juli 1495, erhielt der Graf eine weitere Anerkennung für den wiedervereinigten Staat. Württemberg wurde Herzogtum, er selbst wurde zum Herzog Eberhard I. »von Württemberg und Teck« erhoben.

Die erste Hälfte des 16. Jahrhunderts ist durch Herzog Ulrich geprägt. Er regierte in Phasen von 1503 bis 1550. In seinem Schicksal verbinden sich die Unruhen der Zeit mit dem eigenen unsteten Wesen. Dreimalige Flucht bzw. Vertreibung Ulrichs und Verhängung der Reichsacht, der zeitweilige Übergang der Herrschaft an den Schwäbischen Bund und das kaiserliche Habsburg, die wiederholte Besetzung Stuttgarts, der Bauernaufstand des Armen Konrad und die zweite Zerstörung der Stammburg auf dem Wirtenberg stehen dafür. Das Land ist schier darüber zerbrochen.

Ulrich waren zwischen 1535 und 1545 zehn friedliche Jahre vergönnt. Während dieser Phase kümmerte er sich um das Bauwesen des Landes. Im Stuttgarter Schloß entstanden wahrscheinlich zwischen 1535 und 1540 die beiden unteren Geschosse des Rundturms an der Ostecke des Dürnitzbaues; im Zusammenhang damit sind Umbauten des Inneren erfolgt. Für die Verwaltung wurde 1542–44 die neue, jetzt »Alte« Kanzlei vor dem Burggraben an der Nordostecke der Burg bis zum noch vorhandenen Staffelgiebel errichtet.

Den Schwerpunkt seiner Tätigkeit legte Ulrich von 1537 bis 1542 auf den systematischen Ausbau der Landesfestungen. Dieser war ihm so wichtig, daß ein Drittel der recht geringen Staatseinnahmen dafür verwendet wurde. Zur militärischen Sicherung legte er mit

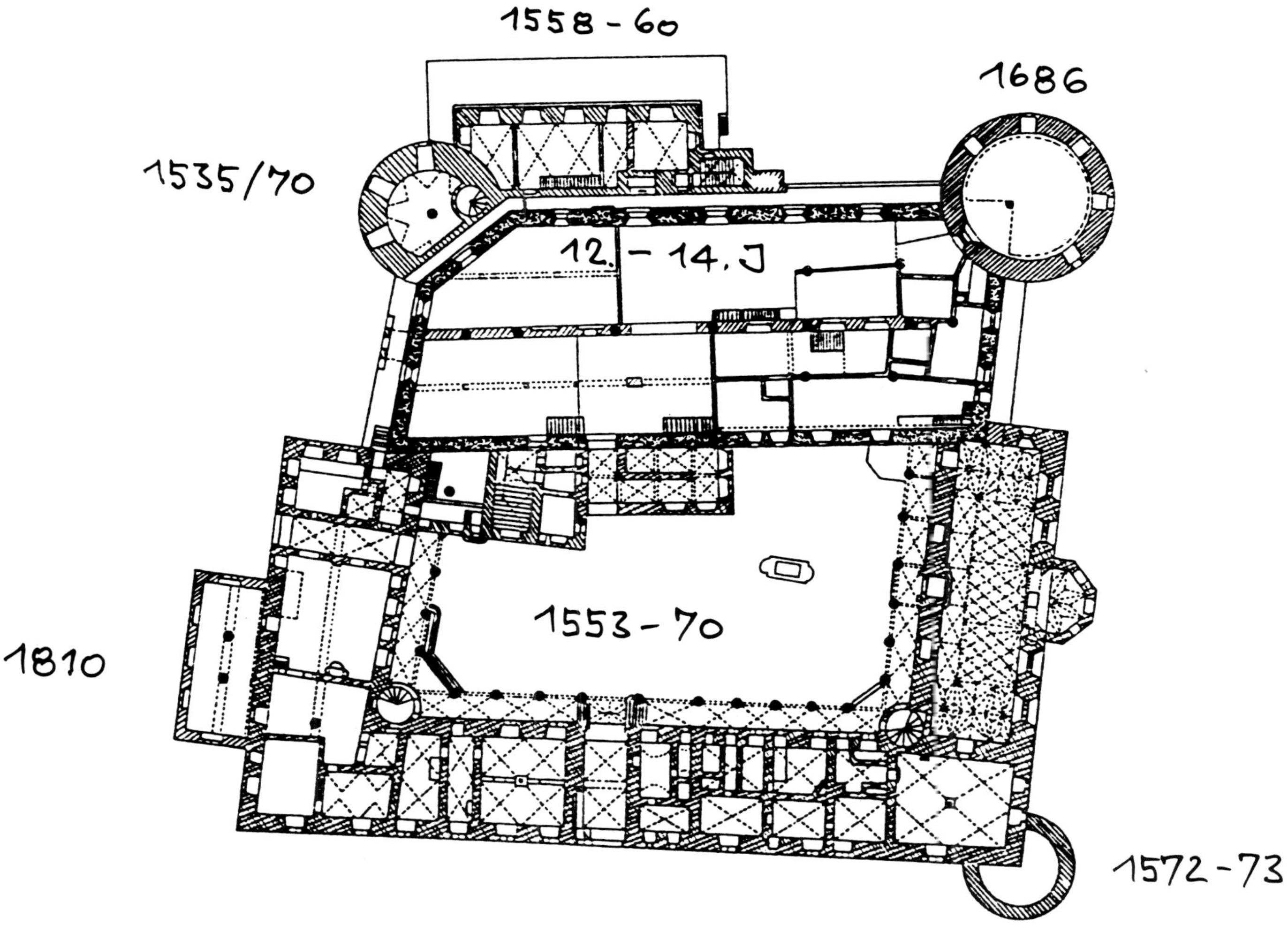

Altes Schloß. Erdgeschoß mit Bauphasen. (Nach C. Horst, Die Architektur der deutschen Renaissance, 1928).

den fünf Bergfestungen Hohentübingen, Hohenurach, Hohenneuffen, Hohenasperg und Hohentwiel sowie mit den zwei Stadtbefestigungen Kirchheim unter Teck und Schorndorf, die er weiter ausbaute, einen Kranz um die Residenzstadt Stuttgart. Mächtige Rundtürme an den Ecken zur Aufstellung schwerer Geschütze kennzeichnen die nach ähnlichem Typ ausgeführten Bauwerke. Schließlich gehören die Schlösser in Böblingen und Nürtingen noch dieser Phase an. Am 6. November 1550 starb Herzog Ulrich in Tübingen.

Herzog Christoph und das Schloß der Renaissance

Einen Tag nach der Beisetzung seines Vaters Herzog Ulrich in Tübingen ließ sich der fünfunddreißigjährige Herzog Christoph in Stuttgart huldigen. Diese Eile hatte ihren Grund: Christoph hatte den Heilbronner Vertrag der Unterwerfung Ulrichs nur unter Vorbehalt bestätigt, denn im anschließenden Prozeß des Kaisers Ferdinand gegen Ulrich wegen Lehensuntreue ging es um den Erhalt des Herzogtums für die Württemberger. Die von Christoph mit großem Geschick geführten Verhandlungen waren noch nicht abgeschlossen, so daß die Huldigung vollendete Tatsachen schaffen sollte. 1551 zogen die kaiserlichen Truppen ab; der Herzog war nach dem Vertrag von Passau 1552 endlich Herr im eigenen Haus.

Für das zerrüttete Staatswesen brach eine neue Ära an. Zwei Monate nach dem Tod Ulrichs berief Herzog Christoph die erste Sitzung des Landtags ein, um zu dieser »Volksvertretung« wieder ein besseres Verhältnis herzustellen. Verwaltung und evangelische Landeskirche erhielten eine neue Ordnung. Trotz schwacher Staatsfinanzen ging der Fürst unverzüglich an den Umbau der gotischen Burg zum Residenzschloß der Renaissance. Über dem Hauptportal befand sich einst eine Inschrift in lateinischer Sprache. Sie besagte, daß Herzog Christoph im Jahre 1553 von Grund auf begann und 1570 letzte Hand daran gelegt wurde.

Im Februar 1553 bestellte der Herzog Bauhandwerker und ließ diese wissen, er wolle »diess jar den gart-

EBERHARD IM BART

ten mit der maur beschließen und den Turm im eck machen lassen«. Damit war vermutlich der unter Herzog Ulrich begonnene und zwei Geschosse hoch aufgeführte Ostturm gemeint. Sehr schnell dürfte sich gezeigt haben, daß die Wünsche des Herzogs einen qualifizierten Architekten und Baumeister erforderten. Dazu wurde Aberlin Tretsch berufen, der – um 1510 in Stuttgart geboren – seit 1537 in herzoglichen Diensten stand. Er hatte seine Fähigkeiten bereits im Land bewiesen und sich vor allem auf dem Hohentwiel bewährt. Noch im Jahr 1553 wurde ihm die Oberleitung über das gesamte Bauwesen anvertraut; ab 1555 war er vermutlich dauernd am Stuttgarter Schloßbau verantwortlich tätig. Sein wichtigster Gehilfe wurde Blasius Berwart, der als hervorragender Treppenbauer bekannt war und dem die Steinmetzen unterstanden.

Die Dürnitz wurde umfassend verändert und erhielt ein völlig neues Gesicht. Das erste Obergeschoß wurde neu gebaut, und anstatt des wahrscheinlich darüber gelegenen Fachwerkgeschosses wurde das zweite Obergeschoß ebenfalls aus Stein aufgeführt. Die wesentlichste Hinwendung zur Architektur der Renaissance geschah aber neben den geänderten Fensterformaten mit den rechteckigen Aufstockungen der Dachzone und den aussteifenden, risalitartigen Pfeilervorlagen zur Gliederung der östlichen Langseite. Kleeblattgiebel bildeten jeweils den oberen Abschluß und bewirkten nicht nur eine große Lebendigkeit, sondern waren sichtbarer Ausdruck der neuen Architektur.

Die durchgängige Zweischiffigkeit des Erdgeschosses der Dürnitz wurde wegen des im Südteil darüberliegenden Rittersaales aufgegeben; zusätzlich waren hierfür zwei Stützenpaare mit Unterzügen notwendig, was die Großzügigkeit erheblich beeinträchtigen mußte. Im März 1555 konnte bei der Hochzeit des Oberjägermeisters Jordan von Breitenbach die Ritterstube über der Dürnitz bereits benutzt werden. Ein Jahr später, im Juni 1556, war sogar die Einquartierung des Kaisers Maximilian und seiner Gemahlin in den Gemächern des Herzogs und seiner Familie möglich. 1557 waren die herzoglichen Wohnzimmer über der Dürnitz mit Ritter- und Herzogsstube ausgestattet. Das Haus war bis zum dritten Stock »aufgefahren« und 1558 war der Dachstock beim »Frauenzimmer« fertiggestellt. Der Ausbau des zweiten Obergeschosses mit dem Gemach der Herzogin und den Jungfrauenstuben war 1560 abgeschlossen. Der riesige, fast 14 Meter hohe Dachstuhl wurde 1557 bis 1559/60 von dem Heidelberger Werkmeister Lienhard Bronner über der 25 Meter hochragenden Ostfassade errichtet.

Zum Schloßplatz in Richtung auf das Tunzhofer Tor wurden alle alten Gebäude der Vorburg beseitigt. Ab 1557 entstand – vielleicht unter Verwendung alter Fundamente in dem sumpfigen Gebiet – der schiefwinklige Innenhof mit den 3 Arkadenflügeln. Dafür spräche, daß die Seitenflügel nur an den Dürnitzbau angehängt sind und über die Außenwände der alten Burg hinausragen; zu dieser gab es nur schmale Verbindungen. Zwei Portalöffnungen erschlossen das Innere: zum Schloßplatz (Schillerplatz) hin der Hauptzugang, in die Talaue hinaus über eine Brücke die Verbindung zu den herzoglichen Gärten. Die schmucklosen Fassaden verliehen dem Gesamtkomplex trotz der Höhenunterschiede eine einheitliche Wirkung. Herausgehoben wurde die Kirche mit Chor und Fenstern auf der Stadtseite, und über dem Hauptportal wurde die durchgehende Dachzone aufgeschnitten und durch eine Altane unterbrochen. Rechteckige, auf die Ecken und direkt auf die Gesimse gesetzte Pavillons gliederten die Dächer in rhythmischer Folge und leiteten zum Maßstab des Dürnitzbaus über.

Repräsentanz und architektonischer Anspruch des etwa 25 auf 40 Meter messenden Innenhofes wurden von den dreigeschossigen Arkadengalerien der Flügelbauten geprägt. Sie wurden den Baukörpern vorgesetzt und dienten den durchgehenden Raumfluchten als zusätzliche Erschließung. Vermutlich waren zunächst hölzerne Galerien mit Anschluß an die runden Treppentürmchen geplant. Diese stammen von Blasius Berwart, der auch die Arbeiten an den Arkaden beaufsichtigte. Berwart hat das Thema der Wendeltreppen mehrfach an anderer Stelle wiederholt, u.a. bei der 1574 entstandenen berühmten Spindeltreppe im Hochschloß zu Mergentheim.

Die Ausführung der Arkaden ist mit keinem anderen Beispiel zu vergleichen. Die flachen Arkadenbögen mit den Kreuzrippengewölben werden in allen drei Geschossen von gedrungenen korinthischen Säulen mit zylindrischen Postamenten getragen; stark plastische Kompositkapitelle mit Blattmasken stellen den Übergang her. Der Baumeister hat jedenfalls die Regeln der klassischen Architektur sehr eigenständig ausgelegt und seine Lösung ohne hierarchische Unterschiede zusammengefügt.

Zuerst wurde der Nordostflügel begonnen, in dem erdgeschossig die Küche und die Badstube sowie darüber der Tanzsaal untergebracht waren. Wegen der Kamine wurden Lienhard Bronner und der Steinmetz Dewa nach Schwetzingen geschickt, um die dort gebauten anzusehen und Abrisse zu nehmen. Die beiden

Schloßkirche. Zustand von 1864.

mächtigen, 24 Meter hohen Essen bestimmten bis zu ihrem Abbruch 1820 die Fassade am Schloßplatz wesentlich mit.

Der stadtseitige Südwestflügel wurde vermutlich 1559 angefangen. Dieser Trakt sollte die Schloßkirche aufnehmen, deren Planung zu jenem Zeitpunkt noch nicht abgeschlossen war. Jedenfalls ließ sich der Herzog im Mai von Aberlin Tretsch ein Visier des »andern neuen baus« senden. Damit konnte nur der Südwestflügel gemeint sein.

Die Schloßkirche war der erste für den evangelischen Gottesdienst erbaute Kirchenraum im Herzogtum Württemberg. Nachdem Christoph die schon von seinem Vater 1534 durchgeführte Reformation endgültig vollzog, erhielt diese Aufgabe besonderes Gewicht. Die Gestaltung sollte sich deutlich von den durch die katholische Gottesdienstform geprägten Kirchenräumen unterscheiden und das Bekenntnis des Landesherrn zur neuen Lehre sichtbar machen. Außerdem war die Größe auf die Teilnahme des ganzen Hofes an Predigt und Abendmahl auszurichten. Der Herzog suchte sich deshalb Kenntnisse über die Baubeispiele anderer evangelischer Fürsten zu verschaffen. Die gottesdienstliche Praxis der Württembergischen Kirche war jedoch schlichter als die der lutherischen Ordnung und somit im Altarbereich genügsamer.

Der rechteckige Zuschnitt des zweigeschossigen Raumes mit nur 7,5 Meter Breite bei 28,5 Meter Länge ist nicht sonderlich günstig, war aber durch die Gebäudeform vorgegeben. Eigentümlich und bestimmend ist das zusätzlich eingefügte Chörlein inmitten der Außenseite, vor dem der Altar aufgestellt wurde; die Kanzel hatte daneben am rechten Eckpfeiler ihren Platz. Die Orientierung des so entstandenen Quersaales wurde auf dieses Zentrum ausgerichtet und durch den Emporeneinbau – schmal auf der inneren Längsseite und tief an den beiden Enden – unterstrichen. Auf Befehl des Herzogs wurde in das Chörlein noch eine Orgelempore eingebaut, zu der eine Schneckentreppe hinaufführte. Kunstgeschichtlich bedeutsam waren die von dem Laudenbacher Bildhauer Sem Schlör geschaffenen vier Evangelistenbilder der Kanzel und die am Altar angebrachten Relieftafeln der zwölf Glaubensartikel. Von Sem Schlör stammen auch die beiden Eingangsportale zum Erdgeschoß und zur Empore. Die Schloßkirche erhielt am 2. Januar 1560 ihre eigene Gottesdienstordnung. Sie wurde jedoch zu diesem Zeitpunkt vermutlich noch nicht benutzt und ist erst am 11. Dezember 1562 eingeweiht worden. Damit war aber der Ausbau noch nicht beendet. Am 2. Juli 1566 befahl nämlich der Herzog dem Baumeister Aberlin Tretsch:

»du wellest mit allem Ernst und Fleiß darob sein, dass die Gemach ob der Kirche allerdings mit Legung der Fußböden, Aufschlagung der Brusttäfer, auch Bänkh und ander dergleichen one feelen zu Ausgang diess noch laufenden Monats aus und das gewelb ob der Kirchen der Beratschlagung nach gemacht werden.« Erst danach erhielt die Kirche somit ihr Holz- und Stuckgewölbe, dessen Oberfläche Herzog Ludwig im Jahr 1573 nochmals verändern ließ.

Die Arbeiten am Dürnitzbau neigten sich 1559 mit dem Aufschlagen des Dachstuhls dem Ende zu. Schon im Jahr zuvor beschloß der Herzog Zufügungen an dem Gebäude, die das Erscheinungsbild beachtlich veränderten. Vor die südöstliche Längsfassade und angelehnt an den Rundturm wurde der zweigeschossige Archivbau gesetzt, um die in den Räumen der Küchen-

Altes Schloß, Nord- und Ostseite um 1860. Lithographie von Friedrich Keller.

verwaltung befindliche wertvolle Urkundensammlung der »Hofregistratur« sicher und würdig unterzubringen. Getrennt durch den ehemaligen Wehrgang ist der Bau selbständig errichtet, was sowohl technische Gründe als auch solche des Brandschutzes haben konnte. Der kreuzgratgewölbte Raum hat vielleicht deshalb die späteren Zerstörungen überstanden.

Dem Herzog genügte wohl der im Hof schon errichtete Wendelstein als Zugang in die Obergeschosse des Dürnitzbaus nicht. Ihm hatte die zwischen 1543 und 1546 in der Residenz des Bischofs von Dillingen gebaute Reittreppe so gut gefallen, daß er »alhie auch eine darnach machen zu lassen willens war«. Er schickte im Sommer 1558 Blasius Berwart dorthin, um Risse anzufertigen. Von ihm stammt die gerühmte und berühmte zweiläufige Rampentreppe im Innenhof, auf der man zu Pferd bis in das zweite Obergeschoß gelangen konnte. Für die Hoffront war allerdings der im Vergleich zu den architektonisch herausgehobenen Arkadenflügeln mit den zierlichen Treppentürmchen recht klobig geratene Vorbau kaum bereichernd, und wenig befriedigend dürfte auch die ehemals zweigeschossige hineingequetschte Hofkellerei gewesen sein. Die Wirkung des Schloßbaus war aber im Ganzen sehr beeindruckend. In einem begeisterten Hymnus hat Nikodemus Frischlin 1577 das Bauwerk außen und innen beschrieben.

Die endgültige Fertigstellung des Schlosses im Jahr 1570 konnte Herzog Christoph nicht mehr erleben. Er starb zwei Jahre zuvor, am 28. Dezember 1568. Das Bauwerk war aber bei seinem Tod im wesentlichen vollendet. Über dem Portal der Nordseite befindet sich noch ein Relief mit den Wappen des Herzogs und seiner Gemahlin Maria Anna von Brandenburg-Ansbach, das Sem Schlör 1563 gefertigt hat.

Zum Ausbau der Residenz mußte die Alte Kanzlei für die herzogliche Verwaltung 1565–67 um ein Geschoß aufgestockt und bis zum Tunzhofer Tor verlängert werden. An ihrer Südostecke wurde zur besseren Versorgung der Brunnen 1598 der Wasserturm in Form einer dorischen Säule angebaut, den heute der Merkur krönt. Unten angelehnt war ein kleiner Brunnen, im Volksmund später das »Kosakenbrünnele« genannt.

Während der Regierungszeit von Herzog Christoph nahm auch die Baugeschichte der Volksvertretung ihren Anfang. Im August 1564 wurde das dem herzoglichen Kammersekretär Franz Kurz gehörende Haus an der nachmaligen Landschaftsgasse und späteren Kronprinzstraße 4 »für die Landschaft« erworben. Im Jahr darauf erfolgte der Einbau eines Gewölbes für den Kassenraum und das Archiv. Das Haus wurde 1583 zum Sitz der »Einnehmerei« bestimmt. Im gleichen Jahr wurde daneben das neue Landschaftshaus begonnen nach einem »Riss«, den der 1580 verstorbene Baumeister Jakob Salzmann gefertigt hatte.

Das Wirken der Nachfolger

Beim Tod des Vaters war der nachfolgende Herzog Ludwig gerade 14 Jahre alt. Er stand elf Jahre unter Vormundschaft und gelangte erst im Dezember 1579 an die Regierung. In der Zwischenzeit (1573–75) erhielt die Schloßkirche – wahrscheinlich unter dem Einfluß der Herzoginmutter – eine reichere Ausstattung durch das Rippennetz auf dem Gewölbe mit den Wappen der Ahnen sowie den Passionszyklus an der Empore.

Am 13. Januar 1569 zerstörte ein Brand den »Langen Saal«; vermutlich ist dies der über der Küche gelegene Tanzsaal gewesen. Zur statischen Sicherung wurde 1572/73 der Rundturm an der Nordwestecke des Schlosses gebaut. Im Jahr 1578 erfolgte die Aufstokkung des von Herzog Ulrich um 1535 begonnenen Südostturmes bis zur heutigen Höhe. Auf der flachen Dachterrasse des Archivbaus wurde ein Nutz- und Blumengärtlein angelegt und ein Springbrunnen aufgestellt. Den Zugang sicherte der vorhandene Erker. Während seiner Regierungszeit galt das hauptsächliche Interesse des Herzogs Ludwig aber der Gestaltung des Lustgartens und dem Bau des großen Lusthauses.

Dem kinderlosen Regenten folgte 1593 sein Onkel Herzog Friedrich von Württemberg-Mömpelgard nach, ein recht autoritärer Herr, dessen Ordnungsdenken sich auch im Baulichen niederschlug. Mit ihm trat einer der bedeutendsten Architekten unseres Landes auf den Plan: Heinrich Schickhardt, 1558 in Herrenberg geboren, wurde 1596 zum Württembergischen Hof- und Landbaumeister bestellt. Er fertigte 1599 den Stadtplan von Freudenstadt und baute 1601–14 die dortige winkelhakenförmige Stadtkirche; er arbeitete in Mömpelgard, wo u.a. 1601–07 die Kirche St. Martin nach seinen Plänen entstand; auf ihn geht die Front der Vorburg des Tübinger Schlosses mit ihrer pompösen Toranlage zurück.

In Stuttgart erhielt der Platz vor dem Schloß seine endgültige Dimension. Die vorhandenen Häuser wurden 1594 erworben und abgebrochen. Am Rand des Grossen Grabens baute Schickhardt ab 1605 den 71 Meter langen und 20 Meter breiten, riesigen, stützenlosen Gewölbekeller für die Kammerschreiberei sowie die Rückseite des Unterstockes, die Basis für den späteren Prinzenbau. Nach dem Tod des Herzogs geriet der Bau ins Stocken; er erhielt bis 1663 nur ein Überdach. Wichtigstes Bauwerk Schickhardts, und neben dem Neuen Lusthaus vermutlich das bedeutendste Renaissancegebäude in Stuttgart, war der 1599–1607 südlich des Alten Schlosses erstellte »Neue Bau«, den der Architekt nach einer Studienreise im Gefolge des Herzogs entworfen hatte. Er enthielt im unteren Geschoß den Marstall und die Rüstkammer; darüber befand sich ein über zwei Geschosse reichender Festsaal. Am 22. Dezember 1757 fiel das Gebäude einer Brandkatastrophe zum Opfer und wurde 1778 abgebrochen.

Der Dreißigjährige Krieg bestimmte die erste Hälfte des 17. Jahrhunderts. Das erste Jahrzehnt dieser kriegerischen Auseinandersetzungen um Macht und Glauben war im Südwesten noch wenig spürbar. Direkte Auswirkungen sind in Stuttgart erst 1634 zu verzeichnen; der seit 1632 regierende Herzog Eberhard III. floh nach der von den verbündeten Schweden 1634 verlorenen Schlacht bei Nördlingen nach Straßburg, von wo er erst vier Jahre später zurückkehren konnte. Das Schloß wurde geplündert. Die Kaiserlichen hielten Württemberg besetzt. Kaiser Ferdinand III. weilte in dieser Zeit drei Mal in Stuttgart und ließ sich und Österreich huldigen.

Der Einzug des Herzogs am 11. Oktober 1638 in seine Residenz glich einem Trauerakt. Die Predigt stand unter dem 60. Psalm: »Gott, der du uns verstoßen und zerstreut hast und zornig warst, tröste uns wieder!« Wegen Unbewohnbarkeit des Schlosses suchte der Herzog den Landtag in dessen Ständehaus auf.

Bis zum Kriegsende war das Land Kriegsschauplatz, Winterquartier für Kaiserliche, Schweden und Franzosen, und die württembergischen Festungen hatten baierische oder französische Besatzungen. Um so mehr verwundern die um 1638/40 datierten Darstellungen Stuttgarts von Matthäus Merian, die eine heile Welt zeigen und deshalb wahrscheinlich auf früheren Reisen entstanden sind. Sie bilden jedenfalls zusammen mit den Bildern und Stichen von H. Steiner 1589 und Jonathan Sautter 1592 eine verläßliche Dokumentation des Zustandes der Stadt um 1600.

In der zweiten Hälfte des 17. Jahrhunderts gab es Veränderungen an der Ostfassade des Alten Schlosses. Auf der Terrasse über dem Archivbau wurde 1664 nach dem Entwurf von Andreas Böckler ein rechteckiger Pavillon errichtet, 1664 wurde der neben dem Nordostturm gelegene Erker mit dem Zugang zur Terrasse völlig erneuert. Gleichzeitig wurden im zweiten Obergeschoß des Planieflügels die Gemächer der Herzogin Maria Dorothea neu ausgestattet, wobei das bis 1944 erhaltene Schlafzimmer des »Güldenen Aufschlags« einen stark plastischen Deckenstuck erhielt. Auch der Ostturm wurde im Inneren 1698 als Erweiterung der herzoglichen Räume mit reichem Akanthusstuck und den in Decke und Wänden eingelassenen Bildern der Herkulestaten von Rudolf Huber ausgestattet. An der Südostfassade war indessen das Sammelsurium komplett. Ihr gab wenigstens der wiederum aus statischen Gründen 1686 von Matthias Weiß auf der Stadtseite angefügte mächtige Rundturm den notwendigen weiteren Halt. Mit ihm erhielt das Schloß die den Charakter der Kernstadt wesentlich mitbestimmende Silhouette.

Die Barockzeit hatte im beginnenden 18. Jahrhundert auch das pietistische Württemberg eingeholt. Das Alte Schloß konnte weder mit seinem Raumangebot noch mit seiner Ausstattung und seinem Zustand den Ansprüchen eines auf Repräsentation und höfischen Glanz bedachten Fürsten genügen. Vor diesem Hintergrund ist der Bau des nach ihm benannten neuen Schlosses Ludwigsburg durch Herzog Eberhard Ludwig nach 1704 verständlich. Dessen zweimalige Erweiterung, die Gründung der Stadt und die Verlegung von Residenz und Regierung 1717 nach Ludwigsburg trugen naturgemäß dazu bei, daß für die hochrangige Weiterverwendung des Schlosses in Stuttgart kein Anlaß mehr bestand. Boshaft könnte man sagen, daß wegen der Ludwigsburg beherrschenden Mätresse Wilhelmine von Grävenitz wenigstens die Herzogin in Stuttgart blieb und dem Schloß höfisches Leben sicherte. Für sie ließ Eberhard Ludwig 1709–13 die von ihr bewohnten Appartements (im Geschoß über der Dürnitz) neu dekorieren. Dabei waren die gleichzeitig in Ludwigsburg und bei dem ab 1708 weitergeführten

Schlafzimmer im »Güldenen Aufschlag«.

Prinzenbau beschäftigten Stukkatoren Frisoni, Retti, Soldati und der Maler Colomba vermutlich unter der Oberaufsicht des Architekten Nette tätig.

Am Schloßplatz hat Johann Friedrich Nette dem von Schickhardt begonnenen und von Matthias Weiß 1663 und 1677 aufgestockten Prinzenbau die zartgliedrige, italienischen Vorbildern nachempfundene Fassade vorgelegt und den Bau vollendet. Durchlaufende Gesimse, eine Vertikalgliederung durch einfache Pilaster und gekuppelte Fenster mit wechselnden Überdachungen bestimmten auf der Platzseite die Architektur des Bauwerks, dessen Ausbau für den Erbprinzen Ludwig Friedrich bestimmt war und daher seinen Namen hatte. Zwei Baustile im Abstand von 100 Jahren kennzeichnen die beiden Längsseiten: die kräftige Renaissancegliederung der Rückseite nach dem Entwurf von Schickhardt und die frühbarocke, filigrane Flächigkeit Nettes auf der Vorderseite.

Beim Schloß waren die Bauarbeiten sonst überwiegend auf Reparaturen ausgerichtet. Ganze Giebel drohten einzustürzen (1705) – vermutlich von zwei Erkern des Dürnitzbaues, von denen der eine ganz, der andere zur Hälfte abgetragen wurde. Auch das Flachdach über dem Archivbau machte zu schaffen; die Baumeister sollen über die Schäden »in und um die sogenannte Altane und übrige Zimmer« berichten. Bei der Schloßkirche ist 1737 höchste Gefahr im Verzug. Über den Zustand des Schlosses schreibt Keyssler 1727: »Anitzo aber wird vor die schönen Herrschaftlichen Paläste in Stuttgart wenig Sorge getragen.«

Der Nachfolger Eberhard Ludwigs, Herzog Karl Alexander (1733–37), hatte 1736 eine durchgreifende Umgestaltung vor allem des von der fürstlichen Familie bewohnten Stockwerks über der Dürnitz beschlossen. Die Landschaft sollte dazu 12000 Gulden beisteuern. Da dieser Betrag nicht ausreichte, zahlten Amt und Stadt Stuttgart 5000 Gulden gegen die Versicherung, daß der Hof wieder von Ludwigsburg nach Stuttgart zurückverlegt werde. Der Herzog sagte dies zu; sein Tod im Jahr darauf und die bis 1744 dauernde Vormundschaft über seinen Nachfolger Karl Eugen führten jedoch zu Verzögerungen und anderen Vorstellungen. Lediglich im Jahr 1740 wurde in den bis dahin nicht ausgebauten Turm des Matthias Weiß neben dem Rittersaal nach Plänen von Johann Anton von Herbort eine zweigeschossige katholische Hofkapelle eingebaut.

Mit Karl Eugen trat die Residenzbaugeschichte in eine neue Phase ein. Bei Vorverhandlungen für den Bau eines neuen Schlosses wurden Risse über die »ehemals vorgefaßte Reparation« des Alten Schlosses vorgelegt, die Leopoldo Retty zur Begutachtung erhielt. Der Geheime Rat, besonders dessen Wortführer Bilfinger, war Gegner eines Neubaus und drang in den Herzog, »von diesem so großen Bauwerk zur Aufrechterhaltung der fürstlichen Rentkammer zu abstrahieren« oder wenigstens bis auf bessere Zeiten zuzuwarten. Sollte er nicht einverstanden sein, möge er sich entschließen, »das dermalige hiesige Schloß solchermaßen reparieren und gleichwie durch den Retty mit Aufwendung ziemlicher Kosten bereits vor einigen Jahren ein guter Anfang gemacht wurde, auch dessen übrige Teile vollends aptieren zu lassen, daß es wenigstens genugsam Platz für den Hof haben und logeable sein möchte«. In einem zweiten Bericht setzte sich der Geheime Rat erneut für den Vorschlag ein, »die Schande am Alten Schloß hinweg zu tun und wenigstens einen Versuch in Rissen zu machen, bevor man das alte Haus ganz verlasse, man könne gegen den Garten eine förmliche Front herausbringen, ohne daß das Lusthaus etwas hindere«.

Dieser Wunsch fand seinen Niederschlag in zwei Entwürfen Rettys. Beim einen wäre der Flügel am Schloßplatz abgebrochen und durch einen barocken Anbau an die verbliebenen Flügel ersetzt worden, dem anderen wäre auch der Planieflügel zum Opfer gefallen, um den nötigen Platz zu schaffen. Karl Eugen hat derartige Pläne – glücklicherweise – verworfen. Eine Realisierung hätte schwere Eingriffe in die Substanz der Arkadenflügel bedeutet. Die Geschlossenheit des Renaissanceschlosses wäre zerstört und das städtebauliche Ensemble am Nordostrand der Altstadt empfindlich beeinträchtigt worden. Im Vergleich zu Ludwigsburg oder anderen Barockschlössern in Süddeutschland wäre auch dann nur eine kümmerliche Lösung zustande gekommen.

Angesichts der Neubaupläne hatte die Erhaltung des Alten Schlosses keinen großen Stellenwert. Trotz des heruntergekommenen Zustandes unterblieben größere Instandsetzungsarbeiten. Erst 1775, nach erneuter Rückkehr des Hofes von Ludwigsburg, wurden die Balustraden an den Arkadenflügeln in geänderter Form erneuert. Die katholische Hofkapelle wurde in das zweite Obergeschoß des Flügels zum damaligen Schloßplatz verlegt und von Hofbaumeister Fischer gestaltet.

Goethe befand 1797 bei seinem Besuch Stuttgarts: »Das Alte Schloß wäre jetzt kaum zu einer Theaterdekoration gut.«

Mit der Erhebung Württembergs zum Königreich am Jahreswechsel 1805/1806 begann eine neue Phase. Der Ausbau zur Residenz wurde von König Friedrich mit Energie betrieben; als erste Maßnahme am Alten Schloß wurden 1810 die mächtigen Küchenkamine abgebrochen und durch einen neuen Vorbau nach dem Entwurf Thourets ersetzt. Seine zurückhaltende Formensprache paßte eher zu den Gestaltungsvorstellungen des Klassizismus.

Ein wesentlicher Funktionsverlust trat ein, als der Hofgottesdienst in die Akademiekirche verlegt wurde, sei es aus Raummangel oder wegen der besseren Verbindung zum Neuen Schloß. Die Schloßkirche wurde für zehn Jahre Standort der Bibliothek des bei der Säkularisation aufgehobenen Klosters Weingarten und ab 1820 Sitz der Hofapotheke. Auch die katholische Hofkapelle im Südostturm ist 1815 verändert worden; in den zweigeschossigen Raum wurde eine Zwischendecke eingezogen und darüber ein runder Saal hergestellt.

Romantische Gefühlswelt und vaterländische Begeisterung bewirkten in der Folgezeit ein neues Verhältnis zur eigenen Geschichte. Diese Stimmung fand in Stuttgart ihren hervorragendsten Ausdruck im Zustandekommen des Schillerdenkmals, das ein »Verein für das Schillerdenkmal« zusammen mit dem Liederkranz stiftete. Die weit überlebensgroße Porträtstatue des Dichters wurde von Bertel Thorvaldsen geschaffen, einem der bedeutendsten Bildhauer des Klassizismus nördlich der Alpen. Das Standbild wurde auf dem von Thouret entworfenen Sockel auf dem alten Schloßplatz

Armeemuseum in der Dürnitz, 1901.

aufgestellt und am 8. Mai 1839 eingeweiht. Stuttgart hatte damit seinen Schillerplatz.

Unter Friedrichs Nachfolger, König Wilhelm I., erfolgte am Alten Schloß lange Zeit nur die notdürftigste Instandsetzung. Mit der aufziehenden Romantik, gepaart mit vaterländischer Begeisterung, wurde die Erhaltung historischer Gebäude jedoch zu einem wichtigen Anliegen; darüber hinaus schritt man an vielen Stellen zur wohlgemeinten Rekonstruktion und zur Ergänzung nie vorhanden gewesener Teile. Der Turm des Ulmer Münsters ist das herausragende Beispiel in Württemberg. Aus dieser Einstellung ist der 1864 gefaßte Entschluß des Königs zur Wiederherstellung der Schloßkirche zu verstehen. Der Entwurf des Architekten Alexander von Tritschler erhielt die Wandschale und das Gewölbe des Renaissanceraumes; die Emporen, Altar und Kanzel wurden zwar in der ursprünglichen Anordnung, jedoch in neugotischen Formen wiederhergestellt. Die Empore ist dabei auf der Längsseite verbreitert worden und engt den an sich schon schmalen Raum weiter ein. Das Maßwerk der Fenster wurde ebenfalls erneuert. Da die Herrscherfamilie nunmehr im Neuen Schloß wohnte und am Hofportal mit der Kutsche vorfuhr, wurde die Hofloge ins Erdgeschoß verlegt.

König Wilhelm I. starb am 25. Juni 1864; die Umbauarbeiten fanden ihren Abschluß bereits in der Regierungszeit von König Karl. Teile der 1562 von Sem Schlör geschaffenen Ausstattung konnten zurückerworben werden; an Seiten und Rückwand des neuen Altars wurden die ehemaligen Kanzelreliefs mit den vier Evangelisten angebracht, die fünfte Relieftafel mit der Verklärung Christi fand ihren Platz am Eingang zur Königsloge, eingefügt in ein Gedächtnismal zur Restaurierung der Kirche. Die zwölf Altarreliefs mit den Artikeln des Glaubensbekenntnisses wurden in die äußere Längswand der Kirche unter den Arkaden eingelassen. An den Emporenbrüstungen wurden von Bildhauer Kopp geschaffene Köpfe angebracht: christliche Fürsten über der Königsloge, protestantische Theologen entlang der Längsseite. An der Orgelempore wurden für die sakrale Musik wichtige biblische Gestalten dargestellt. Die Grabmäler in der Gruft unter der Kirche (König Karl † 1891, Königin Olga † 1892, Herzog Wilhelm Eugen † 1877, Herzogin Wera † 1912) hat Adolph von Donndorf 1902/1914 geschaffen.

König Karl ließ 1865 auch das von Bildhauer Hofer für den Hof des Neuen Schlosses modellierte Reiterstandbild von Herzog Eberhard im Bart dort entfernen und im Hof des Alten Schlosses vor der Kirchenachse aufstellen; die Verbindung von Fürst und Schloßbau war hier besser gegeben.

Im Jahr 1899 wurde im Dürnitzbau das Armeemuseum eingerichtet und die Familiengalerie des königlichen Hauses untergebracht. Außer dem Hofmarschallamt befanden sich Wohnungen im Schloß, für die noch Dächer ausgebaut worden sind. Diese Situation bestand im Groben bis zum Ende der Monarchie.

Die Zeit der Republik bis zum Zweiten Weltkrieg

Der Württembergische Landtag beschloß 1919/20, die ehemaligen königlichen Schlösser kultureller Nutzung zuzuführen. Dies eröffnete für das aus der Staatssammlung vaterländischer Altertümer 1862 gegründete Württembergische Landesmuseum die große Chance zur besseren Unterbringung; es war seit 1882 im Erdgeschoß der neugebauten Landesbibliothek untergekommen und sollte 1916 zum Regierungsjubiläum von König Wilhelm II. einen Neubau erhalten. Der Krieg hatte die Verwirklichung dieser Absicht verhindert.

Das Alte Schloß war aber für die museale Nutzung zunächst nicht voll verfügbar. Behörden – u.a. das Polizeipräsidium – hatten sich im Dürnitzbau eingenistet, so daß bei Eröffnung des Schloßmuseums 1921 vor allem die historisch wertvollen Räume im Neuen Schloß präsentiert wurden. Im Alten Schloß konnten die Bestände der Vor- und Frühgeschichte 1929/30 im Schillerplatz- und Planieflügel gezeigt werden. Das Armeemuseum wurde 1929 in das Neue Schloß verlegt; nach der völligen Räumung des Dürnitzbaus von Behörden und Wohnungen sollten endlich die Kunst- und Kulturgeschichtlichen Sammlungen qualitätvoll aufgestellt werden.

Am 21. Dezember 1931 brannte der Dürnitzbau ab und wurde bis in das Erdgeschoß zerstört. Die Ausbreitung des Brandes wurde durch die mit Getreidespelzen gefüllten Zwischenböden gefördert und durch die im Dach als Heizmaterial gelagerten Kohlevorräte verstärkt; dazuhin behinderten Kälte und Organisationsmängel die Löscharbeiten. Zum dritten Mal – nach dem Brand des Neuen Baus am 22. Dezember 1757 und dem des Neuen Schlosses am 13. November 1762 – war ein bedeutendes Bauwerk in der Landeshauptstadt den Flammen zum Opfer gefallen.

Stützenreihe in der Dürnitz nach der Räumung.

Der Wiederaufbau war in der wirtschaftlich schwierigen Zeit nicht leicht. Er war selbstverständlich; viele Bürger zeichneten Bausteine. Staatspräsident Bolz dankte im März 1932 den Spendern mit den Worten: »In unserer von hartem Kampf erschütterten Zeit soll es uns ein erfreuliches Zeichen sein, daß der Ruf ›Wir wollen unser liebes Altes Schloß wieder aufbauen‹ überall im Schwabenland und wo in der Welt noch Schwaben wohnen, einmütigen Widerhall und so viel opferfreudige Hilfe gefunden hat«.

Nun sollte der Dürnitzbau in Gänze für das Württembergische Landesmuseum genutzt werden. Auf Grund seiner in dem 1933 ausgelobten Wettbewerb mit einem zweiten Preis ausgezeichneten Vorschläge wurde Professor Paul Schmitthenner mit der Planung beauftragt. Der 1884 im Elsaß geborene Architekt lehrte seit 1918 an der Technischen Hochschule Stuttgart und trat für bodenständiges und werkgerechtes Bauen ein, war also hervorragend geeignet für diese Aufgabe. Sie war nicht leicht, denn das vertraute Bild war im Äußeren wie im Inneren durch allerlei Zufügungen verunstaltet worden. Das galt vor allem für die unterschiedlichen Dachausbauten und die Unterteilung der Räume. Schmitthenner hat deshalb die Fassaden bereinigt und die innere Struktur neu geordnet. Es war ihm ein großes Anliegen, »das Wesentliche und Eigentümliche des Alten Schlosses in reinster Form zu zeigen«, »das Dach müsse in der alten Form als entscheidendes Merkmal im Stadtbild wieder errichtet werden«. Der Architekt gestaltete den entstehenden, riesigen Hohlraum als dreischiffige Dachhalle mit einer Konstruktion aus rohen Holzbohlen, die außerordentlich schlank wirkte. Eine sakrale Stimmung prägte den durch schmale und hohe Dachhäuser belichteten Raum; sie hatte er in Anlehnung an die Pfeilervorbauten der Ostseite direkt auf das Gesims aufgesetzt und damit die bislang von Schleppgauben durchsetzte Dachlandschaft wesentlich verändert. Diese Umgestaltung wurde heftig kritisiert, weil sie das Bild des Renaissanceschlosses und seinen schwäbischen Charakter verfälsche. Die Auseinandersetzungen erhielten schnell eine politische Dimension. Man wollte, daß der Wiederaufbau vor dem Führer bestehen könne, und schaltete Albert Speer als Gutachter ein. Die Dachaufbauten blieben; interessant ist aber, daß Speer das Schlämmen der kunstgewerblich geratenen Ziegelausfachungen verlangte, falls die Dachhalle zu Ausstellungszwecken verwendet werden sollte.

Mit der Durchführung konnte erst 1935 begonnen werden. Bis zum Kriegsausbruch 1939 war der Außenbau fertiggestellt; im Inneren herrschte noch der Rohbauzustand. Durch die fast totale Zerstörung des Alten Schlosses im Zweiten Weltkrieg erübrigten sich weitere Diskussionen.

Ostseite vor dem Brand und Wiederaufbau durch Schmitthenner.

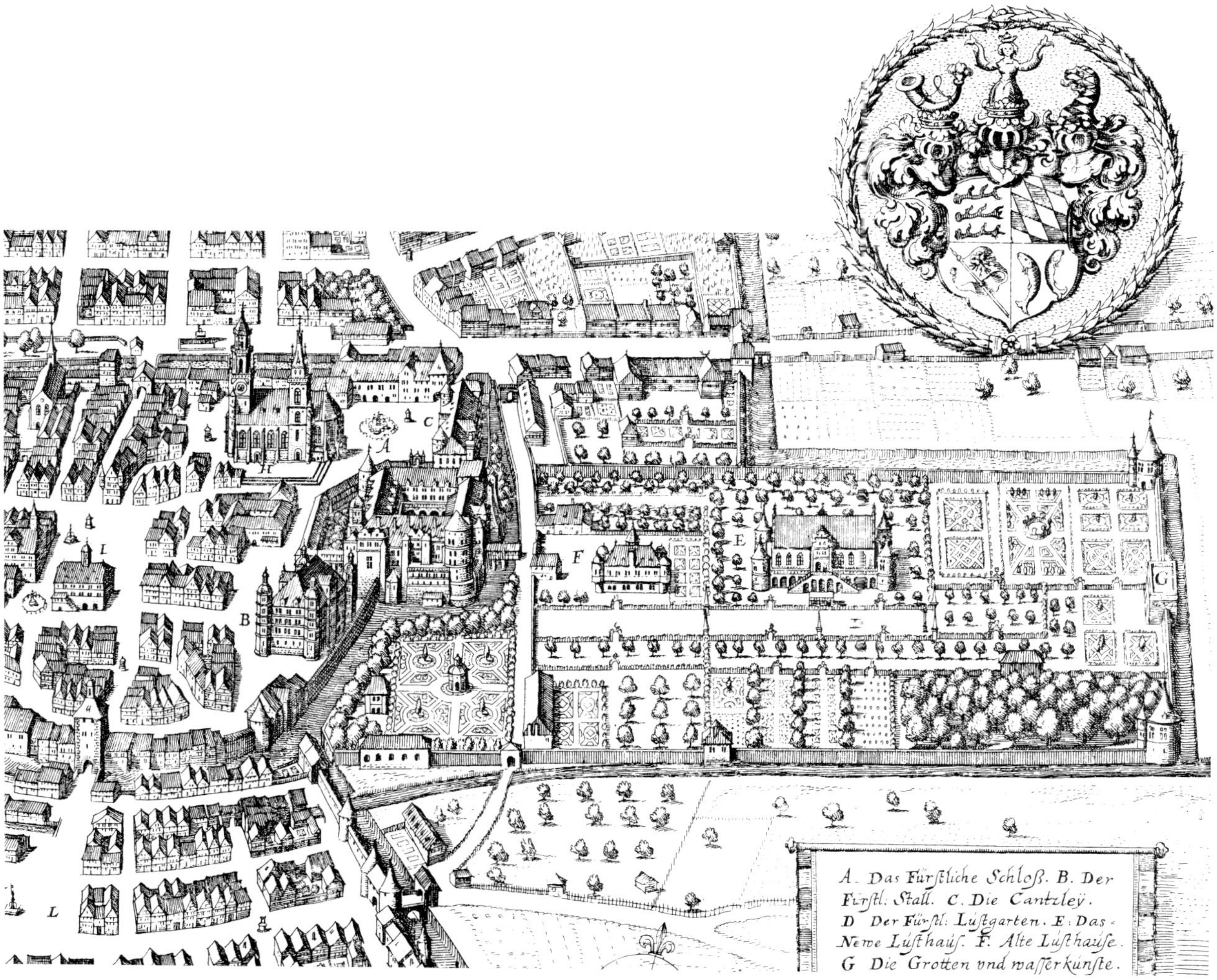

Östliche Seite. Kupferstich von Matthäus Merian, 1638 (Ausschnitt).

Der herzogliche Lustgarten

Um 1451 ist östlich des Alten Schlosses ein Tiergarten erwähnt. Dabei dürfte es sich um ein einfaches Gehege gehandelt haben, das sich an der Nordostseite in die Talaue hinein erstreckte. Als erste gestaltete Anlage wurde 1483 der Garten der Herzogin Barbara von Gonzaga im südwestlichen Winkel zwischen Burg und Stadtmauer geschaffen. Dieser wurde nach einem regelmäßigen Schema kreuzförmig angelegt; in der Mitte stand das kleine »runde doch eckige« Lusthaus, ein von Säulen getragener Pavillon. Er enthielt im oberen Geschoß ein Brunnenwerk, das die vier kleinen Fontänen in den Diagonalen versorgte. In den Gewölben der Erdgeschoßhalle waren – nach einem Bericht von 1606 – »allerlay schlösser und landtschafften in Württemberg obenherumb abkonterfettet«. Die Ausmalung ist 1556 und 1572 entstanden. Auf dem Vogelschaubild des Matthäus Merian ist der Herzogingarten mit großer Liebe dargestellt.

Herzog Christoph nahm ab 1553 gleichzeitig mit dem Umbau des Schlosses den Ausbau des um 1451 erwähnten Tiergartens zu einem zeitgemäßen Lustgarten in Angriff. Im Februar befahl er, die Gartenmauer zu beschließen. Damit wurde ein Areal von etwa 400 Meter Länge und 200 Meter Breite ummauert, das im Südosten an den Nesenbach angrenzte und an der Nordostseite auf die Südspitze der Alten Kanzlei zulief. Vom Schloß war es durch den Graben und die Wegverbindung zwischen Tunzhofer Tor und Esslinger Tor getrennt. Dort stand außerdem die Hofmühle. Die hohe Umfassungsmauer mit den Türmen und dem

Fürstlicher Lustgarten von Osten. Zeichnung von Matthäus Merian, um 1640.

Eingangsportal gegenüber dem Schloß in den Darstellungen von Sautter und Merian ist jedoch erst unter Herzog Ludwig 1580 gebaut worden.

Wie beim Schloßbau, hatte sich der Herzog auch für seinen Lustgarten andernorts kundig gemacht. So bat er 1554 Herzog Albrecht V. von Bayern, seinen Truchseß Jordan von Breitenbach im Münchner Lustgarten die Schießhütten, Lusthäuser und Irrgärten besichtigen und von einem Maler Risse fertigen zu lassen, »dann wir wollen gerne allhie auch ein wenig in unserm gertel dergleichen anrichten und machen lassen«.

Der Stuttgarter Lustgarten folgte weder französischen Vorbildern noch dem beinahe achsial ausgerichteten der Münchener Hofburg mit ihrer strengen geometrischen Ordnung. Ein Nebeneinander unterschiedlicher Gartenmotive und Bauten kennzeichnete die vorrangig den Festen und Spielen dienende Anlage, die mit unseren Parks nicht vergleichbar war. Eine Orientierung war durch den Längsweg gegeben.

Den Schwerpunkt bildete zunächst das gleich anfangs gebaute, damals »Große« Lusthaus. Bauführer war Peter Cuci. Der zweigeschossige Steinbau war an den Ecken durch erkerartige Türmchen gefaßt und enthielt im leicht überkragenden Obergeschoß einen Saal. Die Erschließung erfolgte über einen Treppenturm. Schon im Juni 1556 konnte Kaiser Maximilian dort bewirtet werden.

Lose aneinandergereiht entstanden geometrisch bepflanzte Beete, ab 1556 ein Irrgarten und der älteste Pomeranzengarten Deutschlands, ein Feigenhaus, ein Reiherhaus, in der Südwestecke ein Schießhaus. Eine Plantage von Maulbeerbäumen für die Seidenraupenzucht kam 1595 dazu.

Die Zeitspanne bis zum Ende des Jahrhunderts ist durch eine fast unablässige Reihe von Veränderungen geprägt. 1572 wurde der »Rennweg«, wegen des im Frondienst hergeschafften Neckarkieses auch Kiesweg genannt, gegen Berg zu angelegt.

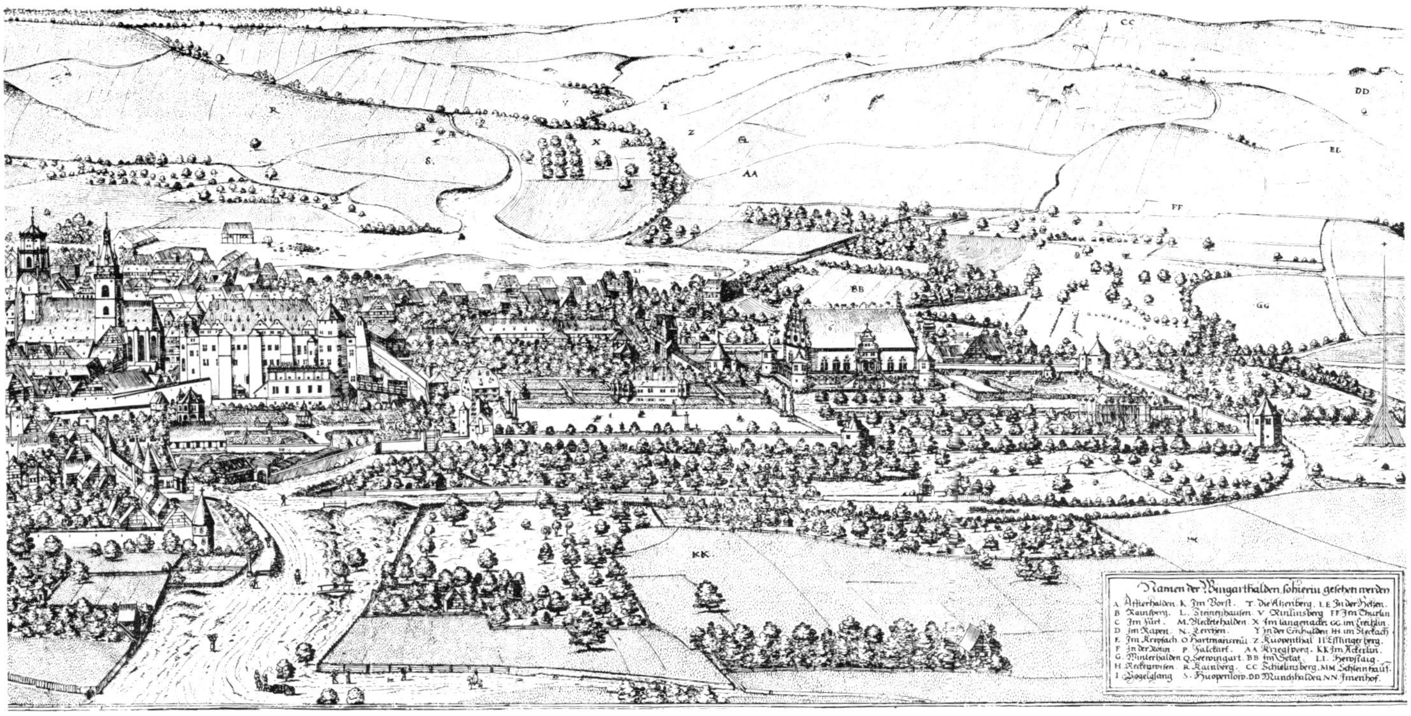

Altes Schloß und Lustgarten. Ansicht 1592 von Jonathan Sautter.

Entlang der Südostseite des Lusthauses ließ Herzog Ludwig 1575 anläßlich seiner Hochzeit mit Dorothea Ursula von Baden, also noch unter Vormundschaft stehend, eine neue Rennbahn für Ritterspiele anlegen. Die Tore wurden mit Bildwerken verziert, die schon 1577/78 durch vier Skulpturen von Sem Schlör ersetzt worden sind. Ebenfalls zwischen 1575 und 1581 wurde in der Mitte des in vier Quadrate aufgeteilten Blumen- und Gewürzgartens ein »hibsches in die rundung gebautes sommerhaus« auf einer getreppten Anhöhe errichtet. Es enthielt im Inneren die Leidensgeschichte Christi und wurde zum volkstümlichen Ölberg.

Die große Leistung des Herzogs Ludwig als Bauherr lag zweifellos in der Verwirklichung des neuen Lusthauses. Planer dieses Hauptwerkes der deutschen Renaissance war Georg Beer, der schon am Alten Schloß gearbeitet hatte und seit 1575 Württembergischer Hofbaumeister war. Im Jahr 1583 wurden die 1700 eichenen Pfähle für den Fundamentrost geliefert. Am 30. März schlug der Herzog den ersten Pfahl ein, und am 25. Mai erfolgte die Grundsteinlegung.

Eine neue, architektonisch durchgeformte Dominante aus einem Guß entstand im Kontrast zur Formenvielfalt des Alten Schlosses. Der 64 Meter lange, 29 Meter breite und 34 Meter hohe Giebelbau erhob sich beherrschend vor der Ostseite der Altstadt und war von großer Monumentalität. Baukörper und Dach waren etwa im Verhältnis 1:1 geteilt, so daß von diesem eine ungeheure Wirkung ausging. In vollendetem Gegensatz zu dem mächtigen Baukörper stand die um das Erdgeschoß geführte, grazile Arkade von 48 schlanken jonischen Säulen mit einem Umgang in der Höhe des Obergeschosses. Frei vor den Ecken standen gedrungene zylindrische Türme mit angeschmiegten Kegeldächern, die den Arkaden optischen Halt gaben. In der Mitte der Langseiten befanden sich die Zugänge zum Obergeschoß: zwei Treppenläufe führten über eine Doppelarkade mit aufgesetztem Zwerchhaus zum oberen Umgang.

Die großen Wandflächen des Oberbaus waren allein durch die großen gekuppelten Fenster gegliedert. Nur die hochragenden Giebel mit einem Dachwinkel von fast 72° erhielten eine kräftige Gliederung mit horizontalen Gesimsen und vertikalen Pilastern. Ovale und runde Fenster bewirkten eine große Lebendigkeit. Aus dem bekrönenden Giebelstück drehte sich die Büste des selbstbewußten Architekten den Menschen tief unten auf der Erde zu.

Im Erdgeschoß befand sich eine große Halle mit drei Reihen gedrungener toskanischer Säulen. Sie trugen die flachgewölbte Rippendecke mit den 24 Wappen der Familie. Drei vertiefte quadratische Wasserbecken waren jeweils zwischen drei Säulenpostamente gespannt, so daß entlang der Außenwände ein umlaufender Gang zustande kam. Aus der mittig im Becken stehenden Säule floß Wasser aus vier Röhren. Die Wände waren mit Bildnissen von Kaisern, Königen und Fürstlichkeiten »geringsherum gezieret«; an den Tragsteinen der Gewölbe befanden sich 65 Büsten mit Darstellungen des Herzogs Ludwig, seiner beiden Gemahlinnen und 62 seiner Vorfahren.

Der Saal im Obergeschoß zählte mit 57,6 Meter Länge, 20,3 Meter Breite und 14,6 Meter Höhe zu den größten seiner Zeit. Die Konstruktion des freigespannten Dachstuhls mit der eingehängten hölzernen Tonnendecke war eine Meisterleistung des Elias Gunzenhäuser und galt als technisches Wunder. Der Raum war überaus reichhaltig ausgestattet, wenn auch kaum mit herausragender künstlerischer Qualität. Die Deckenbemalung bestand aus einem Gemisch von sakralen und weltlichen Themen und spiegelte die derben Sitten jener Zeit wider. Neben dem Jüngsten Gericht und der Heiligen Dreifaltigkeit »seind lautter conterfeht der fürnehmbsten theologen im land« dargestellt; neben Tafeln mit Landschaften des Fürstentums gab es Jagdszenen, auf denen die vornehmsten Jagdteilnehmer zu sehen waren.

Die Wände waren holzgetäfert, an den Fensterpfeilern hingen gemalte Tafeln mit den Forsten und Ämtern des Herzogtums samt ihren Städten und Schlössern. Nur auf den Bildhauer Sem Schlör sei noch hingewiesen, der sowohl die Figuren am Anlauf der Treppe wie die reich geschmückten Portale innen und außen gefertigt hat. Nach zehnjähriger Bauzeit war der Bau im Ganzen vollendet. Das nun Alte Lusthaus nahm im Lauf der Zeit Raritäten und Antiquitäten auf und wurde nach dem Dreißigjährigen Krieg Sitz der herzoglichen Kunstkammer.

Vor dem Neuen Lusthaus wurde 1609 eine Rennbahn mit einer Größe von 150 auf 390 Schuh neu angelegt, also eine Dimension von etwa 50 × 150 Meter.

In einem kurz vor 1600 an der Südostecke des Lustgartens gebauten vieleckigen Mauerturm war ein Modell der Stadt Jerusalem aufgestellt, das 1604/05 gefertigt worden war. Nach einer Beschreibung von 1634 war es »yber die Maßen schön und künstlich geschnitten, inwendig ein besonderes positiv ... lieblich zu hören«.

Die Darstellung des Lustgartens kann nicht abschließen ohne Hinweis auf das Grottenwerk, eine schon im 15. Jahrhundert in Italien aufgekommene Mode bei der Ausstattung von Gärten. Herzog Johann Friedrich gab 1611 dem Maler Esajas van Hulsen und dem Ingenieur Gerhard Philippi – beides Holländer – den Auftrag zur Planung und zum Bau.

Philippi war vorher in Brüssel unter Salomon de Caus tätig, der dort das als Vorbild für Stuttgart geltende Grottenwerk geschaffen hat und bei uns durch den berühmten Hortus Palatinus in Heidelberg bekannt geworden ist. Er wurde beratend auch in Stuttgart beigezogen. Ein solches Grottenwerk formte in künstlichen Grotten naturnahe Zustände nach. Steine und Muscheln waren die hauptsächlichen Materialien. Mythologische Elemente – antike Gottheiten wie Orpheus mit Tieren und ein hölzerner Neptun sowie Monstren aller Art – bildeten die thematische Ergänzung. Ein Orgelwerk gab es ebenfalls – »Son et Lumière« zu damaliger Zeit. Höhepunkt des Ganzen waren die vielfältigen Wasserkünste, bei denen die Besucher durch technisch-mechanistische Einrichtungen aus verborgenen Röhren überraschend bespritzt wurden. Dies begann schon im Vorhof und setzte sich durch das ganze Gebäude fort, wo es in einer Grotte sogar künstlichen Schnee und Nebel gegeben haben soll. Ein funktionierendes Grottenwerk kann man heute noch im Park von Schloß Hellbrunn bei Salzburg besichtigen; Bischof Marcus Sitticus hat es 1612–19 bauen lassen.

Das dreigeschossige Bauwerk war an die Gartenmauer hinter dem Ölberg angelehnt. Es maß etwa 30 auf 28 Meter und war bis zum Hauptgesims etwa 10 Meter hoch. Der Grundriß enthielt in der Mitte einen durchgehenden Flur und seitlich die Grotten. Seine äußere Gestalt hat es von Heinrich Schickhardt 1614 erhalten; mit der waagerechten und senkrechten Gliederung und den Fenstern waren die Fassaden denjenigen italienischer Palazzi sehr ähnlich.

Auseinandersetzungen und Eifersüchteleien behinderten das Werk, in das der Herzog Unsummen steckte. Immerhin wurde es bereits 1616 als Sehenswürdigkeit gezeigt und hat somit wenigstens in Teilen funktioniert. Beim Tod Philippis 1621 war es jedoch noch nicht fertiggestellt; die Nachfolger wurden der Probleme nicht Herr. Der Herzog verlor allmählich die Freude an seiner Schöpfung und verfügte auch wegen der immens angelaufenen Kosten 1628 die Einstellung des Baus. Über dem unfertigen Haus wurde eine Schutzhütte erstellt.

Umbau zum Hoftheater, 1845/46.

Unter Herzog Eberhard III. wurde östlich anschließend an den Lustgarten und nördlich des Rennweges bis zur Ludwigsburger Chaussee ein neuer »Garten der Herzogin« angelegt. Er wurde später zum herzoglichen Küchengarten umgewandelt und bestand als solcher bis 1708.

Die bauliche Ausstattung des Lustgartens war mit dem Grottenwerk im wesentlichen abgeschlossen. Das Schießhaus wurde 1674 von Matthias Weiß zu einem Komödienhaus umgebaut und anläßlich der Hochzeit des Herzogs Wilhelm Ludwig mit Prinzessin Magdalena Sibylle von Hessen eingeweiht. 1736/37 wurde es von dem Theatermaler Innocente Bellavite erneuert und für wenige Monate betrieben. Unter Herzog Karl Eugen blieb es bis 1746 in Gebrauch; danach ist es im Zusammenhang mit dem Bau des Neuen Schlosses abgebrochen worden. Schon der Bau der neuen Kaserne für die Stuttgarter Garnison 1740–45 hatte auf der Südostseite zur Auflösung der Lustgartenumgrenzung geführt. Auf einem Plan von J. A. Riedinger aus dem Jahr 1745 ist aus dem Rennplatz vor dem Alten Lusthaus ein Paradeplatz geworden. Dieses, fast in der Achse der Kaserne gelegen, befand sich beim Schloßbau zwischen den Seitenflügeln am Westende des Schloßhofs. Es wurde 1750 abgebrochen; die Kunstkammer war vier Jahre vorher in den Neuen Bau verbracht worden.

Von der sonst bestehenden Anlage ist nur das Neue Lusthaus in die barocke Neugestaltung integriert worden. Sein Schicksal ist ein besonderes Kapitel von Veränderungen bis zur Unkenntlichkeit. Der erste Umbau erfolgte unter Herzog Karl Eugen 1750 durch Leopoldo Retty im Zusammenhang mit dem Bau des Neuen Schlosses zu einem der schönsten Theater seiner Zeit. Es faßte nicht weniger als 1200 Plätze, bei der vorhandenen Saalgröße kein Wunder. Bereits acht Jahre später wurden von Philippe de la Guêpière Veränderungen vorgenommen und vermutlich eine Galerie eingebaut. Beim folgenden Umbau in der Zeit König Friedrichs 1811/12 durch Nikolaus von Thouret waren die Eingriffe schwerwiegender: Der Nordgiebel zum Schloßgarten wurde abgebrochen, auf der West- und Südseite wurden Anbauten erstellt, wobei sich der zum Schloßplatz gerichtete etwa an die Abmessungen der Galerie hielt. Das Alte Lusthaus war dort gerade noch im oberen Giebelteil erkennbar. Der an den südöstlichen Eckturm des Lusthauses angebaute sogenannte Theaterbogen stellte die Verbindung zum Neuen Schloß her, und auf der Gartenseite wurde der Arkadenumgang mit Fachwerkwänden geschlossen. In den Saal wurden – kaum vorstellbar – vier Galerien eingebaut.

König Wilhelm ließ 1845/46 durch die Hofbaumeister Gabriel und Gaab das Gebäude zum Hoftheater umbauen. Das Neue Lusthaus war nur noch als Lieferant des Gerippes gut; im Äußeren entstand ein völlig anderes Gebäude. Der Saalkörper war erhöht und mit einem flacheren Dach versehen worden; er steckte in den allseitigen Anbauten wie in einem Futteral. Ein Portalvorbau mit Pfeilerarkade vervollständigte den Eindruck eines gegenüber dem Schloß zu wuchtigen Hauses aus der Spätzeit des Klassizismus.

Zwei Jahre nach dem Brand des Wiener Hoftheaters 1881 wurde am Stuttgarter Hoftheater die Feuersicherheit baulich verbessert. Dies hat nicht verhindert, daß der Bau am 20. Januar 1902 durch einen Brand zerstört wurde. Mit ihm sind die eingebauten Teile des Neuen Lusthauses bis auf geringe Reste untergegangen; ein Teil des Arkadenumgangs der Mittelachse mit den Treppenläufen konnte 1904 auf der Ostseite des Mittleren Schloßgartens aufgestellt werden. Er zeugt von der hohen Qualität dieses herausragenden Bauwerks der Renaissance. Glücklicherweise hat der beim Umbau 1845/46 tätig gewesene Architekt Karl Beisbarth eine Bauaufnahme des Neuen Lusthauses mit 268 sehr genauen Zeichnungen gefertigt; ihm verdanken wir somit die wesentlichen Kenntnisse über das Haus und seine Architektur.

Von den Gartenanlagen hat nichts das 18. Jahrhundert überlebt, auch nicht der Garten der Herzogin Barbara von Mantua, der 1778 »planiert«, mit Kastanien sowie Rasenflächen neu gestaltet wurde und den Namen Karlsplatz erhielt. Zur Lage des Lustgartens geben heute nur noch das Kunstgebäude am Standort des Neuen Lusthauses, die Stauffenbergstraße als nördlicher Grenzverlauf und die Südfront des Neuen Schlosses einen geringen Anhalt.

Zwischenspiele in Ludwigsburg

Der Schloßkomplex, ein Bau in Raten

Am 20. Januar 1693 übernahm der 1676 geborene Herzog Eberhard Ludwig die Regierung im Herzogtum Württemberg. Schon als einjähriges Kind hatte er 1677 seinen Vater Wilhelm Ludwig verloren und stand danach unter Vormundschaft. Während dieser Zeit verwüsteten die französischen Truppen Ludwigs XIV. im Orleansschen Krieg das Land; sein Oheim und Vormund Friedrich Karl geriet dabei in der Schlacht von Ötisheim am 17. September 1692 in Gefangenschaft und wurde nach Frankreich entführt. Der Kaiser erklärte deshalb den Sechzehnjährigen für volljährig und regierungsfähig.

Bis zum Friedensschluß 1697 wurden im Herzogtum sieben Städte und 37 Dörfer als zertrümmert gemeldet. Die Zerstörung des Klosters Hirsau 1692 war einer der größten Verluste historischer Bausubstanz in jener Zeit. Auch das herzogliche Jagdhaus Erlachhof am Bruch des Hanggeländes zum Tälesbach unweit von Neckarweihingen war von den umherziehenden Franzosen niedergebrannt worden.

Der Wiederaufbau des Erlachhofes wurde zum Ausgangspunkt für die Verwirklichung einer der größten barocken Schloßanlagen in Deutschland und das erste große Bauunternehmen in Altwürttemberg nach dem dreißigjährigen Krieg. Er wurde zunächst unter dem Hofbaumeister Matthias Weiss in einfacher Form betrieben, mit dem Hauptgebäude etwa an der Stelle des alten Corps de Logis. Auf der relativ ebenen Südseite waren Stallungen und Wirtschaftsgebäude angeordnet; für den nördlich anschließenden Freibereich hatte Weiss Pläne zu einer Gartenanlage gefertigt.

Der bescheidene Charakter dieser Anlage änderte sich mit dem Wechsel des Baumeisters zu dem in Mathematik und Physik ausgebildeten und von 1699 bis 1703 vom Herzog auf Studienreisen zur »praktischen Erlernung utriusque architecturae« geschickten Theologen Philipp Joseph Jenisch. Eberhard Ludwig bestellte ihn nach seiner Rückkehr zum Landbaudirektor und Professor der Mathematik am Stuttgarter Gymnasium. Ende des Jahres 1703 erhielt er den Auftrag für Entwürfe zu einem »rechten Jagdlusthaus zu Erlachhof«.

Jenisch plante eine Dreiflügelanlage mit dem Hauptbau direkt an der Hangkante auf hohem Sockel über dem Tälesbach sowie beidseitig begleitenden Kavaliersbauten auf der Südseite. Die Grundsteinlegung des dreigeschossigen rechteckigen Hauptbaus war am 6. Mai 1704. Kurz darauf, im Juli, wurde der bereits vollendete, östliche Kavaliersbau wieder abgerissen, »umb mehrere Bequemlichkeit zur aufführung des nunmehro auch gnädigst resolvierten Fürstenbaus und vergrösserung des Hoffs« zu erreichen. Der westliche Kavaliersbau – ebenfalls mit drei Stockwerken – wurde danach umgehend begonnen und im April 1705 vollendet. Kurz zuvor hatten die Pläne der Gesamtanlage die Billigung des Herzogs gefunden, der dem Schloßanwesen am 11. Mai 1705 den Namen »Ludwigsburg« gab.

In diese Zeit fiel der Spanische Erbfolgekrieg (1701–14), an dem sich Eberhard Ludwig auf der Seite Österreichs gegen Bayern und Frankreich beteiligte. Nach dem Sieg der Kaiserlichen in der Schlacht bei Höchstätt im August 1704 war im Land ein wirtschaftlicher Auftrieb zu verzeichnen, der sich auch auf die Ludwigsburger Bauabsichten auswirkte.

Sowieso war das im letzten Drittel des 17. Jahrhunderts entstandene Versailles Ludwigs XIV. zum Vorbild für den Lebensstil und die Bauten europäischer Potentaten geworden. Die dort ohne Verbindung zur alten Hauptstadt entstandene Schloß- und Gartenanlage spiegelte als gebaute Manifestation des Absolutismus das »l'état c'est moi« mit dem totalen Machtanspruch des Sonnenkönigs auf eindrücklichste Weise wider. Hof und Verwaltung verschmolzen zur Residenz, zur Einheit von Schloß und Regierungsstadt. Allein in Südwestdeutschland sind in jener Zeit die Schlösser in Rastatt, Karlsruhe und Mannheim mit den auf die Mittelachse bezogenen Stadtgrundrissen gegründet oder neu gebaut worden.

Im Winter 1705/06 besuchte der Herzog den Kurfürsten Max Emanuel von Bayern und lernte dabei die Schlösser Nymphenburg und Schleißheim kennen. Das gab einerseits den Anstoß zu größeren Plänen, zumal das Alte Schloß in einem schlechten Zustand war und barocker Repräsentanz nicht genügen konnte. Andererseits gründeten sie auf dem Einfluß der 1706 von Eberhard Ludwig zur Mätresse erhobenen Christine Wilhelmine von Grävenitz. »Zwanzig Jahre seufzte Wirttemberg unter der Herrschaft einer teutschen Maintenon«, heißt es in einer Veröffentlichung aus dem Jahr 1821. Entgegen allen Sitten hatte Eberhard Ludwig die Grävenitz 1707 zur Gräfin von Urach gemacht und geheiratet. Auf Befehl des Kaisers mußte er sie 1710 ins Schweizer Exil schicken, holte sie jedoch nach ihrer Hochzeit mit dem Grafen von Würben und

Schloßbau Nette 1707–14.

dessen Bestallung zum Württembergischen Landhofmeister im Jahr darauf wieder zurück und hielt sie bis 1731 am Hof in Ludwigsburg. Sie war eine der treibenden Kräfte bei der Entwicklung des Schlosses zur zweitgrößten barocken Anlage im Südwesten nach Mannheim und bei der Verlegung der Residenz nach Ludwigsburg.

Die gestalterischen Möglichkeiten von Jenisch reichten dem Herzog nach dem Besuch in München nicht mehr aus. Er zog 1707 den als Ingenieurhauptmann in württembergischen Diensten stehenden Johann Friedrich Nette heran, dessen architektonische Auffassung dem Wiener Barock nahestand und den Neigungen des Herzogs entsprach. In Stuttgart hat er 1708 die Fassade des Prinzenbaus am damaligen Schloßplatz gestaltet.

Nette war bis zu seinem frühen Tod 1714 in Ludwigsburg tätig. Bis 1709 formte er den zum Wohnen bestimmten Alten Hauptbau nach eigenen Plänen in einen hohen, kastenförmigen Palazzo mit einem kräftigen, figurenbestandenen Gesims in italienischer Manier um und hob die Sockelzone auf der Nordseite mit einer großzügigen Treppenanlage heraus. Ein grottenartiger Pavillon sollte davor die Eingangspartie betonen; er ist nicht gebaut worden, und von der Treppenanlage ist nur das Rohplanum nachzuvollziehen.

Die höfische Repräsentation, besonders der neugegründete herzogliche Jagdorden, verlangte geeignete Räume, die Nette durch Galerien und zwei kleine Pavillons mit dem Hauptbau geschickt zu einer Gesamtkomposition verknüpft hat. Auf der Nordseite wurde die Wirkung außerordentlich gesteigert; hinter den zweigeschossigen Arkadengalerien geben die Schmalseiten der Flügelbauten Rückhalt, und die dreiachsigen Eckpavillons bilden trotz ihrer bescheidenen Größe einen klaren Abschluß. Der Jagdpavillon im Westen und der Spielpavillon im Osten sind ab 1712 errichtet worden und verbreitern die Längsausdehnung mit den Galerien auf über das Doppelte. Zur Südseite entstand durch direkte Anbauten an die Galerien eine Dreiflügelanlage, wie sie bereits Jenisch geplant hatte: im Westen der Ordensbau 1709–12, im Osten der Riesenbau 1712–15, jeweils dreigeschossig mit hohem Hauptgeschoß und relativ geringer Betonung der Mitte.

Wenige Jahre später wurde die Dachlandschaft wegen der Schadensanfälligkeit in unserem Klima wesentlich verändert. Der Alte Hauptbau erhielt 1719 eine fünfachsige Aufstockung mit gebrochenem Pyramidendach und kleinem Tambour; die Mitte ist zusätzlich durch ein Uhrgehäuse mit locker geschwungenem Umriß betont, ein in Böhmen viel verwendetes Motiv. Die 1720 erhöhten Mansarddächer auf den Flügelbauten und die Bedachung der Galerien waren allerdings der Architekturqualität nicht gerade förderlich.

Die Erschließung des Hauptbaus ist recht bescheiden: Ein Treppenlauf ohne großen Aufwand ist seitlich eingefügt. In der Beletage befanden sich die Appartements des Herzogs Eberhard Ludwig und der Erbprinzessin Henriette Marie, die bis 1731 die Stelle der in Stuttgart verbliebenen Gemahlin des Herzogs einnahm. Die Gemächer der Grävenitz lagen im Erdgeschoß direkt unter dem Appartement des Herzogs. Die Appartements hatten einen ausgesprochen wohnlichen Charakter.

Der Riesenbau enthielt ursprünglich im Obergeschoß einen anderthalbgeschossigen Festsaal. Daraus erklärt sich das großzügige Treppenhaus mit den Atlanten, von denen der Bau seinen Namen hat. Donato Frisoni hat den Bau 1720–23 in Appartements beidseits eines Mittelraums umgebaut. Im Anschluß an die Galerie wohnte Erbprinz Friedrich Ludwig, auf der anderen Seite Prinz Carl Alexander, der nach dem Tod des Erbprinzen in der Thronfolge nachrückte und 1733 die Regierung übernahm. Der Ordensbau war Hülle für den großen Saal, den Versammlungsort für die Träger des herzoglichen Jagdordens.

Schon 1709 hatte der Herzog beschlossen, den Schloßbereich auf der Westseite durch ein bürgerliches Gemeinwesen zu ergänzen. Zwischen 1709 und 1715 ergingen mehrere Aufrufe zur Ansiedlung, die mit Religionsfreiheit, Steuererlaß und Handelsprivilegien lockten. Nette hat für die Ansiedlung einen (verschollenen) Grundriß entwickelt, in dem die Hauptachse des Schlosses auch deren Mittelachse war. Die aus dem rechten Winkel leicht abgedrehte Querachse der Schorndorfer Straße folgt einem alten Wegverlauf. Der herzogliche Marstall (1710) lag sicher am Rand oder außerhalb und richtete sich nach dem Gelände.

Die Regierungsgeschäfte waren nach der Rückkehr der Grävenitz als Gräfin von Würben und Landhofmeisterin zunehmend nach Ludwigsburg verlagert worden; die Erweiterung des Jagdschlosses erschien unerläßlich und wurde nach Nettes Tod beschleunigt wiederaufgenommen. Als dessen Nachfolger hatte sich unter anderen der in Ludwigsburg als Stukkateur tätige Donato Giuseppe Frisoni beworben. Er wurde von der Hofbaudeputation wegen mangelnder Architekturkenntnis abgelehnt, nach einigen Auseinandersetzungen jedoch vom Herzog am 25. Mai 1715 mit der Inspektion des Bauwesens betraut und am 7. November »zum Architekten« berufen – und zur Ausbildung nach Paris geschickt.

Planung Frisoni mit Garten 1715–22 (Ausschnitt).

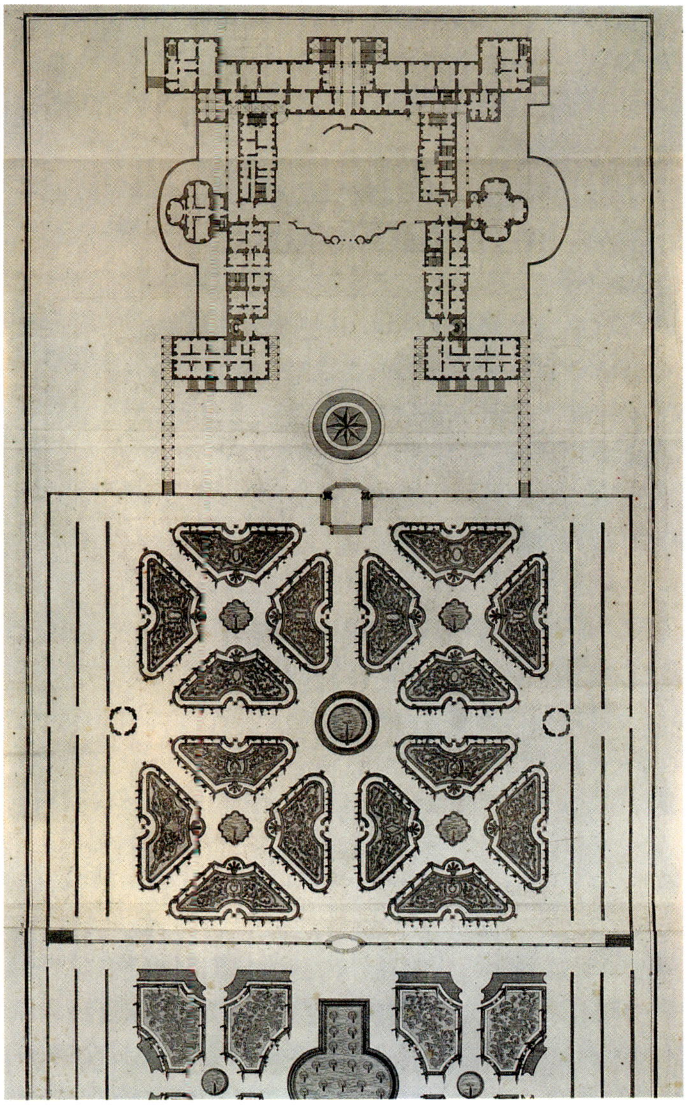

Frisoni verlängerte den Ordens- und Riesenbau durch die beiden Kavaliersbauten, die er etwa ein Drittel länger plante, dann aber nur fast gleich lang wie jene ausführen konnte. In das verbindende Gelenk waren im Osten die Hofkapelle und im Westen ein Theaterbau eingefügt, deren Kleeblattform nach außen sehr plastisch in Erscheinung trat. Die leicht versetzten Kavaliersbauten wirkten der Enge des nun tiefen Hofes entgegen. Dazu trug auch die raffinierte Höhenstufung mit zweigeschossigem Anschluß an die Nachbarbauten und dreigeschossig herausgehobenem Mittelteil bei, der das Motiv des Hauptbaus übernahm.

Die fast identischen Grundrisse enthalten Appartements für höhere Hofbedienstete und sind als einfache Zweibundanlagen mit betonter Mittelachse und dreiläufigen Podesttreppen geplant.

Der östliche Flügel wurde 1715–19 ausgeführt; für die Schloßkapelle (evangelische Hofkirche) erfolgte am 18. Mai 1716 die Grundsteinlegung, 1723 die Weihe und 1730 die endgültige Fertigstellung. Bereits 1715 wurde auch der Theaterpavillon auf der Westseite begonnen, 1719 folgte der westliche Flügel nach, und 1722 waren beide vollendet. Aus der Nutzung als Theater wurde nichts: Das Gebäude diente als Versammlungsraum.

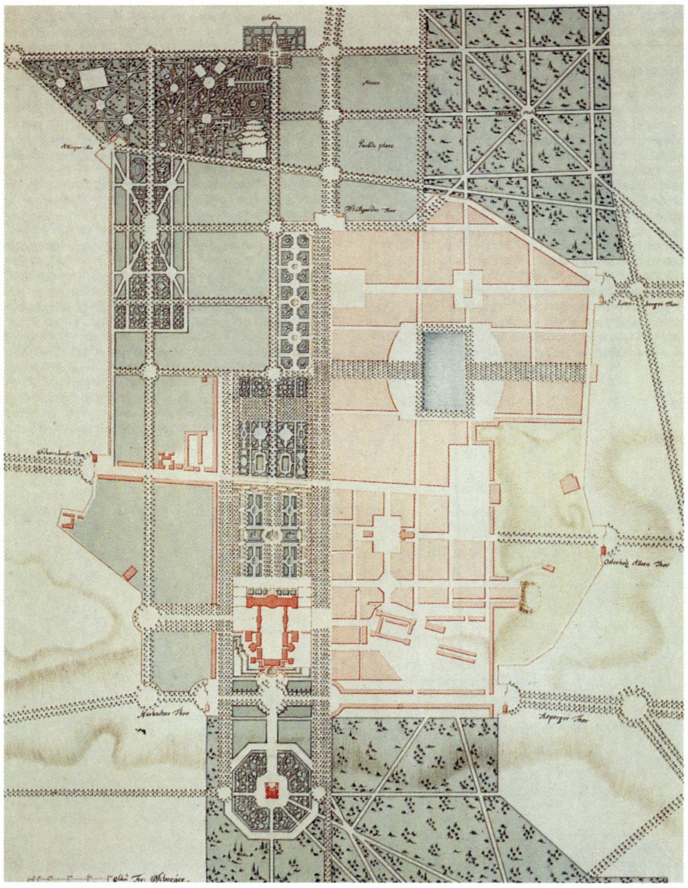

Im Jahr 1718 wurde Ludwigsburg zur Stadt erhoben und die Residenz mit der Verwaltung des Herzogtums offiziell dorthin verlegt. Frisoni hatte im übrigen schon kurz nach seiner Bestallung 1715/16 den Stadtgrundriß weiterentwickelt und dachte an eine symmetrische Anlage beidseits des Schlosses. Der Gedanke ließ sich sowohl wegen des starken Geländeabfalls als auch wegen des gewaltigen Ausmaßes nicht verwirklichen; übrig blieb dort zunächst eine den Schloßbereich und die Schorndorfer Straße säumende Randbebauung. Auf der Westseite entstand die »Ludwigstadt« als reguläre Planstadt mit einem klaren System von Haupt- und Nebenstraßen und – Forderung des Herzogs – geschlossenen Blockrändern. Die Stadtmitte ist zwischen Schorndorfer Straße und Marstallstraße durch die Längsachse der Marktstraße mit dem längsrechteckigen Marktplatz und dem achteckigen Holzmarkt klar herausgehoben; über den Holzmarkt stellt die Querachse Kaffeeberg (Metzgerstraße)-Lindenstraße einen deutlichen Bezug zwischen Stadt und Schloß her.

Während der Arbeiten an den Kavaliersflügeln ließ der Herzog im Jahr 1717 den Bau des Lustschlößchens »Favorite« beginnen. Es lag etwa 350 Meter entfernt in dem jenseits des Tälchens 1707 angelegten Wald auf der Nordseite des Schlosses in dessen Mittelachse. Zu diesem Bau hatte schon Nette Überlegungen angestellt, die Frisoni ab 1715 weiterführte. Der flachgedeckte, dreigeschossige Hauptbaukörper wird von vier Ecktürmchen mit spitzen welschen Hauben gefaßt. Vier um ein Geschoß niedrigere Pavillons mit Walmdächern betonen die Ecken und rahmen die dazwischenliegenden Terrassen ein. Das rustizierte Untergeschoß bildet so gleichsam einen Sockel, vor dem die teilgeschwungene Freitreppe mit zwei symmetrischen Läufen eine großartige Verbindung zwischen dem die Mitte beherrschenden Saal und dem Garten bildet und gleichzeitig die Beziehung zum Schloß herstellt. Trotz der reichen Gliederung spiegelt der originelle Baukörper das klare Grundrißbild konsequent wider und setzt sich mit seiner luftigen Architektur deutlich von der gedrungenen Schwere des Schlosses selbst ab.

Im Jahr 1722/23 waren die Bauarbeiten abgeschlossen. Die Innenräume wurden von den beim Hauptschloß tätigen Künstlern ausgestattet, deren Arbeit sich teilweise bis 1726 hinzog.

Bereits 1721 befaßte sich Herzog Eberhard Ludwig mit neuen Plänen zum Ausbau des Schlosses. Im Oktober befahl er Risse für die Erweiterung des Corps de

Schloß Favorite, Frisoni.

Logis, die mit dessen seitlicher Verlängerung auf fast 140 Meter endeten. Wegen der Kosten wurde das Projekt etwas verkleinert. Die Ausführung wurde Paolo Retti als »Entrepreneur« übertragen, mit den Arbeiten wurde begonnen. Retti hatte dem Herzog wohl bei dieser Gelegenheit (anstatt der Erweiterung?) vorgeschlagen, den Schloßhof auf der Südseite in direktem Anschluß an die Kavaliersflügel mit einem Querbau zu schließen. Dies geschah gegen den Willen Frisonis, der einen solchen Querbau auf die Geländeschwelle weiter im Süden (den ersten Absatz des großen Lustgartens) verschieben wollte, um »einen besseren Prospekt gegen den Gartten und der Statt« zu gewinnen. Frisoni hatte beim Herzog Erfolg: Die Bauarbeiten wurden im September 1724 eingestellt und die bereits gebauten Teile beseitigt. Der Standort für das »Neue Corps de Logis« war festgelegt.

Nun folgte eine Zeit des baubegleitenden Planens. Wohl dürfte bei der Grundsteinlegung anläßlich des Geburtstags von Eberhard Ludwig am 18. September 1724 der Neubau in den Grundzügen festgestanden haben. Erst ein »viertes« Projekt vom 16. Mai 1725 gibt jedoch dazu Auskunft: ein langgestrecktes Gebäude in Ost-West-Richtung mit Erdgeschoß, ebenerdiger Beletage auf der höherliegenden Gartenseite und Mezzaningeschoß, das durch zwei lange Kommunikationsgalerien mit den Kavaliersflügeln verbunden wurde. Der Baubeginn wurde ausgesetzt; wechselseitig folgten Kostenüberschläge und Planvorstellungen, bis im Oktober 1725 mit Retti ein Vorakkord abgesprochen werden konnte, nach dem die Rohbauten binnen drei Jahren und die gesamten Arbeiten innerhalb von acht Jahren beendet sein sollten. Am 25. Dezember 1725 erfolgte der endgültige Abschluß.

Im Grundsatz war es beim Maikonzept geblieben. Durch die Galeriebauten entstand nicht nur ein Innenhof mit der riesigen Länge von 160 Metern, sondern es ergaben sich große Vorhöfe, nach Westen zur Stadt (Marstall) und nach Osten zum Garten. Beim Neuen Corps de Logis überragte der hofseitig auf drei Vollge-

Schloß Ludwigsburg, Innenhof.

schosse erhöhte Mittelteil die Flügel. Ein Unterfahrtsportal mit Balkon und Säulen hob die Mitte weiter heraus. Der Grundriß war symmetrisch aufgebaut; auf der Hofebene schloß an das Vestibül eine Grotte mit Ausstieg in den Garten an, seitlich führten zwei gleichberechtigte Treppen offen in die Verbindungsflure der Beletage. Die Mittelachse prägten der Gardesaal auf der Hofseite und der oval geformte Festsaal auf der Gartenseite. Beidseits schlossen sich die Appartements des Herzogs sowie des Erbprinzen, an den Flügelenden diejenigen der Erbprinzessin und der Landhofmeisterin (Grävenitz) an. Durch den im Gebäude aufgenommenen Höhensprung wurde in Ludwigsburg eine direkte Verbindung aus der Beletage in den Garten erreicht; diese vom Herzog gewünschte Lösung stellte für die damalige Zeit einen fast unvorstellbaren Bruch mit den herrschenden Konventionen dar.

Während der Durchführung wurde das Halbgeschoß zum niederen Vollgeschoß, das schwer auf der Beletage lastet. Die Mittelrisalite treten nur noch schwach hervor; der geplante Giebel mußte auf Wunsch des Herzogs wegfallen, die geringe Kurvung wirkt recht unentschieden, und das auf ganze Länge durchgezogene Walmdach verstärkt diesen Eindruck. So »zerfließt« der Bau auf der Gartenseite durch seine große Länge und die geringe Plastizität.

Den terrassiert geplanten Verbindungsgalerien wurden 1728 Mansarddächer übergestülpt. An deren Übergang zu den Kavaliersbauten wurden mit dem Theater- und dem Festinbau (größter Saal mit Empore) zwei für den höfischen Betrieb wichtige Elemente zugefügt. Sie ordneten sich selbstverständlich in die Gesamtanlage ein und gaben den Vorhöfen auf der Nordseite einen baukörperlichen Halt wie den Eckpavillons des Neuen Corps de Logis das entsprechende Gegenüber.

Altes Corps de Logis mit Galerien und Pavillons. Stich von 1810.

Der Rohbau stand 1729 mit der Bedachung. Im Jahr 1732 war der Innenausbau weitgehend fertiggestellt, und 1734, nach dreißigjähriger Bauzeit, war die weitläufige Anlage fast in allen Teilen vollendet. Herzog Eberhard Ludwig hat dies nicht mehr erlebt, er starb am 31. Oktober 1733. Auf Betreiben des im Sommer 1730 nach Ludwigsburg zu Besuch gekommenen Königs Friedrich Wilhelm I. von Preußen war die Grävenitz zwei Jahre vorher des Hofes verwiesen und nach Freudental verbannt worden.

Das Erscheinungsbild der Schloßanlage ist recht geschlossen, obwohl sich die Architektur des österreichisch-böhmischen Hochbarock unter dem Einfluß des französischen Geschmacks in der Spätphase erkennbar wandelt. Dies hat verschiedene Ursachen, zuvörderst sicher die Stetigkeit des einzigen Bauherrn und praktisch nur zweier Architekten über die ganze Bauzeit hinweg, Nette und Frisoni. Der zweite Architekt war zudem bereits seit 1709 als Stukkateur tätig und hat von 1715 an fast zwei Jahrzehnte als verantwortlicher Architekt gearbeitet.

Die einheitliche Wirkung des Äußeren rührt wesentlich von der durchgängigen Material- und Farbwahl her; die wichtigen Bauglieder – Fenster- und Türgewände – sind aus gelbem Sandstein, die Wandflächen sind verputzt mit sandgelbem Farbanstrich. Sie entsteht aber auch durch die geringen Kontraste und das angesichts der Größe schwache Relief der Fassaden. Nicht zuletzt tragen die allen Bauten aufgesetzten Dächer dazu bei, aus denen sich nur der erhöhte Mittelteil des Alten Corps de Logis dominierend hervorhebt und gegen die Masse des Neuen Corps de Logis behauptet.

Im Gegensatz dazu steht die reiche Innenausstattung. Sie ist auf den Verwendungszweck der Räume abgestimmt und gibt ihnen die eigene Note. Bereits

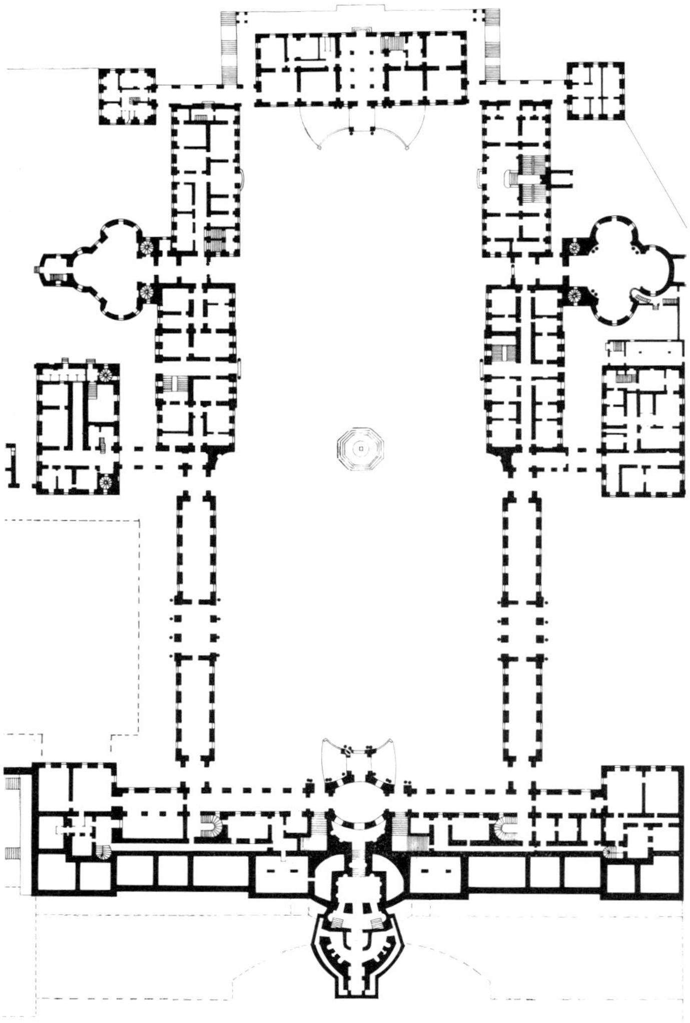

Grundriß Sockelgeschoß.

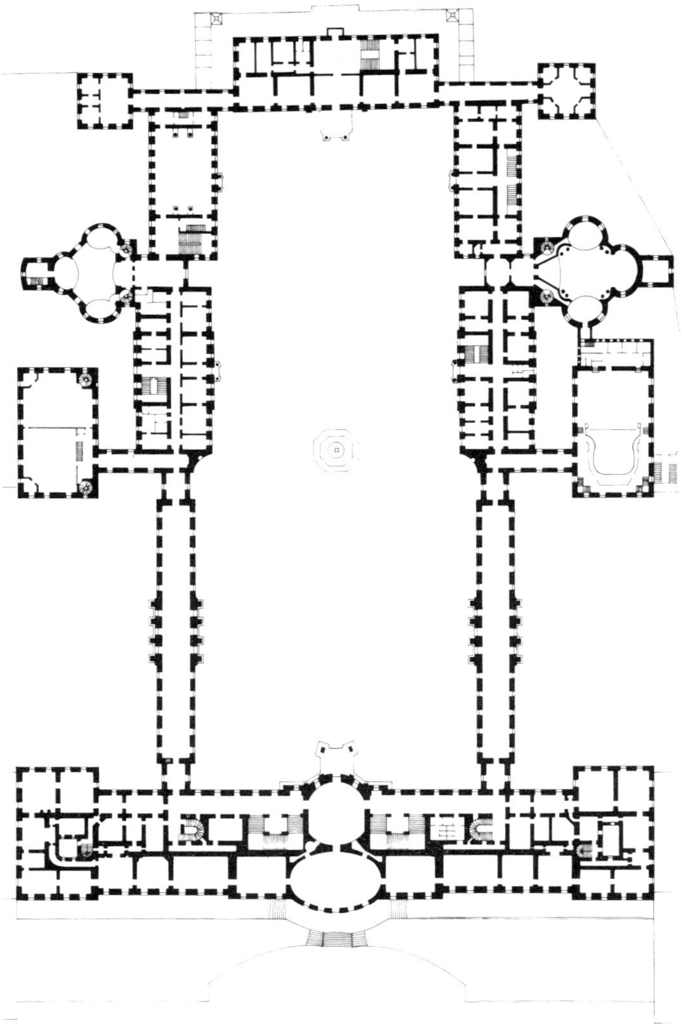

Grundriß Hauptgeschoß.

Nette hatte zahlreiche italienische und deutsche Künstler und Kunsthandwerker herangezogen, die vor allem aus dem Böhmischen kamen, oft miteinander verwandt waren und als Freskanten, Skulpteure und Stukkateure Hand in Hand arbeiteten. Dadurch verschmolzen die Raumdekorationen zu einer einheitlichen Wirkung. Frisoni – selbst ein höchst feinnerviger Stukkateur – beherrschte mit seinem Familienunternehmen weitgehend den Innenausbau: tätig waren die Schwäger Corbellini (Marmorier) und Scotti (Maler), die Neffen Paolo (Baumeister), Riccardo (Stukkateur) und Livio Retti (Maler). Zur Frisonischen Verwandtschaft zählten auch die Brüder Diego (Skulpteur) und Carlo Carlone (Maler), wohl die begabtesten künstlerischen Kräfte. Neben vielen anderen hatte der Freskant Luca Antonio Colomba mit Bruder und Neffe einen wichtigen Anteil. Unter der Leitung Frisonis waren die Genannten meist über viele Jahre tätig, so daß sich eher die Handschriften unterschieden und stilistische Veränderungen erst verhältnismäßig spät auftraten.

Die Bauperiode bis zur Fertigstellung der beiden Kavaliersflügel ist wesentlich bestimmt von den kraftvollen Bildhauerarbeiten des Diego Carlone und den bewegten Fresken des L. A. Colomba, dessen Deckenbild im Gardesaal mit der Huldigung Württembergs an den Kaiser hervorzuheben ist. Sein Deckenfresko im Ordenssaal ist durch Witterungsschäden zerstört worden; es wurde 1733 durch ein Deckengemälde von Pietro Scotti mit einer Allegorie auf Athene als Beschützerin der Künste des Friedens ersetzt. Höhepunkt habsburgischer Barockauffassung wurde die Hofkapelle mit ihrer gedeckt-starken Farbigkeit: ein »katholisch« gestimmter Raum für den strengen Protestantismus Württembergs! Colomba durfte noch die Apsiden ausmalen, während das Kuppelgemälde von dem 1718 aus Wien geholten Carlo Carlone gestaltet wurde. Dieser übernahm in der Folgezeit einen wesentlichen Anteil

Schloßkirche, Querschnitt, Frisoni.

der Deckenbemalung. Sein herausragendstes Werk wurde in jeder Beziehung das 60 Meter lange Deckenbild in der Ahnengalerie mit Darstellung der Huldigung der Künste an Herzog Eberhard Ludwig von 1733. Das Pendant in der Bildergalerie mit Szenen aus dem Trojanischen Krieg ist 1731/32 von Pietro Scotti gemalt worden. Beim Wand- und Deckenstuck hat neben Frisoni und Diego Carlone vor allem Riccardo Retti ausgezeichnete Qualität geliefert; ihm wurde 1737 die Barockisierung der Stiftskirche in Ellwangen in Auftrag gegeben.

Die auf den Tod Eberhard Ludwigs folgenden elf Jahre – bis zur Thronbesteigung des 1744 mit sechzehn Jahren für volljährig erklärten Herzogs Karl Eugen – waren für die bauliche Entwicklung ohne Gewicht. Wie zuvor schon 1734 Carl Alexander hatte der neue Herrscher die Rückverlegung der Residenz nach Stuttgart gegen die Zusicherung eines Schloßneubaus versprochen, blieb aber angesichts des desolaten Zustands des Alten Schlosses zunächst in Ludwigsburg wohnen. Er ließ 1746–48 für seine Gemahlin, Herzogin Elisabeth Friederike, die Ordenskapelle von David von Leger zur evangelischen Hofkirche ausbauen, da die bisherige Hofkapelle vom katholischen Herzog für seinen Gottesdienst umgewidmet wurde. Der Kontrast zwischen dem plastisch und farbig überreich dekorierten Raum Frisonis und dem sehr weißen, elegant-kühlen Rokoko Legers konnte kaum größer sein.

Angesichts des relativ schleppenden Baufortschritts in Stuttgart gab Karl Eugen dem seit 1752 dort tätigen Architekten und Oberbaudirektor Philippe de la Guêpière im Sommer 1757 den Auftrag, für sich selbst – eigenartigerweise nicht durch Umbau der Räume Eberhard Ludwigs in der Beletage des Neuen Corps de Logis – in dem eigentlich für das Gefolge bestimmten zweiten Obergeschoß des westlichen Eckpavillons einige Zimmer auszubauen »und auf Attique Arth neu einrichten zu lassen«, d.h. für den privaten Gebrauch

Ordenssaal.

Östliche Spiegelgalerie.

vorzusehen. Die Arbeiten waren binnen eines halben Jahres vollendet; danach wurde die Verbindung zur gewendelten Nebentreppe durch eine abgetrennte Galerie aufgewertet. Die Einrichtung des Schlafzimmers wurde unterbrochen und erst 1772 vollendet. Die in zartesten Rokokoformen ausgeführten Räume sind von hoher Qualität und zeigen den großen Bogen von der deftigen Fülle der Anfangszeit zu der beinahe verspielten Grazilität fünfzig Jahre danach.

Der theaterbesessene Herzog ließ 1758 von Guêpière sowohl das Große Lusthaus in Stuttgart zu einem Opernhaus umgestalten als auch in Ludwigsburg den von Frisoni schon 1725 errichteten Theaterbau zu einem Komödienhaus ausbauen. Darüber hinaus wurde im Garten hinter dem östlichen Vorhof 1764/65 ein großes Opernhaus aus Holz erstellt. In unsere Zeit ist nur die gekürzte Bühnenmaschinerie vom Umbau des Frisonitheaters gerettet worden.

Als Folge der großen Schäden beim Brand des Stuttgarter Schloßbaus im November 1762 hat Herzog Karl Eugen die Residenz 1764 wieder nach Ludwigsburg verlegt, wo sie bis 1775 verblieb. Die Stadtentwicklung hatte schon ab 1758 neue Impulse erhalten; eine Mauer umgab das ganze Stadtgebiet. Alleenzüge in Nord-Süd- und Ost-West-Richtung setzten die geometrische Ordnung des Frisoniplanes beidseits der Schloßachse im Süden fort. Wichtigste Verkehrsader wurde die verlängerte Schloßstraße mit dem Stuttgarter Tor. Sie fand fünf Jahre später ihre Fortführung bis zum Schloß Solitude, heute noch sichtbares Zeugnis absolutistischen Denkens.

Im Schloß erfolgte die schwerwiegendste Veränderung im Zusammenhang mit der Erhebung des Herzogtums Württemberg zum Königreich. Der König hatte als Herzog Friedrich II. im Jahr 1797 die Regierung angetreten, seinen Wohnsitz aber schon seit 1790 in Ludwigsburg genommen, wohin er aus preußischen und russischen Diensten zurückgekehrt war. Sicher hatte der Aufenthalt im Norden dazu geführt, daß er die dekorative Fülle des süddeutschen Barock nicht liebte; auch seine Wesensart war mehr der Strenge zugetan.

Bereits 1799/1800 ließ er von Hofbaumeister Nikolaus Friedrich von Thouret im Schloß Favorite den Saal und die drei Ostzimmer völlig umgestalten, wobei Decken- und Wandmalerei möglicherweise aus dessen Hand stammen. In den anderen Räumen wurden Dekkenstuck und -malerei belassen und die Wände neu tapeziert. Barock und Empire begegnen und durchdringen sich dort recht amüsant.

Napoleon weilte im Oktober 1805 zwei Mal in Ludwigsburg und Stuttgart. Das war direkter Anlaß zur Umgestaltung der Beletage im Neuen Corps de Logis, mit welcher Thouret beauftragt wurde. Sie umfaßte zunächst die Wohnung des Königs und die beiden Kommunikationsgalerien, wobei im wesentlichen die Wände neu dekoriert wurden und die Deckenbilder erhalten blieben. Die an sich sehr qualitätvolle Empireausstattung bewirkte jedoch architektonische Brüche und erscheint wie eine Purifizierung des barocken Dekors. Dies wird in den Galerien besonders deutlich.

Die Umgestaltung des Marmorsaals folgte 1816; bei diesem großen Festraum verstärkten sich die antikisierenden Elemente zu einer gewissen Steifheit, die keine Beziehung mehr zum barocken Geist suchte. Statt der beiden seitlich geführten Treppenläufe stellte nun eine breite Freitreppe die Verbindung in den Garten her; die Grotte mußte verschwinden. Nach dem Tod des Königs Friedrich bezog dessen Witwe die Räume auf der Ostseite der Beletage. Diese wurden 1817/18 ähnlich den Räumen des Königs verändert, jedoch blieb von der barocken Ausstattung mehr erhalten.

Thouret gestaltete 1810 auch das Logentheater Guêpières um. Er vergrößerte den Zuschauerbereich auf Kosten der Bühne und verschob damit die Proportionen. Aus den drei gekurvten Rängen ist der erste mit der Königsloge durch die Rundsäulen herausgehoben; der Raum ist nobel und intim zugleich. Im gleichen Jahr hat der Architekt aus Anlaß der Stiftung des Königlichen Goldenen Adlerordens auch den Ordenssaal verändert. Davon zeugt nur noch der Thron mit den Behängen; die Übermalungen wurden in unserem Jahrhundert entfernt und der barocke Zustand wiederhergestellt. Derartige Korrekturen sind auch an anderen Stellen geschehen.

Der Ordenssaal nimmt in der Landesgeschichte einen besonderen Platz ein: Am 25. September 1819 wurde dort die Verfassung des Königreichs verkündet und damit die seit 1806 herrschende verfassungslose Zeit beendet; und genau hundert Jahre danach wurde die Verfassung der Republik Württemberg an dieser Stelle ausgerufen.

Die Gartenanlagen

Für barockes Selbstverständis war der Park mehr als zu jeder anderen Zeit die in den Außenraum verlängerte gebaute Architektur. Die Pläne aus jener Epoche verschmolzen überwiegend Haus und Garten zu einer Einheit, meist aus einer Hand, der des beauftragten Architekten. Wesentlich war das Spiel der Formen in einer geometrischen Ordnung.

Auch in Ludwigsburg hatte 1709 schon Nette sein Schloßprojekt in einen Gesamtplan eingeordnet, der auf der steil abfallenden Nordseite gestufte Querterrassen vorsah und mit einem großen Wasserbassin abschloß. Vor der Südseite befanden sich, jeweils durch Absätze getrennt, zwei große Parterres mit unterschiedlicher geometrischer Gestaltung. Das Ende war mit einer Kolonnade gefaßt. Die Arbeiten am Nordgarten blieben bald stecken (der Tälesbach lag außerordentlich tief), während der Südgarten vermutlich weitgehend ausgeführt wurde. Im Zusammenhang mit der durch die Galerien und Eckpavillons erweiterten Nordfront schlug Nette 1713 die Verbreiterung des Gartens vor; wesentliche Veränderung war dabei die ovale Sala Terrena in der Mittelachse an Stelle der dort vorgesehenen Orangerie. Auch dieser Plan ist nicht verwirklicht worden.

Nachdem Frisoni 1715 mit der Inspektion des Bauwesens betraut worden war, beschäftigte er sich mit der Gestaltung des Südgartens, den er gegenüber Nettes Projekt leicht abwandelte, vor allem aber erheblich ausgeweitet hat. Gewisse Züge der französischen Gartenkunst sind unverkennbar. Die Anlage war wahrscheinlich fast vollendet, als die Vergrößerung des Schlosses nach Süden auf fast das Dreifache zu Veränderungen zwang. Der Standort des Neuen Corps de Logis befand sich schließlich mitten im vorderen Parterre. Frisoni legte 1726 einen Plan für die Neugestaltung vor, der vom Herzog nicht gebilligt wurde. Dieser schickte daraufhin den jungen Gärtner Johann Adam Classen zum Studium der Gartenkunst nach Frankreich. Drei Jahre später legte Classen 1729 einen Entwurf für beide Gartenbereiche vor.

Beim Nordgarten blieb die Terrasseneinteilung erhalten; die Treppen wurden vereinfacht und seitlich versetzt. Eine prachtvolle Kaskade betonte dagegen die Mittelachse und endete in einem großen Becken. Der Südgarten war in drei Parterres gegliedert. Ausgehend vom Aufstieg aus der Grotte vor dem Neuen Corps de Logis wurde der Höhensprung in der Mittelachse durch größer werdende Kaskaden überspielt.

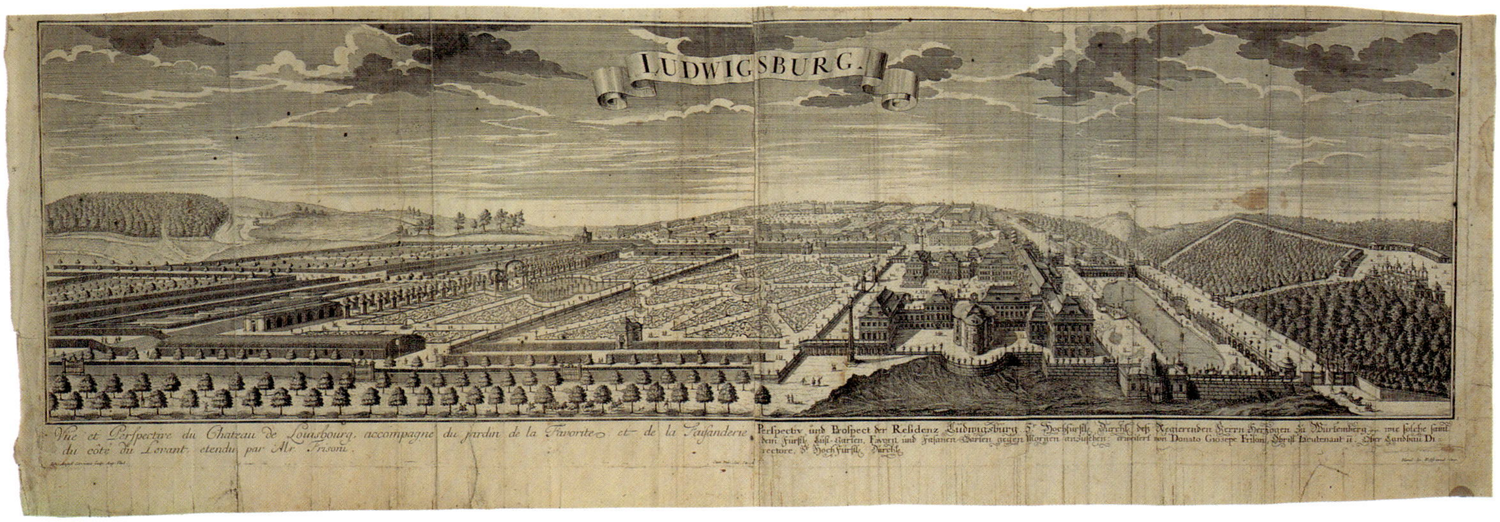

Gartenanlage, Lageplan.

Breite Wege kennzeichneten das untere Parterre mit kunstvoll geformten Broderien; in der nächsten Stufe herrschte die einfache Kreuzform vor, deutlich abgeschlossen durch Orangeriehäuser und Rasenböschungen mit Rampenaufgängen. Der oberste Bereich wurde von Bosketts geprägt, mit zunehmender Dichte der Pflanzenwelt und Verzicht auf die vielen architektonischen Versatzstücke. Die beidseitig am Neuen Corps de Logis anschließenden Terrassen wurden als private Bereiche angelegt. Eine Kastanienallee umschloß den ganzen Garten, dessen Rand somit seit rund 250 Jahren nachvollziehbar ist. Classen verließ im Todesjahr Eberhard Ludwigs 1733 Ludwigsburg. Der Nordgarten soll zu jener Zeit beinahe fertiggestellt gewesen sein.

Ähnlich wie bei den Hochbauten war nach dem Regierungsantritt des Herzogs Karl Eugen bei den Parkanlagen ein weiterer Schub zu verzeichnen. Der aus topographischen Gründen ungelöste Nordbereich wurde 1745/46 im Westteil aufgefüllt und die »Planie« zur besseren Verbindung mit der Favorite angelegt. Der das Schlößchen fassende Rondellplatz ist 1757 durch ein heute noch nachvollziehbares, achteckiges Boskett ersetzt worden. Auf der Südseite wurden die Alleen in Verbindung mit der Stadterweiterung angelegt; die Mittelachse wurde als Allee bis zum sogenannten »Salon« auf der Höhenkuppe fortgeführt, einer Anlage mit vielen phantasievollen, asymmetrisch und additiv aneinandergefügten Bereichen, wie sie für die Rokokozeit typisch gewesen ist und später auf der Solitude wiederzufinden war; im Zielpunkt lag die sogenannte »Grüne Bettlade«, ein süffisanter Ausdruck für die vermuteten Lustbarkeiten. Entscheidend aber war der große Atem, mit dem der Herzog derartige Projekte betrieb. Im Kleinen wurde 1760 direkt vor der Beletage der Orangengarten angelegt und mit Balustraden gefaßt.

König Friedrich ließ 1798–1804 nach Plänen von Thouret das Gelände östlich des Schlosses angenähert an einen englischen Landschaftsgarten gestalten; dazu wurde das von Karl Eugen gebaute hölzerne Opernhaus abgebrochen. In der Achse des östlichen Vorhofes entstand der Schüsselesee mit dem Spielplatz, seitlich hinterfaßt von der Ruine eines römischen Aquädukts, an den sich antikisierende Elemente anschlossen, die in einem Bogen zu der auf einer Klippe über dem alten Steinbruch aufragenden Emichsburg führten. Der Parkbereich endete mit dem Steilabfall zum Tälessee in einer wildromantischen Landschaft.

Auf der Südseite vor dem Neuen Corps de Logis war zu jener Zeit von der barocken Pracht nichts mehr vorhanden. Nach Thourets Plänen wurde in der Geländeneigung ein außerordentlich klarer Empiregarten angelegt. Geteilt durch ein Wegekreuz, entstanden vier große Rasenflächen, die mit Rabatten umsäumt und mittig durch einen vasengekrönten Blumenhügel betont waren. Im Schnittpunkt lag eingetieft ein querovales Bassin, dessen schmaler Stichkanal den Bezug zum Schloß herstellte. Orangen- und Zitronenbäume begleiteten die Wege; sie wurden allerdings aus Sparsamkeitsgründen im Lauf der Zeit teilweise durch Obstbäume ersetzt. Weiter nach Süden, bis zur Achse Garnisonskirche, war eine Obstplantage angeschlossen.

Als Herzog Karl Eugen die Residenz 1775 endgültig nach Stuttgart zurückverlegte, kam die Entwicklung Ludwigsburgs zunächst ins Stocken. Die Republik machte das Schloß zum Museum und quartierte in den

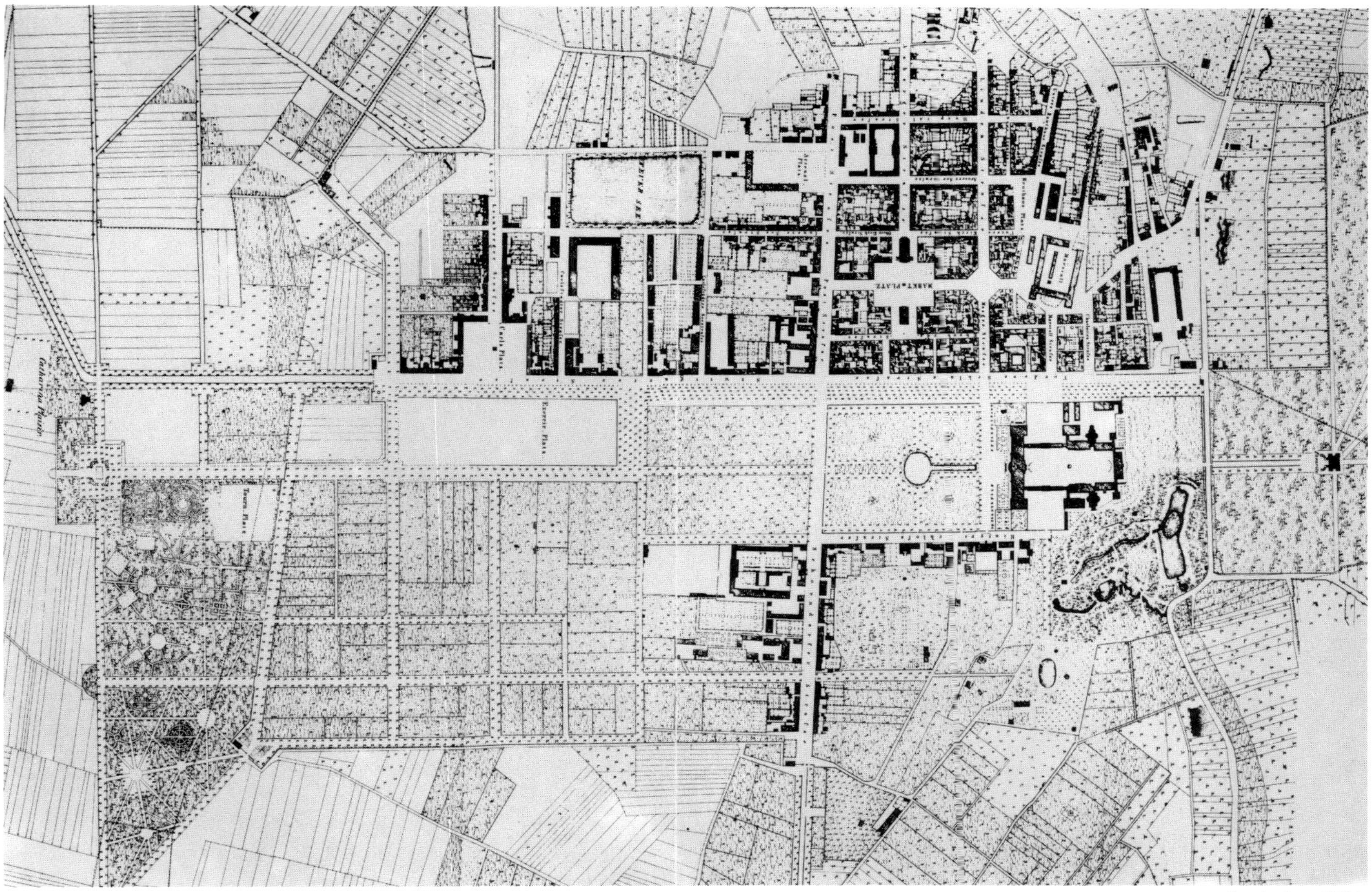

Stadtplan 1831.

weniger wertvollen Bereichen Behörden ein. Der Festinbau wurde dabei zum Magazin für das Staatsarchiv ausgebaut. Seit jeher wird aber Substanzerhaltung betrieben, eine bei der Größe des Schlosses nie endende Daueraufgabe, die durch den seit dem Ersten Weltkrieg eingetretenen Reparaturanstau hohe Summen erfordert. Dazu werden mit großer Behutsamkeit dort Korrekturen vorgenommen, wo infolge späterer Veränderungen das Gefüge nicht mehr erkennbar ist. Die Gartenanlagen sind ein solches Feld. In wohlmeinender Absicht wurden seit den fünfziger Jahren die verwahrlosten Gärten im Rahmen des Blühenden Barock umgestaltet und für die Bevölkerung aktiviert. Dabei sind aber weder Elemente aus der Barock- noch aus der Empirezeit rekonstruiert und in ein Gesamtsystem eingeordnet worden. Die angelegten »Beispiele« vermitteln so ein falsches Bild von der historischen Situation. Es ist zu hoffen, daß langfristig ein stimmigeres Bild geschaffen werden kann, um so mehr, als das Ludwigsburger Schloß den Krieg unzerstört überstanden hat und in seinem Erhaltungszustand die Bau- und Landesgeschichte über einen Zeitraum von hundert Jahren originär vermittelt.

Anfänge dazu sind auf der Grundlage eines Parkpflegewerkes mit der Vorzone und den Terrassengärten seitlich des Neuen Corps de Logis in Richtung auf den Empire-Zustand gemacht.

Das Sehbedürfnis der Bevölkerung ist aber nicht nur heute zu erfüllen, sondern muß auch für die nachkommenden Generationen gesichert werden. Hier besteht angesichts der Besuchermassen erheblicher Grund zur Sorge, zumal ihre Zahl zusätzlich gesteigert wird: Aus der einmaligen Genehmigung für eine Blumenschau im Schloß ist inzwischen die Dauereinrichtung der »Floriade« geworden. Jährlich schieben sich dort Tausende an den Blumengebinden vorbei; die kostbaren historischen Räume werden oft zur Kulisse herabgewürdigt und zusätzlich verschlissen. Unsere Gesellschaft verbraucht nicht nur die natürlichen Ressourcen über Gebühr, sondern auch die Zeugen ihrer Geschichte. Das ist Schloß Ludwigsburg in ganz besonderem Maß.

Neues Schloß, Solitude und Hohenheim
Der Schlösserdreiklang des Herzogs Karl Eugen

Das Neue Schloß
Der Schloßbau bis zur Brandkatastrophe 1762

Barockes Repräsentationsbedürfnis und baulicher Ausdruck des Absolutismus hatten zur Abwanderung der Residenz nach Ludwigsburg geführt. Es ist verständlich, daß die Landstände und die Vertreter der seit dem Münsinger Vertrag von 1482 zur alleinigen Haupt- und Residenzstadt bestimmten Stadt Stuttgart sich mit der Verlegung nicht abfinden und die alte Stellung zurückgewinnen wollten. Bereits in der Regierungszeit des Herzogs Karl Alexander waren Versuche unternommen und 1734 die Rückverlegung von Hof und Kanzlei nach Stuttgart bewirkt worden. Das Alte Schloß befand sich aber in einem so desolaten Zustand, daß neben den notwendigen Reparaturarbeiten zu Ende der dreißiger Jahre weitgehende Umbaupläne erwogen worden waren.

Die Gelegenheit zur Verwirklichung des Anliegens schien 1744 gekommen, wo der als ältester Sohn des Herzogs Karl Alexander am 11. Februar 1728 geborene Herzog Karl Eugen im Alter von 16 Jahren an die Regierung gelangte. Dazu bedurfte es einer Ausnahmeregelung hinsichtlich des im Württembergischen Hausgesetz festgelegten Mindestalters, die durch Kaiser Karl VII. am 11. Januar 1744 erfolgte. Er sprach den jungen Herzog mündig und hob die Regentschaft auf, unter der Karl Eugen nach dem Tod seines Vaters über sieben Jahre hinweg gestanden hatte.

Am 12. März drückte Herzog Karl Eugen dem Geheimen Rat seinen angelegentlichen Dank für dessen Verhalten während der Regentschaft aus und bekräftigte die Landesverfassung samt den Religionsversalien durch Unterschrift und Eid.

Mit diesem Datum begann eine Herrschaftszeit, die bis zum Tode des Herzogs am 24. Oktober 1793 beinahe ein halbes Jahrhundert umfaßte und das barocke Erscheinungsbild der Landeshauptstadt wesentlich geprägt hat.

Ein generöses Angebot an den neuen Herrscher sollte den Wunsch zur dauernden Rückkehr der Residenz nach Stuttgart unterstützen: Die Stadt bot ein einmaliges »Don Gratuit« von 30000 Gulden an, und die Landschaft erklärte sich zu Zahlungen in gleicher Höhe über einen Zeitraum von fünf Jahren bereit.

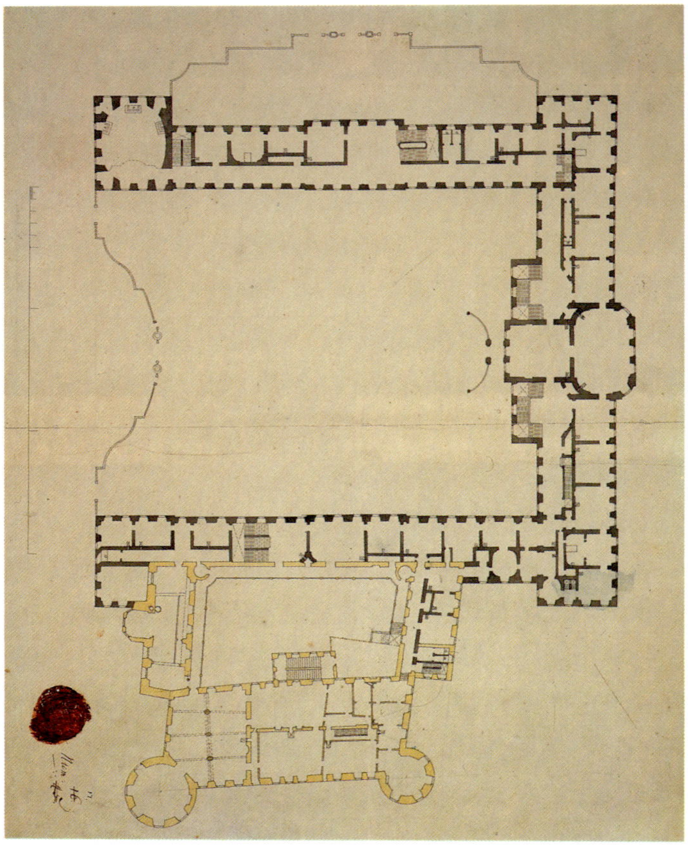

Standortvorschlag Schloßbau in Verbindung mit dem Alten Schloß, Retty 1746.

Karl Eugen gab daraufhin am 27. April 1744 die schriftliche Zusage, daß von nun an Hof und Kanzlei in Stuttgart bleiben sollten. Nach wenigen Monaten allerdings nannte er als Voraussetzung eine »standesmässige, seiner fürstlichen Dignität convenable und dem Umfang dero Hofstaats hinlängliche Wohnung«.

Als Architekt für die Baupläne wurde der 1704 in Laino bei Como geborene Leopoldo Matteo Retty gewonnen, der damals als Baudirektor in Diensten des Markgrafen von Ansbach-Bayreuth stand. Retty war nicht unbekannt; als Neffe des Hofbaumeisters Donato Frisoni hatte er beim Schloßbau in Ludwigsburg seine Ausbildung erhalten. Auf Reisen nach Italien und Frankreich erweiterte er seine architektonischen Kenntnisse und orientierte sich schließlich an der zeitgenössischen französischen Baukunst.

Wegen der schlechten Finanzlage des Landes versuchte der Geheime Rat zunächst, dem Herzog den Umbau und die Erweiterung des Alten Schlosses schmackhaft zu machen. Dem Herzog konnten solche Pläne nicht genügen. Wir können uns aus heutiger Sicht glücklich schätzen, daß er sie ablehnte und einen Neubau forderte.

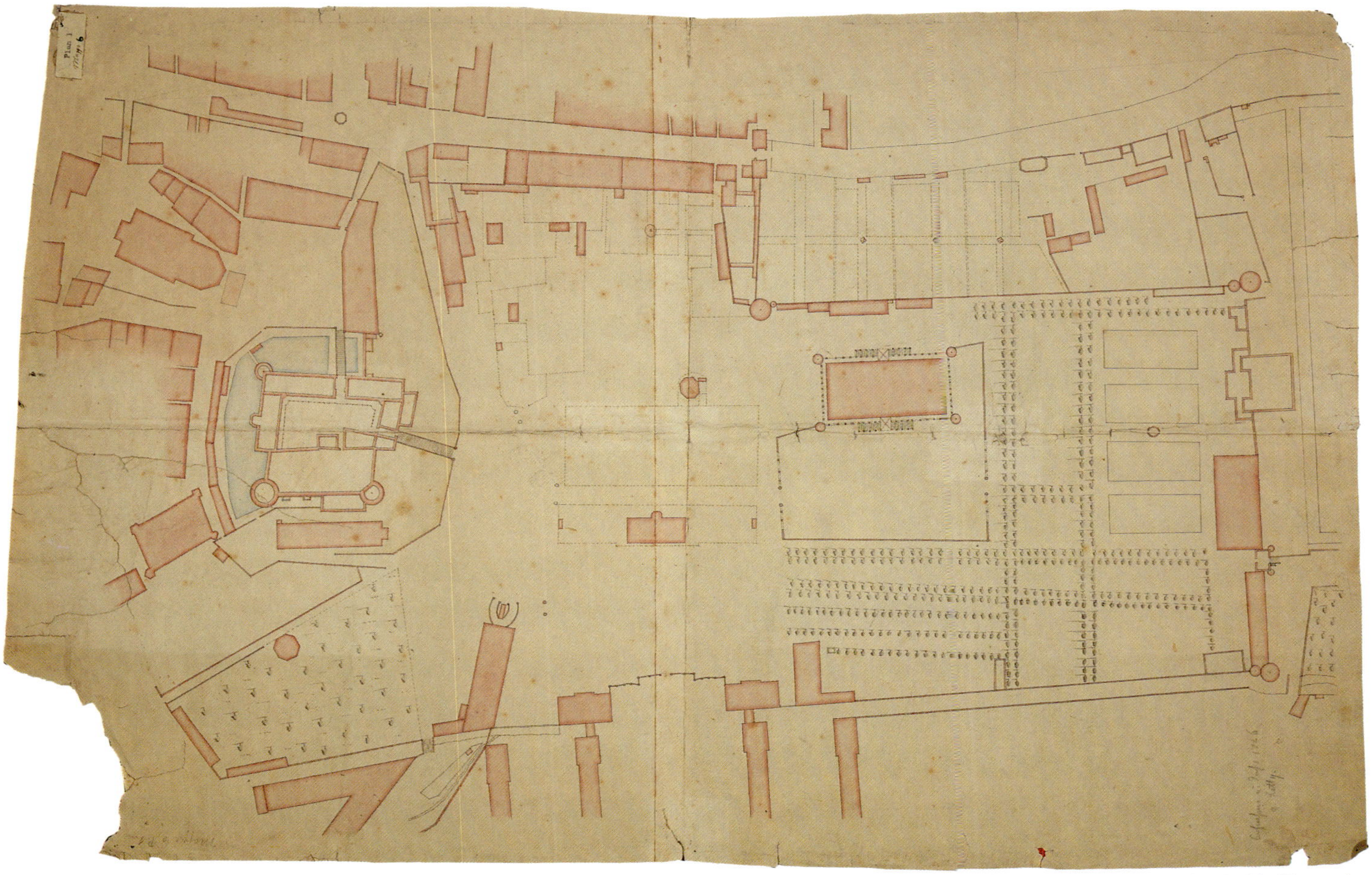

Lageplan des Schloßbereichs.

Als Standort für das Neue Schloß wurde nach einigem Hin und Her vom Herzog der Bereich des Lustgartens in enger Nachbarschaft zum Alten Schloß und zur Stadt gewählt. Der Architekt fertigte nicht weniger als sieben Entwürfe, dabei auch einige mit der Orientierung des Hofes zur Stadt. Herzog Karl Eugen gab schließlich am 6. Mai 1746 seine Zustimmung zum dritten Projekt als Grundlage für die Ausführung. Mit ein Grund war auch der hinter dem Nesenbach auf der Südseite nach Plänen des Johann Christoph David von Leger 1740 begonnene Kasernenneubau für die Stuttgarter Garnison, dessen Baulichkeiten sich als Schloßnebengebäude eigneten. Wahrscheinlich galten ähnliche Überlegungen auch für das Neue Lusthaus, das als Hoftheater dienen konnte.

Damit begann die langdauernde Baugeschichte des Neuen Schlosses. Sie stand unter keinem guten Stern und fand den krönenden Abschluß erst nach sechzig Jahren Bau- und Unterbrechungszeit zu Beginn des 19. Jahrhunderts.

Retty sah eine dreiflügelige Anlage in Hufeisenform vor, deren Mittelachse auf die Achse der neuen Kaserne ausgerichtet war mit der Folge, daß der Hof sich nach Norden – mehr oder weniger ins Niemandsland – öffnete und von der Stadt abwandte. Der Hof war seitlich durch Galerien mit erdgeschossigen Arkadengängen und eingeschobenen Kopfbauten verlängert. In die geplante Ordnung war das Neue Lusthaus integriert und der Durchgang zum Platz vor dem Alten Schloß (heute Schillerplatz) gewahrt. Dessen östlicher Arkadenflügel sollte zudem geopfert werden, um den Schloßhof besser mit dem Vorbereich des Neuen Schlosses zu verzahnen.

Bereits am 3. September 1746 wurde der Grundstein gelegt, gerade vier Monate nach dem Baubeschluß. Im Frühjahr 1747 äußerte Johann Christoph von Leger Bedenken vor allem gegen die angeblich zu wenig repräsentativen Fassaden. Ihre aus dem französischen Geist geprägte kühle Vornehmheit entsprach so gar nicht den von Italien und Österreich her gewohnten barocken Vorstellungen. Eine Schloßbaudeputation wurde gegründet, Gutachten wurden eingeholt, unter anderen von Maurizio Pedetti (Bischöflich Eichstättischer Baudirektor) und Alessandro Galli di Bibiena (Kurpfälzischer Oberbaudirektor). Ende 1747 trat verspätet Balthasar Neumann mit einem großzügigen und

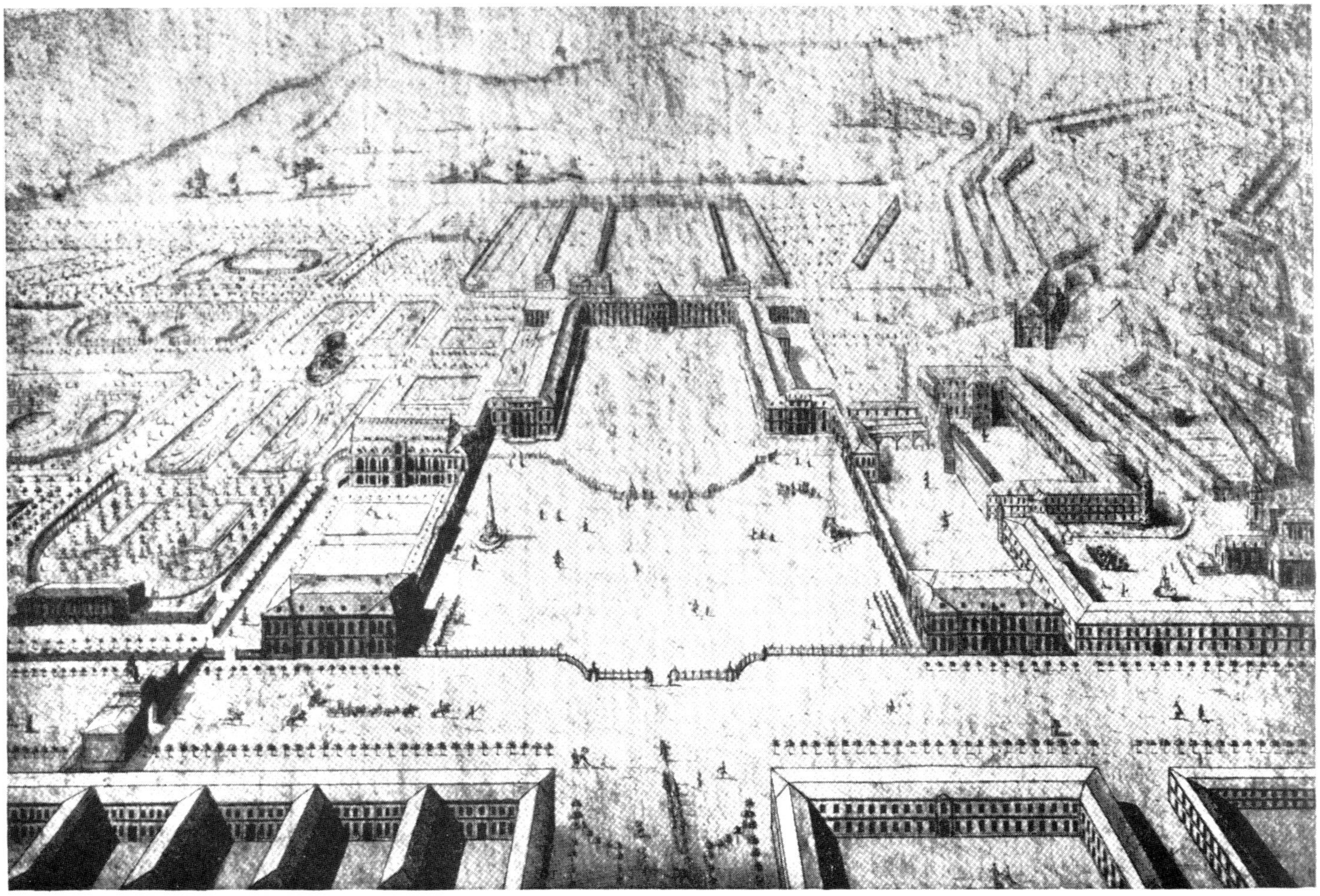

Neues Schloß und Stadterweiterung, Retty 1749.

großartigen Entwurf auf den Plan. Ganz im Sinne der barocken Regeln orientierte er den Ehrenhof wieder zur Stadt hin und schuf auf der Nordseite die Voraussetzung zum Anschluß eines zugehörigen Parks in der Mittelachse des Corps de Logis. Von dem bereits über ein Jahr im Bau befindlichen Projekt Rettys bezog er den Mitteltrakt und den Nordflügel ein. Auf der Stadtseite hätte eine qualitative Entsprechung erhebliche Veränderungen nach sich ziehen müssen. Neumanns Entwurf enthielt in etwa die doppelte Baumasse wie der Plan Rettys und war dem Herzog wohl zu opulent, vielleicht auch nicht mehr ganz zeitgemäß. Es blieb bei den Plänen Rettys.

Was für eine schwäbische Lösung ist doch dieses spätbarocke Juwel mit seiner behäbig hingelagerten Monumentalität und dem Verzicht auf jeden Überschwang der Formensprache geworden! Die Abkehr der Hauptachse von der Stadt ist ja schon aus Ludwigsburg geläufig. Natürlich fehlte dem Ehrenhof das entsprechende Gegenüber und endete der Vorhof unvermittelt an der Straße nach Ludwigsburg. Aber die Entscheidung für diese Lösung war nur vordergründig die Folge mangelnder Großzügigkeit. Sie eröffnete eine Chance für die Stadterweiterung, das Nebeneinander der modernen Neustadt und der mittelalterlichen Altstadt. Eine Darstellung Rettys aus der Vogelschau vom Jahr 1749 zeigt jedenfalls, daß sehr wohl Überlegungen für eine großzügige städtebauliche Antwort auf der Westseite des Schlosses angestellt worden sind.

Retty hat mit seinem Entwurf auch nicht tabula rasa gemacht, sondern sich auf die Gegebenheiten eingestellt, gekennzeichnet durch Rücksichtnahme und Sparsamkeit. Durch die Orientierung des Ehrenhofes nach Westen, die Längserstreckung von etwa 170 Meter in Nord-Süd-Richtung und den fast quadratischen Ehrenhof mit 90 Meter Seitenlänge spannte das Bauwerk den Raum zwischen der Planie und dem Neuen Lusthaus aus, ging auf die Figur der Neuen Kaserne ein und verknüpfte das Schloß und die Kaserne mit ihren verdoppelten Seitenflügeln und den zwischengeschobenen Pavillons zu einer Einheit. Das Neue Lusthaus wurde 1750 zu einem Opern- und Schauspielhaus um-

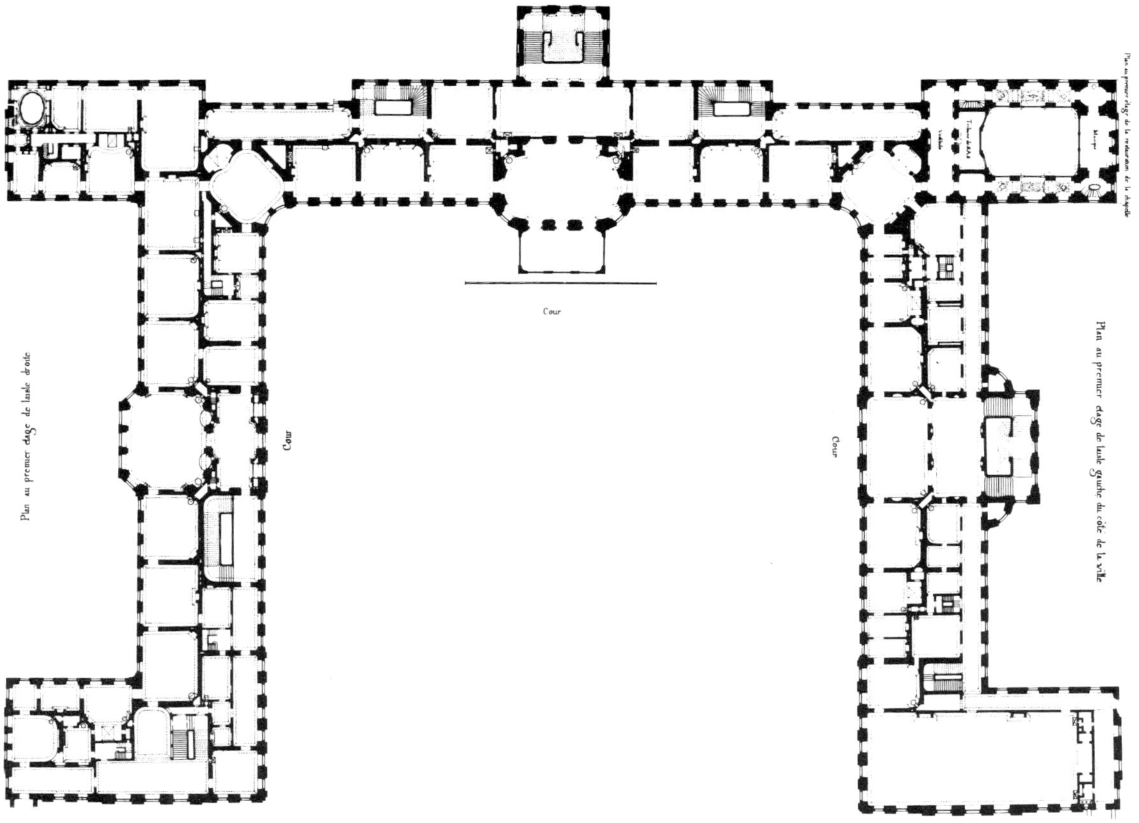

Plan von Guêpière: Hauptgeschoß und Querschnitt der Mittelachse.

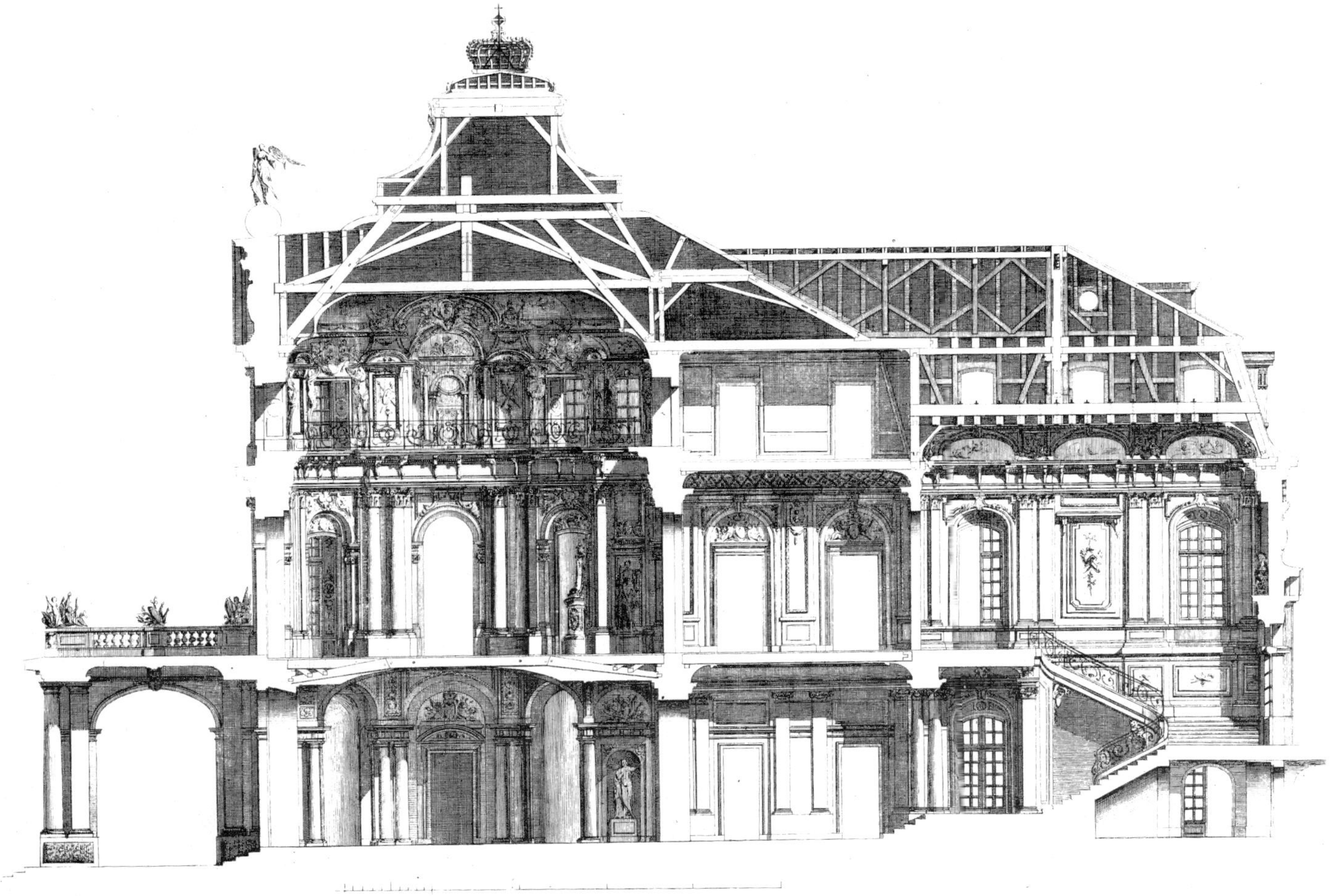

Königliches Residenzschloß Stuttgart. Ludwig Paul Defring, 1812.

gebaut, die Hofküche im Alten Schloß mit ihren zwei riesigen Kaminen tat weiter ihren Dienst. Das ersparte zunächst beachtliche Kosten.

In der Gebäudestruktur unterschied sich der Neubau von französischen Vorbildern durch die enorme Ausdehnung der Seitenarme, mit denen die beiden Seitenflügel das Hufeisenmotiv der Gesamtanlage nochmals aufnehmen und durch ihre Raumbildung wie den zugehörigen Mittelpavillonen eigene Beziehungen herstellen konnten. Zur Stadt hin erwies der Südflügel seine bescheidene Reverenz und nahm die Achse der Münzstraße auf, zur Talaue hinaus schuf der Nordflügel den Bezug zu einer Parkanlage.

Im Vergleich zur mächtig aufragenden mittelalterlichen Burg blieb die Höhe des Neuen Schlosses bescheiden. Die beiden Hauptgeschosse erhielten nur beim Corps de Logis und den Mittelpavillons der Seitenflügel mittels der aufgesetzten Attiken und deren schmückenden Figuren eine Steigerung. Lediglich der Haupteingang im Corps de Logis trat kräftiger hervor. Er wurde zusätzlich durch ein flaches Giebelfeld betont, über dem ein geschweiftes Dach aus dem sonst einheitlichen Dachkörper aufstieg. Auf diese Weise kam eine starke Horizontalwirkung zustande. Sie setzte sich in der Fassadengestaltung fort, mit einer konsequent durchgeführten, flächenhaften Gliederung, gleichmäßigen Fensterreihen, waagerecht durchlaufenden Gesimsen und knappen Pfeilervorlagen. Im Erdgeschoß waren dies gequaderte Lisenen, im Hauptgeschoß jonische und im Bereich der Attiken korinthische Pilasterpaare. Auffallend war der geschmeidige Übergang des Hauptbaues zu den Seitenflügeln; die ausgerundeten Ecken fanden auch im Inneren durch runde bzw. ovale Kabinette ihre Entsprechung. Bei den

Kopfbauten auf der Westseite war die aus der Mitte verschobene Achsbetonung durch die im letzten Feld vorgesehenen Galerieanschlüsse begründet. Insgesamt entstand eine zurückhaltende Plastizität mit vornehmer, fast schon klassizistisch anmutender Wirkung. Das galt auch für die großen Reliefs in den Giebelfeldern des Mittel- und des Gartenflügels, die Domenico Ferretti geschaffen hat. Sie bildeten einen deutlichen Kontrast zu den prallen Figuren auf den Balustraden der Attiken.

Der Grundriß lehnte sich deutlich an französische Vorbilder an. Er folgte dem gebräuchlichen Schema mit tragender Mittelwand, die nach Bedarf für Bedienungsgänge (Degagements) aufgespalten wurde. Entlang der Fassaden entwickelten sich die Enfiladen mit ihren charakteristischen Raumfolgen. Ausgehend von der Mittelachse mit dem Haupttreppenhaus und dem großen Empfangssaal folgten in der Beletage nach Süden zur Stadt hin die Repräsentationsräume. Dazu gehörten beispielhaft der Thronsaal in der inneren Ecke des Hofes, die Schloßkapelle am südlichen Ende, die Spiegelgalerie im Mittelbereich und der Weiße Saal am Kopfende des Stadtflügels nach Westen. Die Appartements des Herzogspaares wurden kleinteiliger im Gartenflügel vorgesehen.

Am 18. September 1751 starb Retty im Alter von gerade 47 Jahren. Zu diesem Zeitpunkt waren der Hauptbau und der Gartenflügel unter Dach, der Stadtflügel war bis zur Sockelhöhe aufgeführt. Im Gartenflügel waren die Arbeiten zum Innenausbau begonnen.

Als Nachfolger wurde der aus Paris kommende Franzose Pierre Louis Philippe de la Guêpière im Frühjahr 1752 nach Stuttgart berufen und zum Württembergischen Oberbaudirektor ernannt. Er übernahm die wei-

Spiegelgalerie, Guêpière.

tere Planung und die Bauleitung für die nächsten 16 Jahre. Der Architekt hielt sich beim Außenbau im wesentlichen an die Pläne Rettys. Im Innenhof verstärkte er die Bedeutung des Haupteingangs durch die dreijochige Vorhalle anstelle des noch nicht ausgeführten eintraktigen Portikus. Eine erhebliche Veränderung des architektonischen Ausdrucks erfuhr jedoch die der Stadt zugewendete Fassade des Süd- oder Stadt- bzw. Planieflügels. Sie ließ mit ihrer spröden Flächigkeit die eigenen Vorstellungen des Architekten und den inzwischen eingetretenen Geschmackswandel besonders deutlich werden.

Der Stadtflügel und damit das ganze Schloß war im Äußeren bis auf Kleinigkeiten 1756 vollendet. In den Folgejahren bis 1762 wurde der Innenausbau des Gartenflügels, vermutlich noch teilweise nach Plänen Rettys, großenteils fertiggestellt. Im Haupttrakt und im Stadtflügel war jedoch ausschließlich Guêpière gestalterisch tätig.

Ein schreckliches Unglück überschattete den weiteren Fortgang der Arbeiten. Am 13. November 1762 brach im hinteren Pavillon des Gartenflügels ein Brand aus. Er griff bis zum Mittelpavillon des Corps de Logis über und führte zur völligen Zerstörung aller bereits ausgebauten Räume bis zur Mittelachse. Glücklicherweise blieben dort die schon ausgestalteten Räume – Eingangshalle, Haupttreppenhaus, Gardesaal – sowie der im Ausbau begriffene Marmorsaal als Herzstück des Schlosses erhalten.

Können und Stilempfinden Guêpières kamen in diesem zentralen Bereich hervorragend zum Ausdruck. Haupttreppenhaus und Marmorsaal wurden bis zu den

Großer Marmorsaal, Guêpière.

Gesimsen mit warmem, rötlichgelbem württembergischem Marmor auf schwarzgrünen Sockeln verkleidet und erhielten dadurch eine große Geschlossenheit der Raumwirkung. Die Decke des Haupttreppenhauses war mit einem Bild des Malers Nicolas Guibal geschmückt, das eine Allegorie auf Württemberg darstellte: Württembergia, ihr zu Füßen die Künste, umgeben von den vier Jahreszeiten.

Der völlig in Weiß gehaltene, querliegende Gardesaal bildete den Übergang zum Großen Marmorsaal, dessen relativ bescheidene Dimension von 11 auf 18 Meter eine grandiose Steigerung in die Höhe erhielt. Seine rechteckige Grundform mit stark gerundeten Ecken war durch Pilaster- und Säulenpaare gegliedert, die auf vergoldeten Kapitellen ein kräftiges Gesims trugen. Über die reich gestaltete Attika leitete die Hohlkehle hin zum Deckenspiegel mit dem Gemälde von Philipp Friedrich Hetsch, einem Schüler Guibals. Sieben große silberne Lüster der Augsburger Silberschmiede Drentwett und Weyhe von 1762 verstärkten das festliche Gepräge des Raumes. Über den Kaminen waren Marmorreliefs des Herzogs Karl Eugen und seines Bruders Friedrich Eugen eingelassen, die Pierre François Lejeune 1776 geschaffen hatte.

Schließlich ging die Architektur von zwei wichtigen Räumen im Stadtflügel auf Guêpière zurück: die Spiegelgalerie, die ebenfalls durch gekuppelte Säulenpaare gegliedert war und 1763 eine Bemalung der schweren Tonnendecke mit der Aufnahme des Herkules in den Olymp von Jean Girardet erhalten hatte, und der Weiße Saal, bei dessen Fertigstellung der Architekt nicht mehr in Stuttgart weilte.

Welcher formale Reichtum des späten Rokoko beim Brand des Schlosses verlorengegangen ist, können wir heute noch in den 1757/58 von Guêpière für Karl Eugen im Neuen Corps de Logis des Ludwigsburger Schlosses eingebauten Räumen oder im Inneren des Schlosses Solitude nachvollziehen.

Nach 16jähriger Bauzeit war der Gartenflügel zur Ruine geworden; an einen Bezug des Schlosses war nicht mehr zu denken. So ist es kein Wunder, daß der Herzog die Lust am Stuttgarter Bau verlor und sein Interesse verlagerte. Außerdem stand sein Verhältnis zur Stadt Stuttgart und zu den Landständen nicht zum besten; erinnert sei daran, daß er im Januar 1759 an der Spitze der Stuttgarter Garnison vor das Landschaftsgebäude rückte, einen Kassensturz der Landschaftskasse befahl und ihr 50000 Gulden entnehmen ließ. Im Frühjahr 1764 verlegte er die Residenz zurück nach Ludwigsburg.

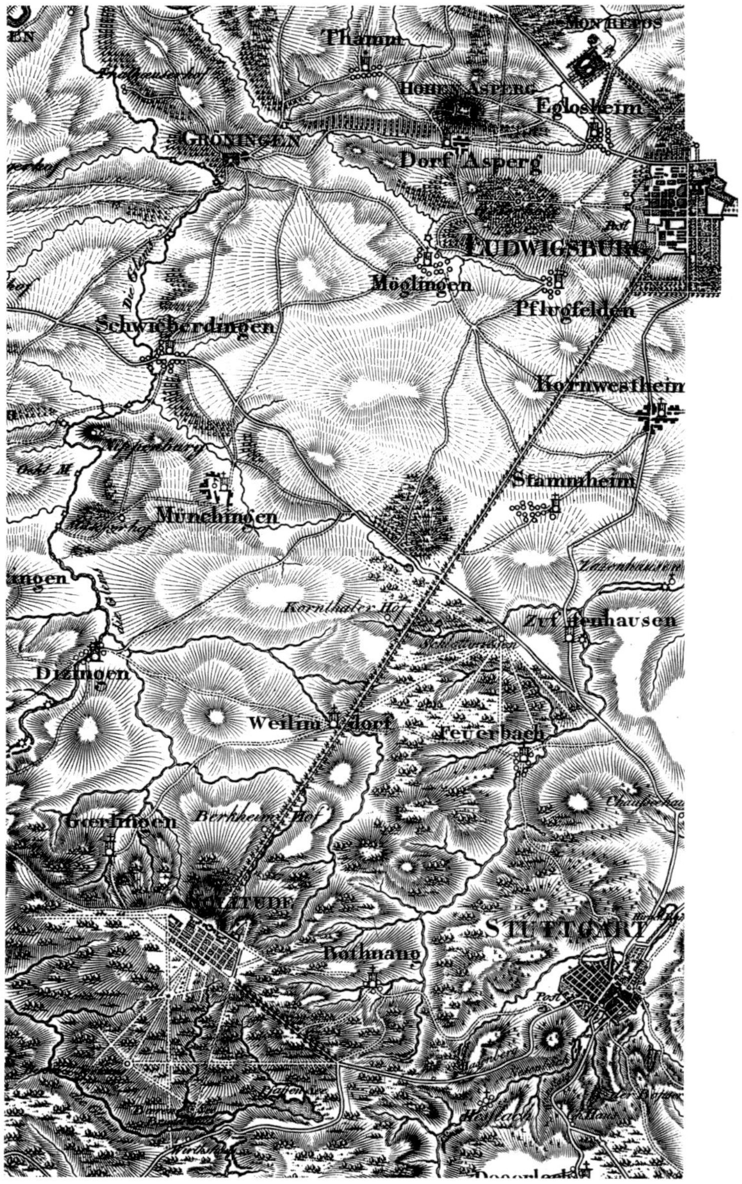

Schloß Solitude, ein Gastspiel

Schon im Herbst 1763, während einer Jagd, hatte Herzog Karl Eugen angesichts der schönen Lage mit dem weiten Blick ins württembergische Unterland den Entschluß zum Bau eines kleinen Schlosses gefaßt. Es sollte »La Solitude« heißen und ihm helfen, »von dem Getümmel und den Täuschungen der Welt sich erholend«, Stunden der Muße und der Zurückgezogenheit zu erleben. Vielleicht wollte er bei dieser Gelegenheit seinen Bauleuten zeigen, in welch kurzer Zeit ein derartiger Komplex verwirklicht werden könne. Er plante selbst mit Hilfe des »Cammerdieners und Baumeisters« Johann Friedrich Weyhing und des Hofmalers

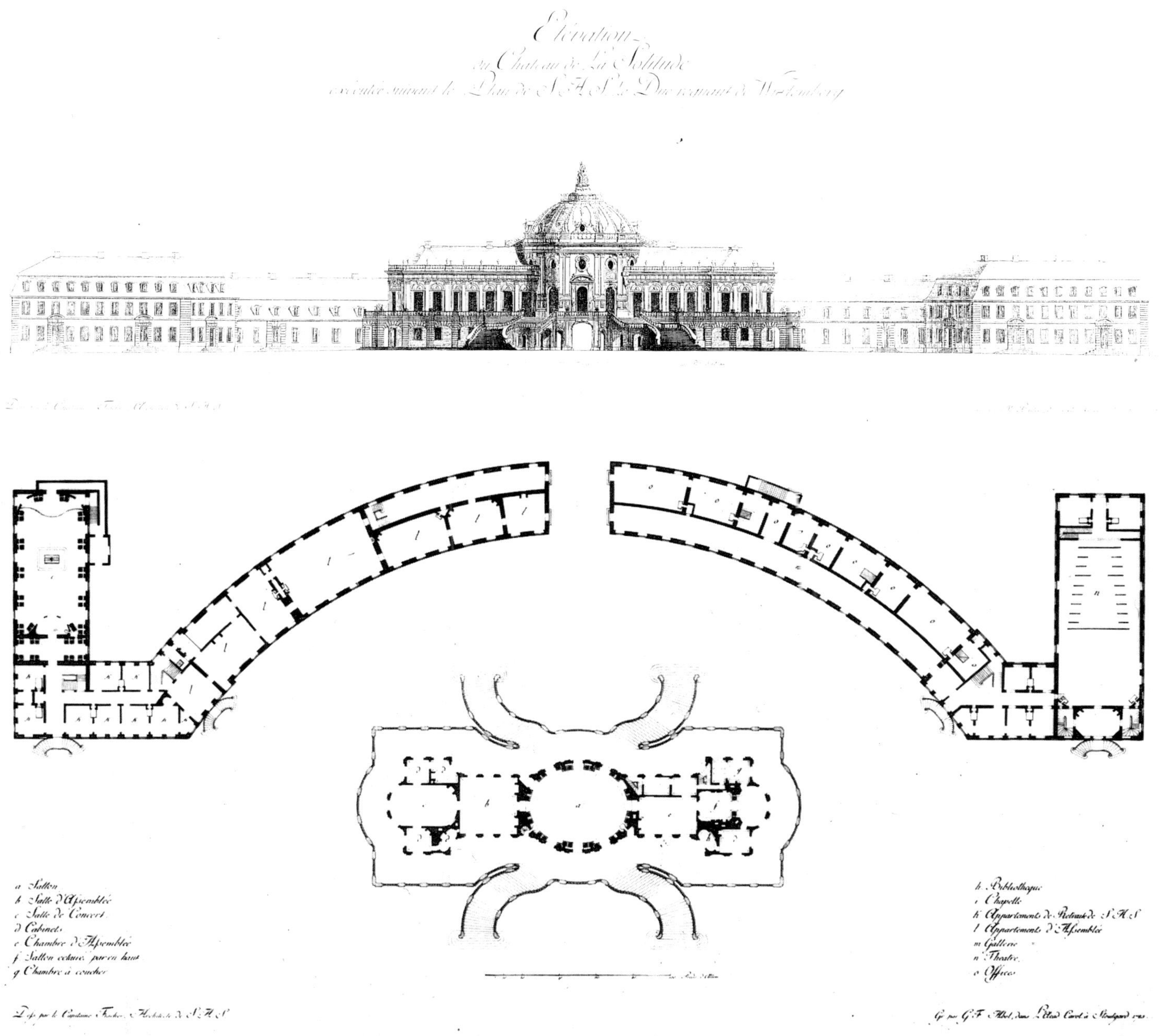

Nicolas Guibal. Der eine war für die bauliche Umsetzung, der andere für die künstlerische Ausstattung zuständig.

Die Gesamtkomposition ist von großer Eigenständigkeit. Sie ist wesentlich geprägt von einer querliegenden Erschließungsachse, die an die »Allee zum Bärensee« anschließt und von dieser mit der Stuttgarter Chaussee verbunden wurde. Am Ende steht das Schloß auf dem höchsten Punkt inmitten eines weiten Ovalplatzes, der nach Norden offen ist und den Blick in die Landschaft freigibt. Der eingeschossige Schloßbau ist steigernd auf einem hohen Sockel postiert und dem Oval folgend auf der Südseite hinterlegt von den beiden Flügelbauten, die in Bogen von je zehn Kavaliershäusern samt den Eckpavillons ausklingen. Der großartige Kontrast von Landschaftsbezug und Bauanlage gibt der Solitude ihren besonderen Reiz und Rang. Die Hauptachse wurde nach Ludwigsburg ausgerichtet und durch eine etwa 14 Kilometer lange Allee veranschaulicht, die der württembergischen Landvermessung ab 1810 als Grundachse diente. Sie nimmt in Ludwigsburg keinen Bezug zum Residenzschloß oder den Hauptachsen auf, sondern schwenkt unvermittelt in die Nord-Süd-Straße am westlichen Stadtende ein.

Schloß Solitude, Marmorsaal.

Die Idee des Schloßgebäudes wies in Grundriß und Aufbau manche Ähnlichkeit mit dem kurz vorher begonnenen Schloß Monrepos bei Ludwigsburg auf, das Guêpière für Karl Eugen plante. Auf den Sockel des Schlosses Solitude führen zwei geschwungene Treppenpaare. Umlaufende Pfeilerarkaden bestimmen das plastische Bild des Sockels; das Zentrum des Schlosses bildet der herausgehobene und durch eine Kuppel betonte ovale Baukörper des großen Marmorsaales, an den sich die Seitenflügel mit den leicht nach außen schwingenden Kopfenden dienend anfügen. Schwach hervortretende Pfeilervorlagen gliedern zusätzlich zu den hohen Türfenstern die in lichtem Gelbton gehaltene Fassade. Das Dach war durch eine umlaufende Balustrade gefaßt, die mit vergoldeten Figuren und Vasen besetzt war. Eine vergoldete Statue krönte das goldverzierte Bleidach der Kuppel.

Das Innere enthielt die Repräsentationsräume mit

Schloß Solitude, Musikzimmer.

dem Weißen Marmorsaal im Zentrum, dessen ovale Form dem Tageslicht Vorrang einräumte. Die unterschiedlichen Weißtönungen leiteten von den fein kannelierten Doppelsäulen vor den zart marmorierten Wänden, dem kräftigen Gesims und der durch Okuli und Figurenfries bewegten Attika zu dem von Nicolas Guibal geschaffenen großen Deckenbild über. Musiksalon, Assembleeräume, kleiner Marmorsaal und Palmenzimmer füllten die Seitenflügel, ebenso ein kleines Appartement mit einigen Nebenräumen zur Beherbergung eines hochgestellten Gastes und eine entzückend hineingeheimniste kleine Bibliothek. Die Ausgestaltung der Räume war von großer Vielfalt. Starke Farbigkeit und dekorativer Reichtum des Spätrokoko kontrastierte mit dem strahlenden und in Farbnuancen wie Oberflächenwirkung unterschiedlichen Weiß des frühklassizistischen Goût grec französischer Schule.

Die umgebenden Flügelbauten bildeten einen im Maßstab und in der formalen Zurückhaltung zum Schloß hervorragend abgestimmten Rahmen: Bei den eingeschossigen Ovalbauten blieb das Dachgesims in Höhe des Schloßsockels, die zweigeschossigen Kopfbauten faßten den Schloßbereich in eine Einheit.

Im Kavaliersbau auf der Ostseite waren am Kopfende relativ bescheiden die Wohnräume des Herzogs untergebracht, die Versammlungs- und Speiseräume lagen im Vierteloval bis zur Mittelachse. Wesentlich waren hier das zwei Achsen breite, in der Gebäudetiefe durchgehende und mit weißer Seide ausgekleidete Assembleezimmer sowie der anschließende große Speisesaal bereits aus der Hand des von Guêpière ausgebildeten Reinhard Ferdinand Fischer; die Decken beider Räume sind mit feinen Stukkaturen von Lodovico Bossi ausgestattet worden.

Ein Geschoß abgesenkt befand sich im südlichen Flügelanbau die 1768 vollendete Schloßkapelle. Durch die Ausnutzung des Hanggeländes wurde der Fürstenstand auf der Empore direkt erreichbar. Der dem katholischen Privatgottesdienst des Herzogs gewidmete weite und lichte Raum wurde durch eingestellte korinthische Säulenpaare in fünf Achsen gegliedert; unter dem ovalen Deckenbild mit der Auferstehung Christi von Nicolas Guibal stand ursprünglich der Altar frei in der Mitte des Raumes.

Auf der Westseite schlossen sich ein Gebäude mit dem Sommerspeisesaal und die Girlande der kleinen Kavaliershäuser bis zum Eckpavillon an. Sie waren für die herzogliche Suite bestimmt. In einem der Kavaliershäuser wohnte später der Hauptmann Johann Friedrich Schiller, Vater des Dichters und zuletzt Leiter der Gartenbau- bzw. Obstbaumschule auf der Solitude.

Der westseitige Flügelbau, der sogenannte Officenbau, der die Konditorei, die Kaffee- und Silberkammer enthielt, besaß im Zirkelteil auf der Schloßseite eine durchgehende Galerie. Der Theatersaal lag im Kopfbau und wurde über ein kleines Vestibül gesondert erschlossen. Nach den Plänen Fischers war der Raum stützenlos überspannt und reichte vermutlich über die zwei Vollgeschosse. So wäre auch der spätere Einbau von Logen zu begreifen. Die Bühne mit neun Kulissenelementen war tiefer als der Zuschauerbereich, der mit natürlichen Darstellungen illusionistisch ausgemalt war und mit der Bühnendekoration verschmolz.

In den Pavillons auf dieser Seite waren vor allem Dienerschaftswohnungen untergebracht.

War es »Schnellbauweise« als Forderung des ungeduldigen Herzogs oder Zwang zur Sparsamkeit im Umgang mit dem Geld – die einfache, aber solide Bauart, durchgehend verputztes Holzfachwerk auf Sandsteinkellern oder Sockeln, läßt auf beides schließen. Da Karl Eugen möglichst bald dort wohnen wollte, wurden zuerst die Flügelbauten und die Kavaliershäuser gebaut. Bereits am 1. November 1763 zogen die ersten Bautrupps aus fronpflichtigen Bauern und einigen Compagnien Soldaten auf, und 1766 konnte der Herzog seine Wohnung beziehen. Danach hat er den Fortgang der Bauarbeiten weitgehend persönlich beaufsichtigt.

Mit dem Bau des Schlosses selbst wurde 1764 begonnen. Der Rohbau war im Herbst 1766 erstellt. Der herzogliche Baumeister und seine Helfer kamen mit dem technisch schwierigen und künstlerisch anspruchsvollen Bau wohl nicht ganz zurecht; ab 1767 wurde jedenfalls Guêpière auf der Solitude tätig, nachdem der weitere Ausbau des Neuen Schlosses in Stuttgart völlig eingestellt worden war. Er hat der Fassade ihr endgültiges Aussehen gegeben, die Innenausstattung entworfen und, wenn man so sagen will, dem Schloß den Feinschliff gegeben. Die Deckengemälde im Weißen Saal (Huldigung der Künste) und in der Schloßkapelle (Auferstehung Christi) stammten von Nicolas Guibal. 1769 war das Schloß fertig ausgebaut.

Durch das Zusammenwirken des schöpferisch begabten Bauherrn mit Weyhing, Guibal und vor allem Guêpière ist so eine der reizvollsten Schöpfungen des späten Rokoko in Württemberg entstanden.

Im Zusammenhang mit dem weiteren Ausbau bildeten die Gartenanlagen ein besonderes Kapitel. Guêpière hatte seinen Schüler Reinhard Ferdinand Fischer mitgebracht, der sich ab 1767 um den Außenbereich zu kümmern hatte. Gärtnerische Arbeiten waren bereits seit 1764 unter den Hofgärtnern Schaidlin und Hemmerling aus Ludwigsburg begonnen worden.

Auf der Nordseite »vor« dem Schloß war der ovale Raum nur durch eine Steinkante mit Balustrade gefaßt, ganz dem Erlebnis der Landschaft zugeordnet. »Hinter« den Flügelbauten, nach Süden weit in den Wald hinein und in der Ost-West-Richtung über einen Kilometer breit war eine unterschiedlich strukturierte Gartenlandschaft entstanden. Die Westseite hinter terrassierten Geländestufen war geprägt von den Zweckbauten des Marstalls und der Reithalle; auf dem relativ ebenen Teil lag die streng angelegte Obstplantage, die »Plantation en Quinconce«. Den Mittelbereich hinter den Schloßgebäuden beherrschte ein klares Ordnungsschema zwischen den parallel nach Süden laufenden Wegachsen, von denen nur die Hirschallee

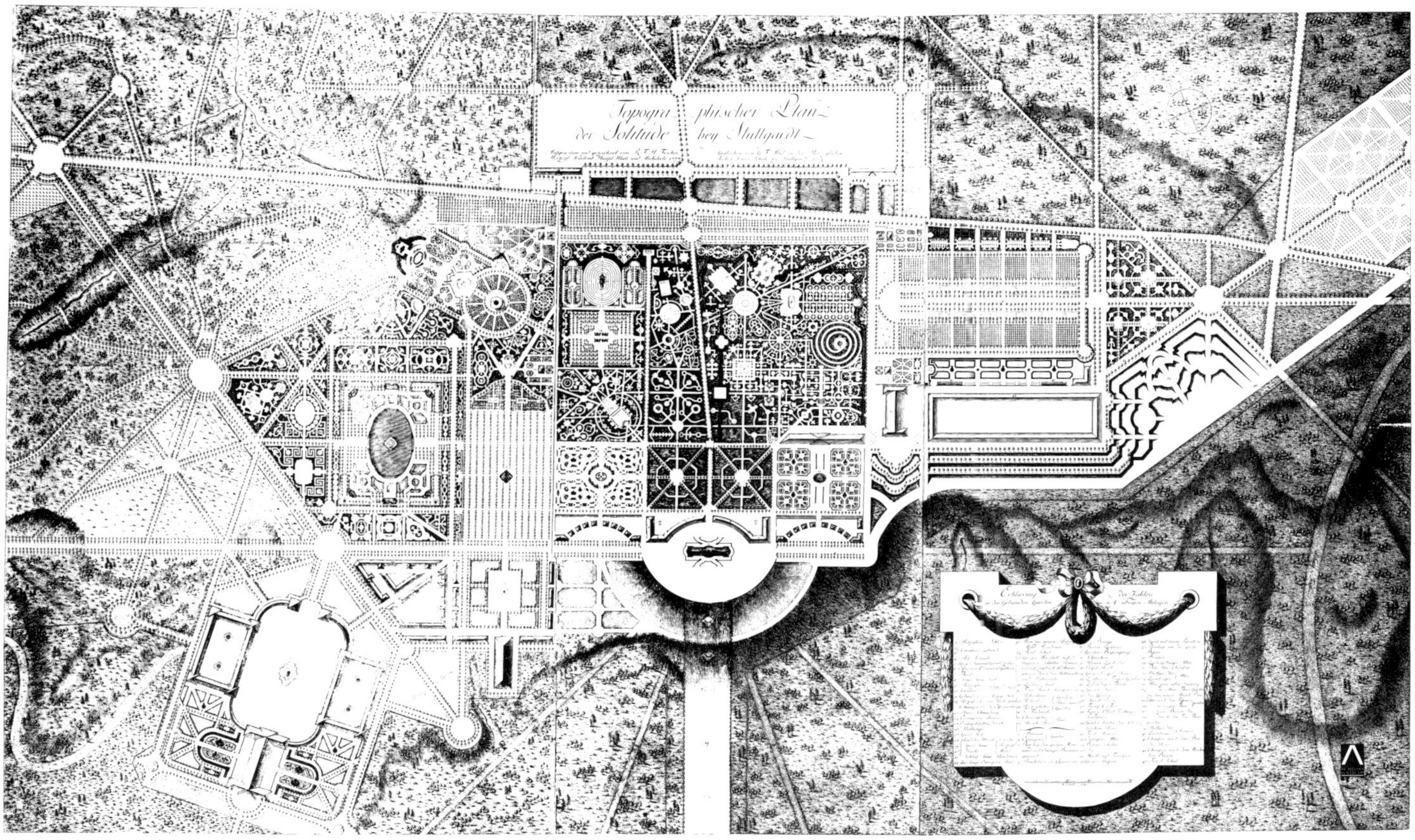

leicht abgedreht war; sie stellte eine gerade Verbindung zum Großen Stern im Glemswald mit seinen strahlenförmigen Jagdschneisen her. Nach einer klaren Zwischenzone mit Blumengarten, Feigen- und Lorbeergarten sowie Lorbeersaal entwickelte sich eine unglaublich phantasievolle und kleinteilig gegliederte Zone mit den in unterschiedlichstem geometrischem Formenspiel angelegten Bosketts. Rosenparterres, Schnecken, Vogelhort, Lebendiges Theater, Irrgarten, Rondell Fünf Eichen nach dem dortigen Gewann waren nur einige davon. Eingestreut waren Gartenhäuser samt kleinen Gärtlein für die herzogliche Familie, u.a. die Reichsgräfin von Hohenheim. Den Rand zur Leonberger Straße bildeten Baumschulen, auf der anderen Straßenseite lagen Teiche unterschiedlicher Größe.

Fischer weitete die gärtnerischen Anlagen weit nach Südosten aus; entlang der Querachse schuf er eine großzügige und gebändigte frühklassizistische Anlage mit der evangelischen Kirche im Hintergrund des Platzes beim Großen Monument, an die sich ein Quartier mit Stallungen, Gasthof, Unterkünften für die Zöglinge der Akademie und Orangeriehäusern anschloß. Gegenüber lagen der Orangeriegarten und die große Plantage mit dem Großen Bassin.

Im Anschluß an die Kreuzung der Allee zum Bärensee mit der Schloßallee sollte sich ein großer Gebäudekomplex nach Norden vorschieben, der für die 1772 aus der zwei Jahre vorher gegründeten Militärischen Pflanzschule hervorgegangene Militärakademie vorgesehen war. Er ist nicht mehr gebaut worden.

Der Herzog bediente sich der Solitude als Sommerresidenz noch bis 1775/76; danach siedelte er nach Hohenheim um. Dort setzte er schon seit Beginn des Jahrzehnts seine ganze Energie ein. Das Interesse an dem Lustschloß über dem Glemstal erlosch zusehends. Die Gartenanlagen verfielen bald, sei es wegen des großen Pflegeaufwandes, des fehlenden Wassers oder der kargen Böden, die kaum mehr als ½ Meter dick den Felsen auflagen. Zu Zeiten des Königs Wilhelm I. wurden die vorhandenen Reste vollends beseitigt und der bis heute bestehende landschaftliche Charakter mit Wiesen und Obstbäumen hergestellt. Die Waldgrenze ist beachtlich nach Norden vorgerückt. Als einziges Element der damaligen Anlage ist das Große Bassin erhalten; Terrassenkanten und Teichvertiefungen können an manchen Stellen heute noch nachvollzogen werden.

Herzog Friedrich II. betrachtete die Solitude als willkommenen Lieferanten von Baumaterial. Der Marstall wurde 1805 an die neuangelegte Königstraße in Stuttgart versetzt; die evangelische Kirche folgte zwei Jahre später nach – schon zu Königs Zeiten. Der Große Lorbeersaal mußte 1808 wegen Baufälligkeit abgebrochen werden; außer dem engeren Schloßbereich mit den Kavaliersbauten ist nur noch ein Gebäude nördlich der Erschließungsallee übrig geblieben. Die Ovalbauten dienten während der Napoleonischen Kriege ab 1794 als Lazarett, die Grünflächen samt den geschleiften Gartenanlagen mit etwa 300 Morgen Größe wurden Domäne, die ab 1820 verpachtet wurde. Im westlichen Kavaliersbau entwickelte sich aus einer Pferdestation die Gastronomie und später ein Vollhotel, das bis nach dem Zweiten Weltkrieg existieren konnte.

Das Schloß selbst wurde von 1827 an zur Besichtigung freigegeben. Seine Erhaltung wurde zum dauernden Kampf mit den Bauschäden. Schon ab 1819 mußten immer wieder Dichtungsarbeiten an der umlaufenden Terrasse vorgenommen werden – mit zweifelhaftem Erfolg, denn die eindringende Feuchtigkeit führte zu schweren Schäden des tragenden Holzfachwerks. In den Jahren 1833/34 wurde die hölzerne Dachbalustrade entfernt, weil sie mit den dahinterliegenden Rinnen nicht dicht zu halten war; das Dach wurde vorgeschleppt und die Entwässerung mit vorgehängten Rinnen vorgenommen. Die ursprüngliche Bleieindeckung der Kuppel wurde 1861 durch Schiefer ersetzt. Eine Zementschale mit Ölfarbanstrich ersetzte 1869/75 die beschädigte Kalkstuckfassade. Diese luftdichte Absperrung bildete eine wesentliche Ursache für die späteren Schäden an der Holzkonstruktion. Spätestens in diesem Zusammenhang wurde der Schloßbau weiß und der Sockel grünlich gestrichen.

In unserem Jahrhundert gingen die Sanierungsversuche weiter. 1958 erfolgte eine Fassadenreparatur; der Ölfarbanstrich wurde abgenommen und durch einen Dispersionsfarbanstrich ersetzt. Erneute Rißbildungen und Schäden zwangen zehn Jahre später zu umfassenden Untersuchungen und einer durchgreifenden Sicherung der Fachwerkkonstruktion. Da die Innenräume im Zustand der Bauzeit erhalten waren und nicht beschädigt werden durften, wurden unter Opferung des Außenputzes ab 1975 in kleinen Abschnitten stabilisierende Stahlbetonpfeiler eingefügt. Die neue Außenschale erhielt wieder den ursprünglichen Farbauftrag in lichtem Gelb.

Im Inneren lagen die Schwierigkeiten beim Weißen Saal. Mit großer Mühe wurde die unter dem Dispersionsanstrich von 1958 verdeckte hochwertige Stuckfassung des Raumes mit ihren zarten Farbschattierungen und dem Wechsel von matten und polierten Teilen wieder freigelegt. Das 65 Quadratmeter große und wegen seiner Malweise empfindliche Deckenbild von Nicolas Guibal wurde von 1821 bis 1959 bereits sieben Mal restauriert und retuschiert; auch die neueste Restaurierung kann nicht alle Probleme lösen. Die Wiedereröffnung erfolgte im Juli 1983. Mit dem Einzug der Stiftung »Akademie Schloß Solitude« in das ehemalige Officengebäude und dem Ausbau der Gastronomie im Kavaliersbau haben die das Schloß fassenden Ovalbauten nach der gründlichen Sanierung 1987–90 wieder eine sinnvolle Verwendung gefunden.

Der Weiterbau des Neuen Schlosses

Von 1765 an war der Ausbau fast zum Erliegen gekommen; zwei Jahre später wurde er praktisch eingestellt. Der Architekt, Guêpière, wurde am 9. Januar 1768 auf eigenen Wunsch entlassen, nachdem der Herzog vorher die Kürzung seiner Bezüge verfügt hatte. Der Weiße Saal wurde 1771 bereits von dem zum Nachfolger ernannten Hofbaumeister Reinhard Ferdinand Fischer vollends ausgebaut. Fischer hatte schon unter Guêpière auf der Solitude gearbeitet und war bei einem Studienaufenthalt 1768/69 in Italien weiter geschult worden.

Nach elf Jahren wurde die Residenz 1775 wieder von Ludwigsburg nach Stuttgart zurückverlegt. Von diesem Zeitpunkt an wurden die Bauarbeiten am Neuen Schloß unter der Leitung Fischers wieder intensiver betrieben. Zunächst erfolgte der weitere Ausbau des Stadtflügels, in dem Fischer im 1. Obergeschoß den blauen Marmorsaal und die anschließenden Räume in schon spätklassizistischen Formen gestaltete.

Im Jahr 1783 wurde endlich mit dem Wiederaufbau des 1762 abgebrannten Gartenflügels und der betroffenen Teile des Hauptbaues begonnen. Die Rohbauarbeiten dauerten bis 1789; im Äußeren war das Neue Schloß 1791 endlich fertiggestellt. Fünfundvierzig

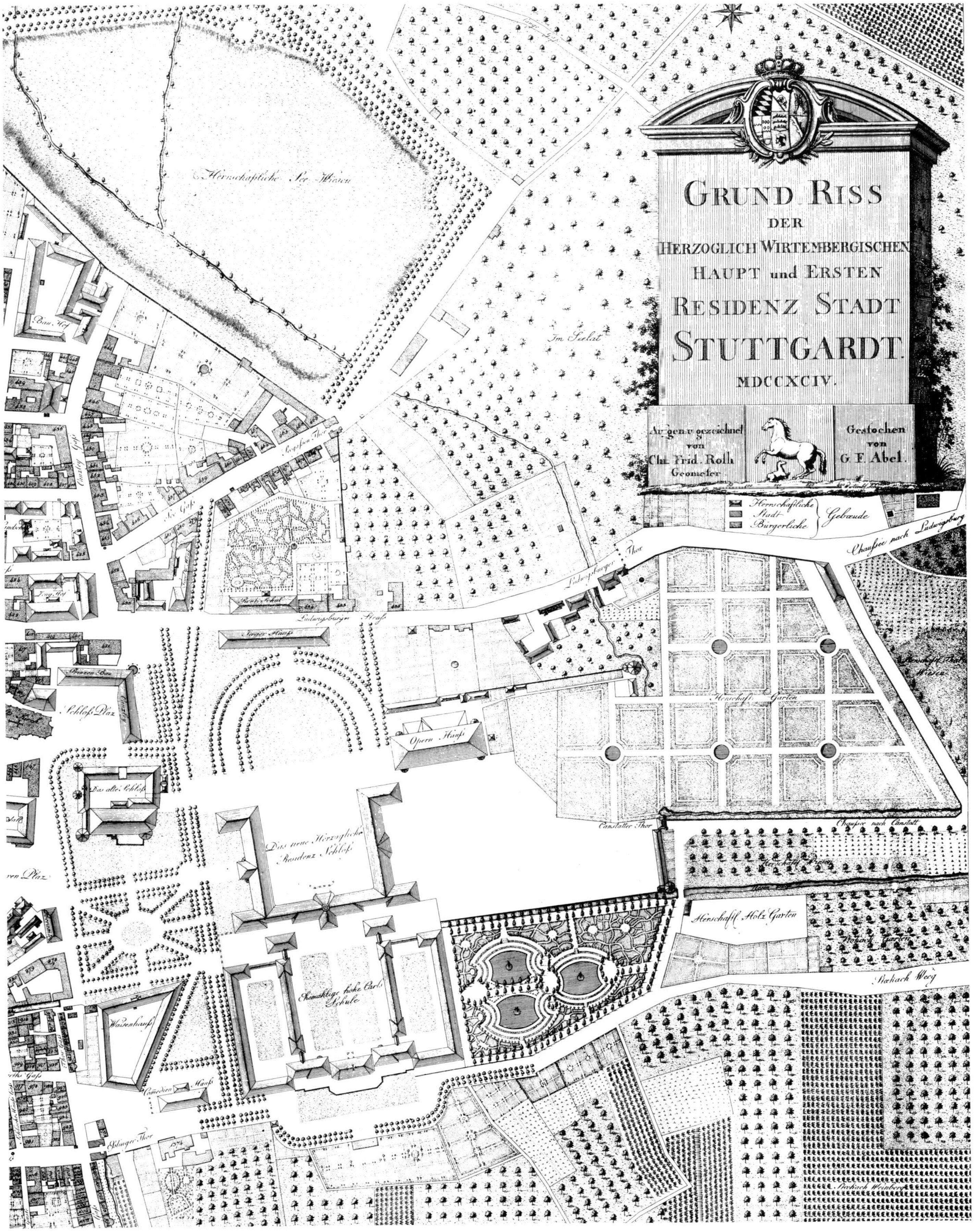

GRUND RISS
DER
HERZOGLICH WIRTEMBERGISCHEN
HAUPT und ERSTEN
RESIDENZ STADT
STUTTGARDT.
MDCCXCIV.
Gestochen
von
G. F. Abel.
Gebæude
Chaussee nach Ludwigsburg
Im Seelat
Opern Hauß
Das alte Schloß
Schloß Plaz
Waisenhauß
Canstatter Thor
Chaussee nach Canstatt
Herschaftl. Holz Garten
Stöckach Weeg

Jahre hat es also gedauert, bis die Position und Funktion des Bauwerks in der Stadt voll sichtbar wurde. Herzog Karl Eugen hat dieses Bauvorhaben nach dem Brand wohl nur noch als Pflichtaufgabe betrieben.

Die Bautätigkeit im Umfeld des Neuen Schlosses geriet 1775 ebenfalls in starke Bewegung. Im gleichen Jahr wurde die Militärakademie von der Solitude in die Kasernengebäude hinter dem Neuen Schloß verlagert: Die »Karlsakademie« wurde zur Geistesschmiede für die hochrangigen Militärs und Verwaltungsbeamten – samt dem aufmüpfigen Friedrich Schiller. Diese Lieblingsschöpfung Karl Eugens erhielt am 22. Dezember 1782 durch Diplom des Kaisers Joseph II. alle Rechte einer Hohen Schule.

Wichtige Veränderungen der Außenbereiche folgten. Die »Planierung« der Gräben um das Alte Schloß wurde eingeleitet und bis 1777 abgeschlossen. Ein Jahr später wurde endlich mit dem Abbruch der seit 20 Jahren darniederliegenden Ruine des Neuen Baus südöstlich des Alten Schlosses begonnen. Der aufgefüllte ehemalige Garten der Herzogin wurde mit einer achsialen und diagonalen Teilung neu angelegt und mit Kastanien bepflanzt. Der Pavillon in der Mitte blieb bis 1791 stehen.

Entlang der Planie wurde eine vierfache Baumreihe vorgesehen; ebenfalls wurde die Münzstraße in der Mittelachse des stadtseitigen Schloßflügels angelegt. Sie mündete auf den nach dem Abbruch des Neuen Baus freigelegten Bärenplatz, der 1811 zum Dorotheenplatz umbenannt wurde und auf dem später die Markthalle erstellt worden ist. Südlich des neuen Platzes hatte Hofbaumeister Fischer 1779 für den Stadtrat Schmid ein stattliches Gebäude errichtet; 1784–87 baute er daneben das neue Oberamteigebäude, das später das Justizministerium beherbergte. Die Trennung zwischen Schloß und Stadt war damit aufgehoben, der Stadtrand neu geformt.

Im Stadtplan von Roth/Balleis in der Fassung von 1782/83 ist nicht nur diese Veränderung enthalten. Neu ist die Fassung des Bereichs vor dem Ehrenhof des Schlosses durch ein Baumrondell aus vier Reihen, das von den Seitenflügeln ausging und zum diesseits der Ludwigsburger Straße stehengebliebenen Jägerhaus eine düsenförmige Öffnung aufwies. Der Schloßplatz hatte dadurch seine erste gestalterische Prägung erhalten.

Die Bepflanzung der Planie mit Kastanien wurde jedoch erst 1792 verwirklicht. Auch das Baumrondell auf dem Schloßplatz war zu jener Zeit nur zur Hälfte vorhanden.

Zuflucht in Hohenheim
Der Schloßkomplex

Schloß Solitude war entgegen seiner ursprünglichen Bestimmung als Ort, an den sich der Herzog vom Getümmel der Welt zurückziehen konnte, eher eine Stätte der Unrast mit Festen und Jagden geworden. Um 1770 begann für Karl Eugen aus vielerlei Gründen ein neuer Lebensabschnitt. Er suchte dessen Verwirklichung nicht im beschleunigten Weiterbau des Stuttgarter Schlosses, sondern in ländlicher Zurückgezogenheit und fand die Erfüllung seiner Wünsche in Hohenheim.

Den Garbenhof in Hohenheim hatte er 1771 seiner langjährigen Mätresse Catharina Bonafini zum unentgeltlichen Genuß geschenkt, »so lange er sie zu behalten gedenke«; die verwahrlosten Gebäude mit dem kleinen, in italienischem Stil gebauten Schlößchen wurden instandgesetzt.

Der Genuß war für die Bonafini nur von kurzer Dauer. Der Herzog wandte sich Franziska von Leutrum zu und verband den Wechsel der Geliebten mit demjenigen der Schenkung des Garbenhofes an seine neue Mätresse »aus besonderer gegen sie zu tragender Hochachtung« zum Geburtstag.

Mit diesem Akt nahm die Baugeschichte der Schloßanlage ihren Anfang. Wenig später folgte das Englische Dorf nach, zu dem der Herzog selbst die entscheidenden Ideen entwickelt hatte.

Planender Architekt war Reinhard Ferdinand Fischer, dessen Vorstellungen ganz dem Geist des Klassizismus angehörten, von großer Strenge in der Struktur und in der hierarchischen Steigerung bis zum Mittelpunkt. Drei Entwicklungsstufen sind nachvollziehbar.

Beim ersten Projekt wurden dem wohl 1772 restaurierten, in einem kreisförmigen Wasserbecken liegenden quadratischen Schlößchen mit dem anschließenden querliegenden Rokokogarten auf der Nordseite zwei große Flügelbauten vorgelagert, die einen nach Süden offenen Hof bildeten. Diese Flügelbauten sind in den Folgeplanungen wiederzufinden; sie bildeten das Gerippe für die weitere Entwicklung.

Im zweiten Projekt von 1782 war das Wasserschlößchen durch einen Neubau ersetzt und der Hof auf der Südseite durch Galerien geschlossen worden, wobei – Übergangszeit – noch der geschwungene Rokokogarten erhalten blieb. Beidseitig der Flügelbauten wurden Wirtschaftsgebäude um geschlossene Höfe angefügt, so daß sich eine quergelagerte Anlage ergab.

Das im wesentlichen zur Ausführung gelangte dritte Projekt von 1785/86 erweiterte den Grundgedanken

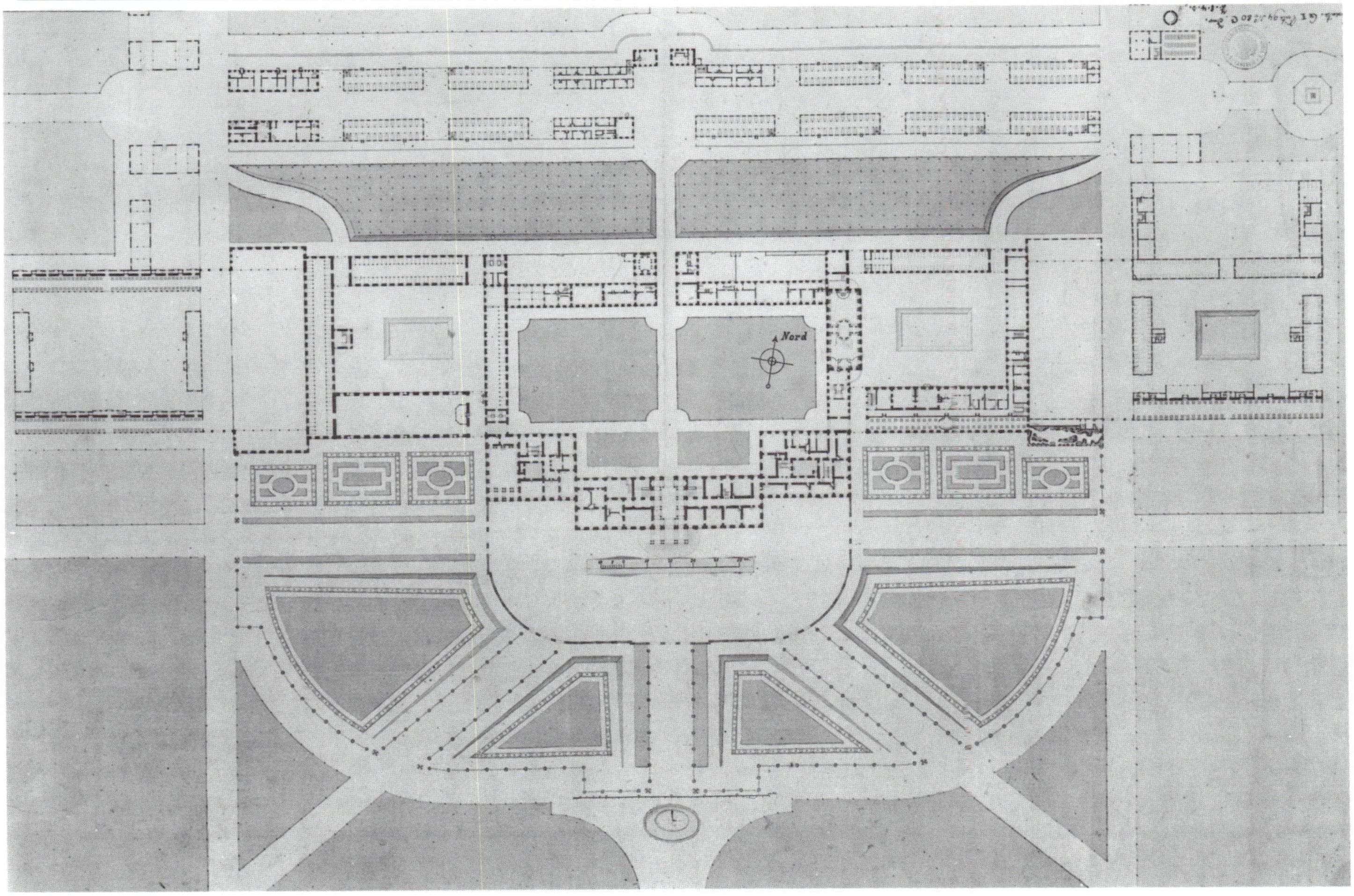
Nord

Herzog Karl Eugen. Kupferstich von Heideloff/Stadler, 1785/1788.

nur wenig: Der noch größer gewordene Hauptbau stufte sich in der Tiefe und in der Höhe zum dominierenden Mittelpunkt. Seitlich der Wirtschaftshöfe angehängte Kopfbauten verlängerten die Querausdehnung, die mit etwa 380 Meter zusammengebauter Frontlänge alle bisherigen Maßstäbe sprengte.

Die kompakte Schloßanlage stellte mit ihrem rechtwinkligen Ordnungsprinzip einen völligen Kontrast zu den bewegten Schwingungen der Solitude dar. Dem entsprach die fast monotone Architektur, die nur beim Hauptbau selbst eine sparsame Gliederung durch Gesimse und Pfeilervorlagen erhielt.

Ausgehend von Birkach, entwickelte sich der Komplex beidseits einer Nord-Süd-Achse, in der ein Torbau den Auftakt bildete. Quer dazu schloß sich die Militärstraße an, an der die Stallungen und die Unterkünfte für das Gardecorps in jeweils acht gleichlangen, vorwiegend eingeschossigen Gebäuden angeordnet waren. Der eigentliche Schloßkomplex lag beträchtlich tiefer; eingeschossige Baukörper mit Mansarddächern säumten den Innenhof, zu dem sich ein simpler Durchgang öffnete. Den Abschluß bildete der mit einer Kuppel gekrönte, dreigeschossige Hauptbau, den die vorgeschobenen, flankierenden Flügelbauten nochmals heraushoben. Die Achse setzte sich durch die im Erdgeschoß offene Halle in den Südgarten fort und endete in einer Allee, die bis ins Körschtal führte.

Die beiden Flügelbauten enthielten entlang der Nordseite die Wohn- und Aufenthaltsräume des Meiereibetriebs samt einer Kapelle. In dem senkrecht anschließenden Bau auf der Westseite und in den direkt angefügten Nebengebäuden um den »Dunghof« lagen die Pferdeställe und ein doppelt breites Reithaus. Auf der Ostseite befanden sich um den »Meiereihof« die Kuh- und Kälberställe und entlang der Südseite die Küche mit den zugehörigen Wirtschaftsräumen. Vorgelagert war dort und in Korrespondenz zur Breite des Reitstalls ein Gewächshaus mit Orangerie, an dem leicht versetzt ein Wintergarten angebaut war. Dieser war einer der vier fingerartig nach außen gestreckten Kopfbauten am Ost- und Westende. Der Wirtschaftsbetrieb war ganz in die Innenhöfe verlagert und störte das Erscheinungsbild des Schlosses nach außen nicht.

Der Schloßpark im Süden folgte der geometrischen Ordnung des Schloßkomplexes; nur beidseits des vorgeschobenen Hauptgebäudes lagen noch einfach gegliederte, kleinteilige Rasenparterres. Von dem gerundeten Vorplatz gingen strahlenförmig fünf durch Ketten eingefaßte Wege aus, zwischen denen eingeschnittene tapis verts lagen. Ein analog zum Vorplatz geführter Querweg bildete Abschluß und Übergang in die großflächige, mit Bäumen und Büschen besäumte Wiesenlandschaft. Nur der Alleenzug in der Mittelachse führte die Ordnung weiter.

Die Bauzeit ging in Abschnitten vor sich und war stark von den Finanzierungsmöglichkeiten bestimmt. Der herzogliche Bauherr kümmerte sich selbst außerordentlich um den Fortgang der Arbeiten und weilte von 1772 an mit Franziska vorwiegend in Hohenheim. Begonnen wurde nach dem Bauüberschlag vom Mai 1772 mit dem linken, nördlichen Flügel der winkelförmigen Hofumbauung, dem 1773/74 der rechte Flügel folgte. In diesem – der Speisemeisterei – befanden sich ein Saal mit 16 Paar jonischen Doppelsäulen, das sogenannte Franziskazimmer und in der Mansarde die fünf Wohnräume des Herzogspaares, wo Karl Eugen und Franziska von 1777 bis zu seinem Tod sechzehn Jahre lang ständig wohnten.

Der Herzog offenbarte die enge Bindung an Franziska und Hohenheim auch nach außen: Er ließ sie 1774 durch Kaiser Joseph II. zur Reichsgräfin von Hohenheim erheben.

Die Pferdeställe auf der Westseite wurden 1775–81 und das große Reithaus 1782 gebaut. Der Marstall war 1784 insgesamt fertiggestellt. Im gleichen Jahr wurde auf der Ostseite mit dem Kälberstall und mit den Bauten an der Militärstraße für die »Gardelegion« begonnen. Bis 1788 waren außerdem die seitlichen Flügelbauten vollendet.

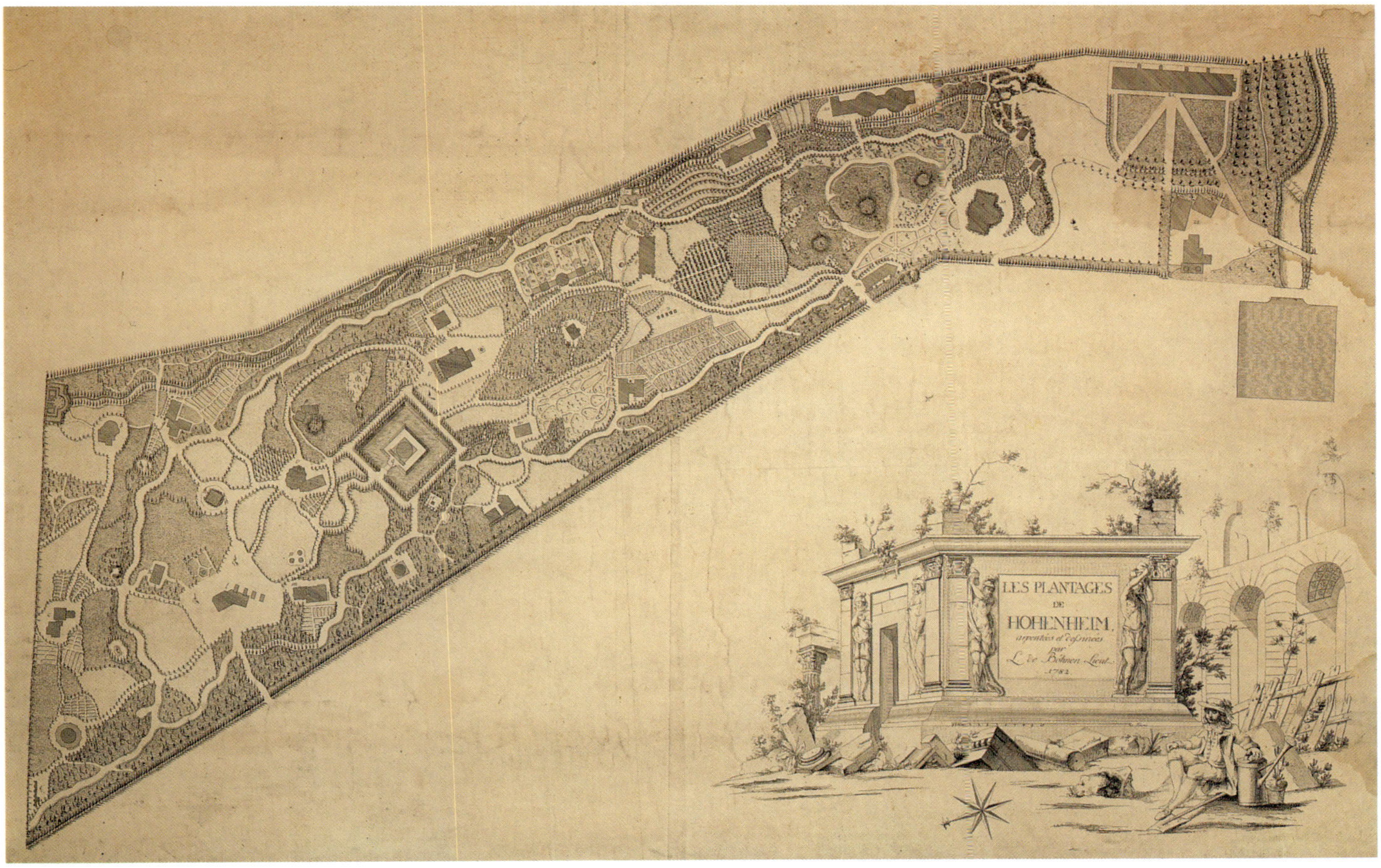

Englischer Garten. Darstellung von L. de Böhnen, 1782.

Die kirchliche Trauung mit Franziska von Hohenheim am 11. Januar 1785 bot den Anlaß, endlich auch den Hauptbau des Schlosses in Angriff zu nehmen; am 8. (24.?) Juni 1785 wurde für diesen der Grundstein gelegt. Franziska hat in ihrem Tagebuch notiert: »und solches gleichsam mit Gottes hielfe angefangen; der Herzog baue es Gesond aus ond lebe lang darennen.« Ein Jahr später war der Rohbau bis auf die Haupttreppe errichtet. Auf Reisen, u.a. nach Paris und Amsterdam, studierte das herzogliche Paar die herrschenden Moden und kaufte ein. Die Räume der Beletage wurden von Fischer mit lichten Louis-Seize-Dekorationen ausgestattet. Der mit rotem Stuckmarmor verkleidete Balkonsaal blieb wie vieles andere unvollendet; beim Tod des Herzogs 1793 zierte ihn wenigstens ein großer Kronleuchter.

Gleichzeitig mit dem Schloß, ja beinahe vorrangig entstand ab 1776 das sogenannte »Englische Dorf« auf einer Fläche von 60 Morgen, die direkt westlich am Schloßareal angrenzte und keilförmig über 500 Meter ins Körschtal hinunterreichte. Der Unterschied zwischen der Philosophie des Schloßkomplexes und dem Englischen Dorf konnte nicht größer sein: hier die strenge Ordnung des Absolutismus in ihrer formalen Unerbittlichkeit, dort die freie Zusammensetzung von Elementen der Erinnerung und Phantasie.

Karl Eugen wollte eine Zone wiedergewonnenen Naturzustandes für ein Dasein der inneren Einkehr, Besinnung und wahren Glückseligkeit in edler Einfalt und stiller Größe verwirklichen, durchsetzt mit Versatzstücken aus der römischen Antike. Er plante eine »fiktive« Kolonie mit sich selbst als Oberherrn; einziges Ordnungssystem waren die aus Pappeln bestehenden Alleenzüge entlang der Grenzen und die magere Aufnahme der Wegeäste zum Südparterre des Schlosses. Ansonsten bestimmten Zufall und Willkür der Anordnung die nur auf sich bezogene Anlage.

Wesentliches Charakteristikum war die Veränderung des Maßstabs der Gebäude: Alle Kopien antiker Monumente sind im Verhältnis 4:1 gebaut worden, wiesen also ein Viertel der natürlichen Größe auf. Die ländlichen Gebäude wurden dem angepaßt, so daß der Eindruck einer Liliputanersiedlung entstehen mochte. Eine Ausnahme bildete das bewohnbare Große Schweizerhaus mit Milchkammer und Küche. Fünfundsechzig Bauwerke aller Art waren am Ende bis 1793

in das schmale Areal hineingestreut worden, die Absicht des wiedergewonnenen Naturzustandes war leider verfälscht durch die zusammengedrängte Anhäufung zu vieler Dinge. Trotzdem überwältigt die während der siebzehnjährigen Bauzeit verwirklichte Überfülle von Ideen. Alter Turm mit Bauernhaus, Galerie, Kapelle, Römisches Gefängnis, Wirtshaus zur Stadt, Vestatempel, Grabmal des Nero, Moschee, Köhlerhütte (mit Franziskas Bibliothek), Rathaus, Mühle, Garten mit allen württembergischen Pflanzen (zur Unterweisung der Karlsschulzöglinge), Reste der bedeckten Gänge des Ämilius Lepsius sind nur eine kleine Auswahl davon. Eine verbindende Rolle konnte hangabwärts das Wasser spielen: durch die kleinen Seen, den großen querliegenden See, den Bachlauf und insbesondere den Großen Wasserfall in einer aus Tuffsteinen gebauten wilden Berglandschaft. Mit der Herbeischaffung der notwendigen Wassermenge gab es allerdings Schwierigkeiten.

Herzog Karl Eugen sollte wie in Stuttgart auch die Fertigstellung von Hohenheim nicht mehr erleben. Er starb dort am 24. Oktober 1793 in dem vertrauten, ländlichen Domizil. Bei seinem Tod war der Hauptbau im Inneren erst zur Hälfte ausgebaut; selbst die Haupttreppen fehlten noch. Der westliche Seitenpavillon war unter Dach und mit Fenstern und Läden versehen, jedoch sonst im Rohbauzustand.

Die neunundvierzig Jahre seiner Regierungszeit prägten eine Phase württembergischer Baugeschichte, die vom barocken Überschwang in die klassizistische Einfachheit hineinführte, wahrlich ein Spiegelbild des eigenen Lebens dieses vielschichtigen Fürsten.

Dem neuen Herrscher, Ludwig Eugen, fehlte jedes Verständnis für die Ambitionen seines Bruders Karl Eugen. Er ließ alle Bauarbeiten sofort einstellen nach der Devise: Bestehendes wird erhalten, Begonnenes nicht weitergeführt, Neues nicht begonnen.

Es ist seinem Bruder Friedrich Eugen zu danken, daß die Anlage im wesentlichen erhalten blieb und sogar fertiggestellt wurde. Dieser suchte Anfang 1794 in Württemberg einen standesgemäßen Sitz und hatte dazu Hohenheim ausersehen. Die bei der Teilung aufgetretenen Probleme erledigten sich 1795 durch den Tod von Ludwig Eugen; Friedrich Eugen folgte ihm als Herrscher nach. Dessen Regierungszeit dauerte bis zu seinem Tod ebenfalls nur zwei Jahre. In dieser Zeit konnte aber der Hauptbau fertiggestellt werden, wobei für die räumliche Ausstattung Nikolaus Friedrich Thouret beigezogen wurde.

Dieser Architekt war als zweites Kind des aus der

Franche-Comté stammenden herzoglich württembergischen Kammerdieners Charles Thouret und dessen Frau Christiana aus Plieningen am 2. Juni 1767 geboren worden. Ende 1778 bestand er mit 11½ Jahren die Aufnahmeprüfung in die Karlsakademie und siedelte nach Stuttgart um. Dort wurde er zur Malerei bestimmt und in die Kunstabteilung aufgenommen. Nach dem Abschluß der Ausbildung als Maler ging er im Mai 1788 nach Paris und 1793 nach Rom. Dazwischen lag der Ausbruch der Französischen Revolution – am 14. Juli 1789 erfolgte in Paris der Sturm auf die Bastille. In Rom begegnete er dem Architekten Friedrich Weinbrenner aus Karlsruhe. Bei ihm nahm er Unterricht in Architektur und sattelte um. Zum Jahresbeginn 1797 kehrte er auf Befehl des Herzogs Friedrich Eugen nach Stuttgart zurück und stattete zusammen mit Isopi die restlichen Räume in Hohenheim im Empirestil aus. Durch seine Bekanntschaft und seinen Briefwechsel mit Goethe wurde er danach zum Wiederaufbau des abgebrannten herzoglichen Schlosses in Weimar beigezogen und erhielt dazu einen zweijährigen Urlaub.

Der nachfolgende Herzog Friedrich II. hatte keinerlei Interesse an Hohenheim. Er ließ 1798 die Orangerie nach Ludwigsburg versetzen und die vorhandenen Möbel zur Ausstattung des Neuen Schlosses nach Stuttgart bringen. Das Englische Dorf wurde ab 1803 weitgehend abgebrochen, zumal es mit großen Baumängeln behaftet war. Im Jahr 1799 stand das Schloß leer; wie die Solitude diente es in Kriegszeiten als Militärspital.

König Wilhelm I. trug sich zunächst mit Abbruchgedanken. Im Jahr 1818 verlegte er jedoch die Landwirtschaftliche Unterrichts-, Versuchs- und Lehranstalt von Denkendorf nach Hohenheim. Damit war das Überleben dieser Schloßanlage gesichert. 1904 wurde die Anstalt zur Landwirtschaftlichen Hochschule erhoben; bauliche Entwicklungen begannen nordwestlich der Garbenstraße.

Der Zweite Weltkrieg hat in Hohenheim keine Schäden hinterlassen. Mit dem Ausbau zur Universität ab 1967 war stürmisches Wachstum verbunden. Die landschaftliche Idylle wurde durch eine dichte Bebauung des Umfeldes abgelöst, auf dem ehemaligen Ostzwikkel des Englischen Dorfes entstand ein mächtiger Bau für die Naturwissenschaften. Der Kernbereich ist von Neubauten freigehalten und saniert wie restauriert worden. Lediglich an der ehemaligen Militärstraße wurden den vorhandenen Gebäuden der Westseite maßstäblich entsprechende Neubauten auf der Ostseite zugefügt.

Das Neue Schloß, die Residenz des Königs

Jeweils zwei Jahre regierten die Herzöge Ludwig Eugen und Friedrich Eugen von 1793 bis 1797. Beide waren Brüder von Karl Eugen und nur wenig jünger als dieser. Nach der Überflußwirtschaft und der Überschuldung Karl Eugens herrschte nun eiserne Sparsamkeit. So ist aus dieser Zeit für Stuttgart leider die Aufhebung der Hohen Karlsschule am 16. April 1794 zu vermerken. ein großer Verlust für das Land. Namen wie Dannecker, Wächter, Schick, Koch, Hetsch und Guibal prägten als Lehrer und Schüler den künstlerischen Rang dieser Einrichtung; aus ihr waren außerdem 17 Minister und 33 Generale hervorgegangen. Zu Ehren des verstorbenen Herzogs wurde der ehemalige Herzogingarten östlich des Alten Schlosses in »Karlsplatz« umbenannt; das kostete nichts.

Eine neue Ära begann mit Herzog Friedrich II., der im Alter von 43 Jahren am 23. Dezember 1797 die Regierung antrat. Vorher war er in preußischen und russischen Diensten gestanden, war also ein welterfahrener Fürst. Von 1790 an lebte er in Ludwigsburg.

Der Beginn seiner Regierungszeit stand unter keinem guten Vorzeichen. Napoleon wurde 1799 zum Ersten Konsul Frankreichs ernannt und bestimmte danach unumschränkt dessen Politik. In den Auseinandersetzungen mit Österreich drangen die Franzosen im Frühsommer 1800 in Württemberg ein, das damals noch der Habsburgischen Allianz angehörte. Friedrich mußte über Ansbach nach Erlangen fliehen.

Im Frieden von Lunéville am 9. Februar 1801 erhielt Friedrich das Land zurück. Württemberg wurde Mitglied der Reichsdeputation; es mußte die linksrheinischen Gebiete (Mömpelgard) an Frankreich abtreten und wurde dafür durch säkularisiertes Kirchengut wie mediatisierten Adelsbesitz im Norden und Süden des

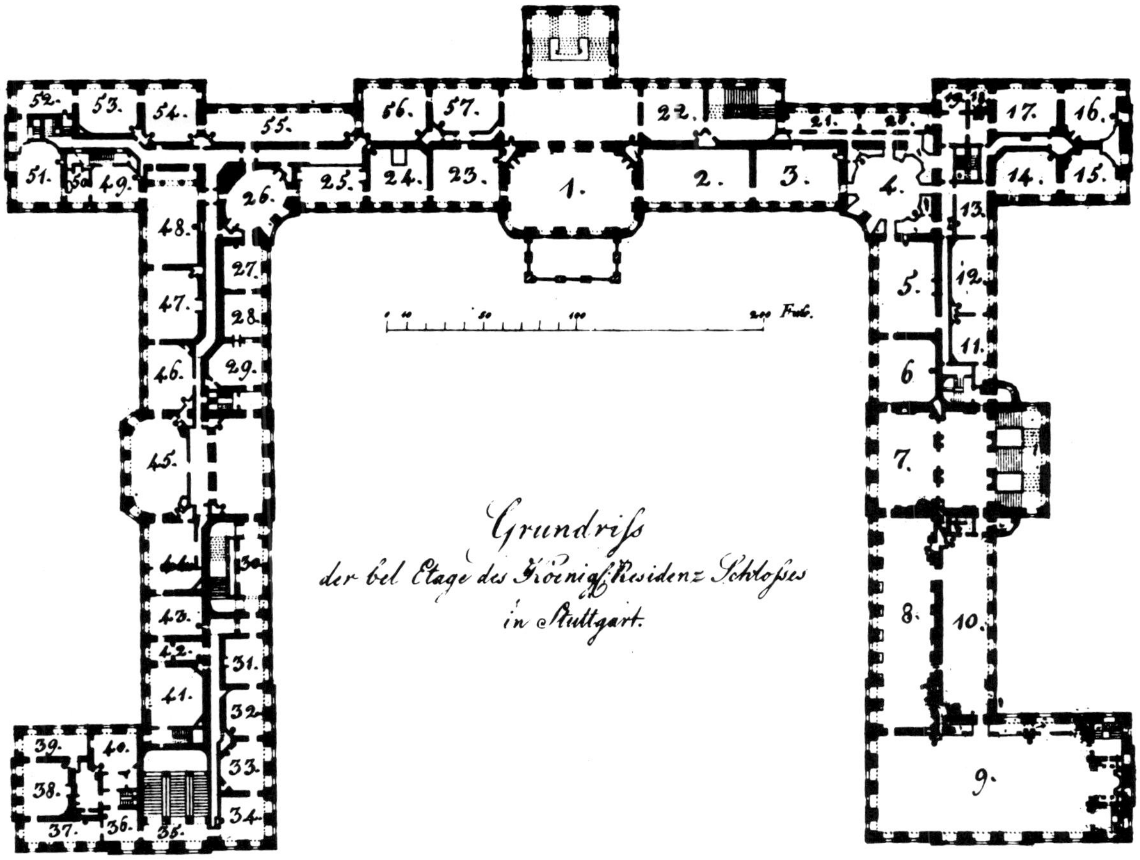

Ausbau durch Thouret für den Besuch Napoleons.
Räume des Kaisers Nr. 23–29 und 46–48, Räume der Kaiserin Nr. 49–57.

Alten Landes entschädigt. Mit dem Schluß am 25. Februar 1803 erhielt Württemberg die Kurwürde zugesichert, die der Herzog am 29. April 1803 annahm.

Sichtbare Folge dieses Aktes in Stuttgart: Friedrich ließ auf dem Mittelpavillon des Neuen Schlosses einen bleiernen Kurfürstenhut aufsetzen.

Die Besuche Napoleons am 2. und 4. Oktober 1805 in Ludwigsburg und Stuttgart führten zum Bündnis mit Frankreich. Der Herzog sicherte die Teilnahme an allen Kriegen Napoleons zu, ausgenommen gegen Spanien. Die Belohnung folgte umgehend: Im Preßburger Frieden, am 26. Dezember 1805, wurde die volle Souveränität des Herrschers hergestellt, vier Tage danach nahm der Herzog die Königswürde an als Friedrich I., König von Württemberg.

Der Frischgekürte entpuppte sich als rigorosester Vertreter absolutistischer Haltung. Bereits am Tag der Krönung verfügte er die Auflösung der »Landschaft«. 291 Jahre nach dem Tübinger Vertrag von 1514 endete die lange Zeitspanne der Auseinandersetzungen zwischen Herrscher und Volk um demokratische Rechte; die altwürttembergische Verfassung existierte nicht mehr. Vielleicht war dies damals unerläßlich, um das von 153 Geviertmeilen mit etwa 600000 Einwohnern auf 386 Geviertmeilen mit rund 1350000 Einwohnern um über das Doppelte gewachsene Land zu einem einheitlichen Staatsgebilde zusammenzuführen. Das gelang Friedrich in der Folge mit Hilfe einer schlagkräftigen Verwaltung und seiner zentralistischen und absoluten Ausübung der Regierungsgewalt.

Dieser Anspruch erhielt sehr schnell seine bauliche Entsprechung. Stuttgart war am 1. Januar 1806 zur Hauptstadt des Königreiches Württemberg erhoben worden; den Zuwachs an Größe und Bedeutung wollte Friedrich durch den beschleunigten Ausbau der Residenzstadt sichtbar machen. Schon 1805 ließ er kurzer-

Sogenanntes Napoleonzimmer im Gartenflügel.

hand die Ludwigsburger Straße in Verlängerung des zur gleichen Zeit aufgefüllten Großen Grabens von der Alten Kanzlei an etwa 600 Meter geradlinig fortführen und in einem Rondell enden. In diesem Zusammenhang wurde der Marstall auf der Solitude abgebrochen und an die neue Straße versetzt. Die so entstandene Königstraße war das erste sichtbare Zeichen für die neue Dimension.

Der für den 18. Januar 1806 angekündigte, erneute Besuch Napoleons in Stuttgart war Anlaß zum beschleunigten weiteren Ausbau des Neuen Schlosses; der Wiederaufbau des Gartenflügels nach dem Brand war über das Rohbaustadium noch nicht hinausgediehen. Am 7. Dezember 1805 mußten die Arbeiten zur Herrichtung von 19 Zimmern und Sälen für die Aufnahme Napoleons begonnen und einschließlich der Möblierung binnen sechs Wochen abgeschlossen werden. Das war eine außerordentliche Leistung, wenn auch die Räume durch die reichliche Verwendung von Damast, Samt und Seide einen eher provisorischen, kulissenartigen Charakter gehabt haben dürften. Jedenfalls waren 1806 weitere Arbeiten erforderlich, um die Räume endgültig fertigzustellen. Zum November 1807 wurden die restlichen Zimmer im 1. Stock für den Besuch des Königs Jérôme von Westfalen und seiner Gemahlin vollends ausgebaut. Sichtbares Zeichen der neuen Würde: Der bleierne Kurfürstenhut auf der Schloßkuppel wurde gemäß Beschluß vom 10. Juni 1807 durch die vergoldete Königskrone ersetzt.

Planung und Durchführung waren Nikolaus Friedrich von Thouret übertragen worden. Er war noch von Herzog Friedrich 1799 zum Wirklichen Hofarchitekten ernannt und nach einer von ihm selbst 1803 erbetenen Entlassung am 1. April 1804 zum Wiederantritt befohlen worden. Dies dürfte mit der Reform des öffentlichen Bauwesens in Zusammenhang gestanden haben, denn im Dezember 1804 wurde das Königliche Hofbaudepartement gebildet, wobei die wichtigsten Bau-

Roter Marmorsaal im Planieflügel.

werke in der Residenzstadt Thouret als »Peritus« zur direkten Bearbeitung zugewiesen wurden.

Am Jahresende 1807 war das Schloß wahrscheinlich in Gänze fertiggestellt. Damit waren seit der Grundsteinlegung am 3. September 1746 über sechzig Jahre des Bauens und Unterbrechens vergangen, bis dieses Herzstück der Residenzstadt vollendet war. Zwei Generationen sind in einer bauhistorisch von Barock, Rokoko und Klassizismus geprägten Zeit daran tätig gewesen. Trotzdem war die äußere Erscheinung des Schlosses – selbst die spröde Planiefassade einbezogen – von großer Homogenität. Das Innere spiegelte dagegen den Formenkanon jener Stilrichtungen und das Können der beteiligten Architekten vielfältig wider.

Natürlich haben die gesellschaftlichen Veränderungen der Folgezeit sich auch in der räumlichen Ausstattung des Schlosses ausgewirkt. Das Empire wurde vorherrschende Stilrichtung. Im Juli 1811 erhielt Thouret den Auftrag, im Planieflügel den Weißen Saal und das Vestibül mit Marmor zu verkleiden; der sogenannte Rote Marmorsaal über dem Eingang zum Planieflügel und die verbindende Galerie auf der Westseite sollten neu gestaltet werden, so daß die genannten Räume eine Einheit bildeten. Nach dem Sturz Napoleons 1814 besuchten der russische Zar Alexander I. und der österreichische Kaiser Franz I. Stuttgart. Thouret hat aus diesem Anlaß zwei Räume in der Beletage neu ausgestattet. Kurz vor seinem Tod ließ der König in seinem eigenen Bereich im Gartenflügel noch drei Räume umgestalten. Der sogenannte Marmorsaal in der inneren Hofecke erhielt durch die Aufstellung der Amorstatue Danneckers inmitten des runden Raumes eine besondere Prägung.

König Friedrich I. hinterließ bei seinem Tod am 30. Oktober 1816 dem Nachfolger ein in allen Teilen fertig ausgebautes Schloß.

Die Interessen des Königs Wilhelm I. galten in erster Linie den Parkanlagen mit dem Schloß Rosenstein, der

Wilhelma und dem weiteren Ausbau der Residenzstadt. Er wohnte in den Räumen, die sein Vorgänger ausgebaut hatte. Nur im Repräsentationsbereich erfolgten kleinere Änderungen; so hat Hofbaumeister Gabriel 1835 und 1836 den Grauen und den Gelben Marmorsaal sowie den Audienzsaal mit glatten Wandflächen aus mehrfarbigem Stuckmarmor »veredelt«. Beim Bau des Schlosses Rosenstein war der Maler Joseph Anton Gegenbaur besonders hervorgetreten. Er wurde vom König im Neuen Schloß mit Darstellungen der württembergischen Geschichte in Wandbildern beauftragt. Sie hatten weitgehend Gedichte Uhlands zum Thema. Die Ausführung erfolgte in Etappen zwischen 1836 und 1854. Die Bilder wurden so volkstümlich, daß der Künstler 1859/60 auch den Auftrag zur Bemalung der Decke des Weißen Saales erhielt. Dieser büßte seine kühle Wirkung des goût grec dadurch stark ein.

König Karl ließ nach seinem Regierungsantritt 1865 schließlich den Wohnbereich im Gartenflügel durch den Hofbaumeister von Egle neu ausstatten und damit im Zusammenhang den Rosengarten anlegen. Er bewohnte mit Königin Olga das Schloß bis zu seinem Tod im Oktober 1891. König Wilhelm II. zog nach der Thronbesteigung nicht ins Schloß. Er blieb bis zum Ende der Monarchie in dem nach ihm benannten Wilhelmspalais wohnen und siedelte 1919 nach Bebenhausen um. Im Neuen Schloß ließ er den Bacchussaal neu herrichten. Ansonsten gab es während seiner Regierungszeit keine Veränderungen mehr.

Die Zeit der Republik bis zum Zweiten Weltkrieg

Die Novemberrevolution des Jahres 1918 griff in gemäßigter Form auch auf Württemberg über. Eine »Provisorische Regierung der Revolution« konstituierte sich. In Konsequenz der Entwicklung verzichtete König Wilhelm II. am 30. November 1918 auf den Thron. Im Januar 1919 fanden Wahlen zum neuen Landtag statt, und am 25. September 1919 wurde die neue Verfassung im Ordenssaal des Ludwigsburger Schlosses verkündet.

Noch vor dem Thronverzicht war zwischen dem König und dem württembergischen Staat am 29. November 1918 ein Abkommen über Vermögensfragen geschlossen worden. Der Staat erhielt darin die Verfügungsgewalt über das sogenannte »Krongut« zurück. Hierbei handelte es sich um Bestandteile des »Staatsfideikommißguts«, also Staatsvermögens – Krongebäude, Güter und Eigentumsstücke –, das für den Gebrauch des Königs und den Bedarf der Hofhaltung notwendig war und vom jeweiligen Regenten dem Regierungsnachfolger unvermindert zu übergeben war. Nutzungserträge und Unterhaltungspflicht lagen bei der Krone; die zusätzlich entstehenden Aufwendungen wurden vom Staat in Form einer »Zivilliste« ausgeglichen. Die Grundlage wurde schon von König Wilhelm I. durch Edikt vom 20. Januar 1819 geschaffen. In Stuttgart gehörten danach u.a. zur Ausstattung: Das neue Residenzschloß, der Schloßgarten, der Botanische Garten mit den dort befindlichen Gebäuden, das Alte Schloß, die Alte Kanzlei, das Marstallgebäude, das Landschloß Bellevue und der Pavillon auf dem Berge bei Bellevue, die neuen Anlagen von der Grenze des Schloßgartens bis an den Fuß des Kahlensteins mit der links der Cannstatter Chaussee liegenden Wiese, der Garten zu Bellevue, die Güter auf dem Kahlenstein und die Äcker und Wiesen daselbst. Die Solitude war mit dem Schloß, einigen Kavaliershäuschen, dem Park, dem Orangerieplatz »und beim Bassin« enthalten, in Hohenheim betraf es nur zwei Wohnungen, Gewächshaus, Spielsaal und Eisgrube.

Die neue Regierung führte die aus dem Krongut übernommenen Schlösser der kulturellen Nutzung zu. Das Neue Schloß wurde im Repräsentationsteil zum Schloßmuseum, die anderen Bereiche wurden 1921 der Kunst- und kulturgeschichtlichen Abteilung der Sammlung für vaterländische Kunst- und Altertumsdenkmale zugewiesen. Die Vor- und Frühgeschichtlichen Sammlungen verblieben im Alten Schloß. In jener wirtschaftlich armen Zeit ging der Aufbau langsam vonstatten. Die ersten Schauräume mit Teilen der Kunstkammer konnten 1922 eröffnet werden, 1923 folgten die mittelalterlichen Sammlungen im Dachgeschoß des Mittelbaus und des Planieflügels. In fünf von Thouret ausgestatteten Räumen der Beletage des Gartenflügels konnte 1927 die Antikensammlung aufgestellt werden, was in damaliger Zeit als außerordentliche Leistung galt. Mit Kopfschütteln kann man die Zuteilung der ehemaligen Wohnräume im Erdgeschoß des Gartenflügels an das neue Heeresmuseum nachvollziehen, das in zwei Etappen 1928 und 1932 eröffnet wurde. Behörden, u.a. der Landeskonservator, und Wohnungen vervollständigten die Belegung. Der Weiße Saal stand natürlich für allgemeine Veranstaltungen zur Verfügung.

Dieser Zustand blieb so bis zum Zweiten Weltkrieg; wesentliche bauliche Veränderungen sind in jener Zeit nicht erfolgt.

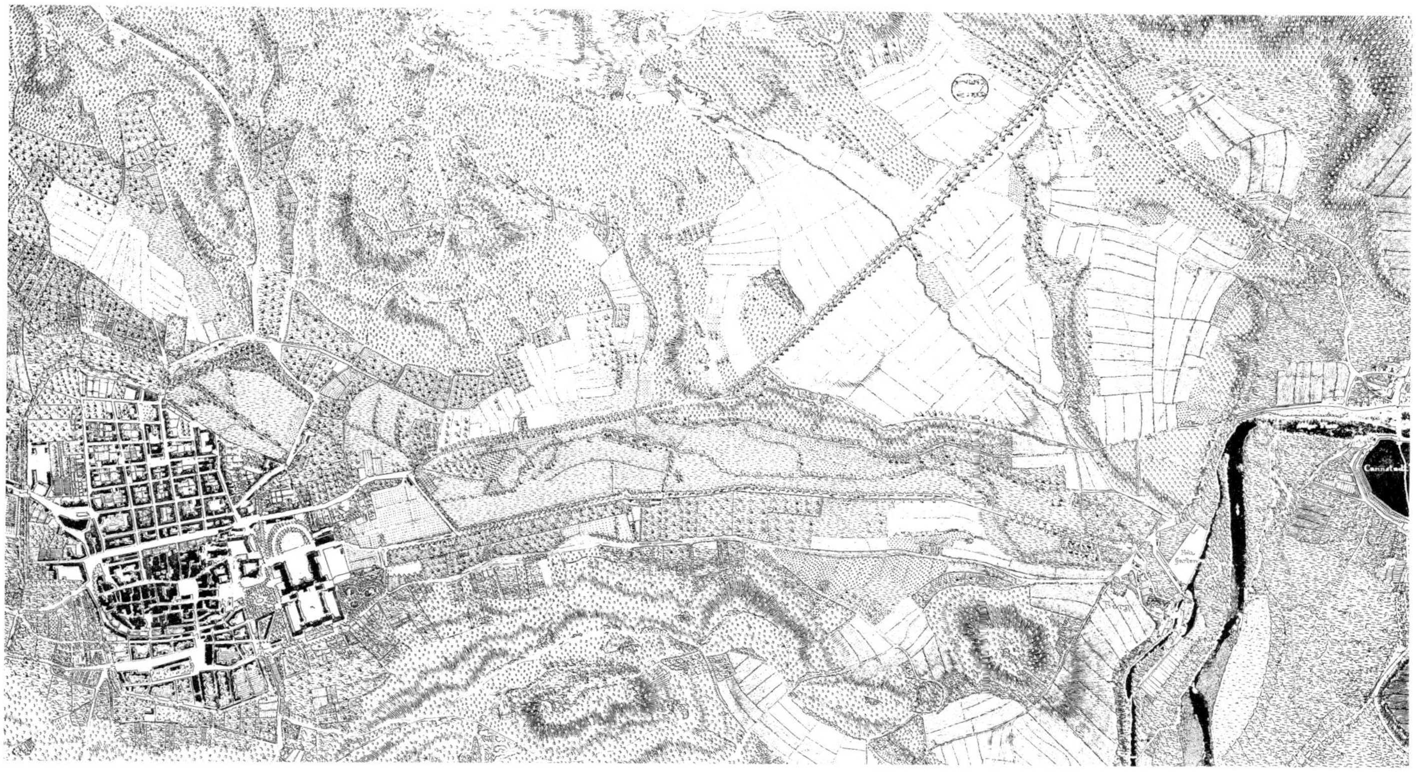

Plan von Stuttgart bis zum Neckar vor dem Ausbau der Schloßgärten.

Die Schloßgärten im 19. Jahrhundert

Der Obere Schloßgarten
Residenzbauplan und frühe Vorstellungen

Bereits der Bau der neuen Kaserne für die Stuttgarter Garnison – die spätere Karlsakademie – an der Südgrenze des Lustgartens hatte zur Auflösung der Mauer und zu Eingriffen in das Gefüge des Gartens geführt. Mit dem Bau des Neuen Schlosses ab 1746 degenerierte der Lustgarten zur Baustelle und wurde bis auf den Küchengarten vollends zerstört.

Im Zuge der Wiederaufnahme der Bauarbeiten am Neuen Schloß wurde 1775 die Einebnung des Stadtgrabens vor dem Alten Schloß und die Höherlegung des Gartens der Herzogin von Mantua begonnen. Zwei Jahre später war der Graben bis auf Reste zugeschüttet und so die »Planie« geschaffen. Damit war die Beziehung zwischen der Altstadt und dem neuen Schloßbereich entscheidend verbessert.

Wenige Jahre zuvor, 1771, ließ Herzog Karl Eugen von Nicolas de Pigage (Schöpfer des barocken Gartenteils in Schwetzingen) einen Schloßpark in der Talaue planen. Der Vorschlag Pigages war von eminenter Großzügigkeit und orientierte sich an der zeitgenössischen französischen Gartenkunst und am Atem von Versailles. Beginnend an der Achse des Gartenflügels, nahm er als Grenze an der Nordseite die Verlängerung des Schloßhofes bis zum Großen Graben und auf der Südseite eine gerade Linie hinter dem Kasernenbau (spätere Neckarstraße) auf, was eine Breite von etwa 450 Meter ergab. Die Ausdehnung nach Osten betrug über 1,5 Kilometer bis zu einem von Bosketts umgebenen achteckigen Pavillon, von dem noch strahlenförmige Wege in die Landschaft führten. Dieser Park hätte die Talaue voll ausgespannt und erhebliche Veränderungen an der Hangkante des Praghügels erfordert.

Vom Schloß ausgehend war der Park in drei Teile gegliedert: zu Beginn eine Folge von Wasser-Parterres und Broderie-Rasen-Parterres bis zu einer großen Rasenpalmette mit Fontäne, die von weiteren Fontänen und Wasserbassins flankiert wurde und als quer verlaufende Wasserachse mit Kaskaden auf den Südhang ausgeweitet war. Den Schwerpunkt des nächsten Abschnitts bildete ein Kreuzkanal mit Bosketts, der eine große räumliche Tiefe bewirkt hätte. Endpunkt wäre der auf einen leicht ansteigenden Hügel gesetzte achteckige Pavillon mit reich gestalteten Bosketts gewesen. Der Plan kam nicht zur Ausführung; Karl Eugen wandte sein Interesse zu jener Zeit eher dem Ausbau von Hohenheim zu.

Eine Vorstellung von der Dimension und den topographischen Schwierigkeiten gibt der in einen Grundriß des Georg Raisch von 1750 eingetragene Riß eines vermutlich vom Vorschlag Pigages abgeleiteten Gartens.

Der Nachfolger von Guêpière, Reinhard Ferdinand Fischer, befaßte sich 1782 ebenfalls mit der Planung eines neuen Schloßparks. Die Breite bemaß er gleich großzügig wie Pigage; in der Längsausdehnung endete der im oberen Teil mit Achsenkreuz und unterschiedlich gestalteten Bosketts in Formen des Spätrokoko konzipierte Garten nach etwa 350 Metern in einem Englischen Landschaftsgarten als Blickfang. Ein großer See mit Inseln bildete den Übergang in dieser seltsamen Verknüpfung alter und neuer Gartenkunst. Schon 1776 wurde aber der in dem Parkplan begradigte »Akademiegarten« östlich neben der Kaserne angelegt, die ein Jahr zuvor Sitz der Hohen Karlsschule geworden war. Eine Dreiergruppe von miteinander verschlungenen ovalen Bassins fügte sich geschickt dem schrägen Zuschnitt des Grundstücks ein; auf den übrigen Flächen entstand im Vorderbereich ein Lehrgarten mit verschiedenen Gehölzen (angeblich waren dort 35 exotische Gewächse gepflanzt worden), während die Ostseite in kleine Stücke zerlegt war, die von den Karlsschülern selbst bearbeitet wurden.

Gleichzeitig mit dem Gartenplan entwickelte Reinhard Ferdinand Fischer den vermutlich ersten »Residenzbauplan«, der sich noch zu Lebzeiten des Herzogs Karl Eugen mit dem Ausbau der Residenzstadt über den Schloßbereich hinaus befaßte. Er übernahm die Vorstellungen von Retty. Nach Nordosten gab er dem Schloßplatz einen großzügigen, halbrunden Abschluß. Außerdem begradigte er die Ludwigsburger Straße und führte sie in großer Breite parallel zur Schloßachse bis zu einem querovalen Platz mit dem Ludwigsburger Tor – etwa an der Stelle, wo später das Königstor gebaut wurde. Eine breite Querspange nach Norden nahm die Querachse des Parkplanes auf. Das Ganze war mehr eine Abfolge von Platzräumen als von Straßenzügen und hatte keine maßstäblichen Bezüge mehr zur bestehenden Stadtstruktur. Fischer plante auch zwischen dem Neuen Schloß und der Stadt einen besseren Übergang. Eine portalartige Öffnung im neu definierten Stadtrand nahm die Achse des Planieflügels auf; dahinter sollte ein Rundplatz als Gelenk die Richtungsänderung zum Marktplatz erleichtern.

Nichts von alledem wurde Wirklichkeit. Noch 1782 wurde anläßlich eines Besuches des russischen Großfürsten Paul der Vorbereich des Schlosses durch einen halbrunden Baumzirkel gefaßt, der eine düsenartige Öffnung zur verlängerten, am Schloßplatz beidseitig bebauten Grabenstraße erhielt.

Der schöne Plan von Friedrich Roth aus dem Jahr 1794 gibt eine gute Vorstellung von dieser bescheideneren und für Stuttgart angemessenen Lösung. Auf diesem Plan ist nördlich des Gebäudes der »Reuth Schul« noch der Botanische Garten eingezeichnet, der 1808 auf die Südseite des neuen Parks verlegt wurde.

In dem von Thouret 1806 vorgelegten Residenzbauplan ist der Baumzirkel enthalten – und nur auf der Westseite fertig gepflanzt.

Herzog Friedrich II. nahm die so vorgezeichnete Richtung auf. Er entschied im Jahr 1805, die Grabenstraße in gleicher Richtung nach Nordosten zu verlängern, und ließ den auf der Solitude abgebrochenen Marstall (Langer Stall) wieder als langgezogenes Rechteck an der neuen Straße errichten.

Der Schloßgarten des Königs

Der frischgebackene König Friedrich mag sich beim Blick aus den Fenstern der für Napoleons Besuch am 18. Januar 1806 im Gartenflügel des Neuen Schlosses hergerichteten Räume über die Wüstenei geärgert haben, die als Folge der Baustelle dort herrschte. Vermutlich gab dies den Anstoß zur schnellen Verwirklichung eines dem Schloß angemessenen Grünraumes. Im Spätjahr 1806 gab Friedrich der Königlichen Landbaudirektion den Auftrag für eine große Gartenanlage hinter dem Neuen Schloß. Das dazu vorgesehene Gelände umfaßte etwa 40 Hektar und erstreckte sich zwischen dem Nesenbach und der Ludwigsburger Straße über etwa 1,2 Kilometer bis zum damaligen Mühlbergweg, der späteren Retraite und heutigen Heilmannstraße. Mit der Planung wurde Hofbaumeister Thouret beauftragt, der seinen Entwurf noch im Dezember vorlegen konnte. Schon am 9. Januar 1807 gab der König mit dem berühmt gewordenen »So soll es seyn« seine Zustimmung zum Vorschlag Thourets.

Die Planung war von vornherein durch die Hypothek der geradlinigen Weiterführung der Grabenstraße und des bereits dort gebauten Marstalls belastet. Schloßachse und neue Straße laufen deshalb in einem spitzen Winkel aufeinander zu; der Marstall drängt in den Park hinein. Des weiteren hielt sich der

Plan fast sklavisch an die Grundstücksvorgaben, so daß sich gestalterische Probleme ergaben. Die Zone zwischen dem Nesenbach und der Chaussee nach Cannstatt wurde ausgespart, obwohl Thouret die Straße begradigte und mit Bäumen bepflanzte. Selbst beim Akademiegarten, wohin für 100 Jahre der botanische Garten verlegt wurde, blieb die Planung Stückwerk.

Tragendes Gestaltungselement war der Kontrast von geometrischer Ordnung in der auf den Gartenflügel des Schlosses bezogenen Mittelachse und freier Gestaltung in den beidseits anschließenden Bereichen. Damit gab Thouret der Anlage Richtung und Ziel und bestimmte den höfischen Ergehungsraum, ohne in barocke Absolutheit oder sterilen Schematismus zu verfallen; klassizistische Strenge und romantische Naturnähe durchdrangen sich in einer für den Zeitgeist bezeichnenden Weise.

Den Auftakt beim Schloß bildete ein querovales Wasserbecken, das mit einem kanalartigen Wasserarm deutlich den Bezug zum Gebäude herstellte. Wegen dieser Achselstücken bei Uniformen ähnlichen Form wurde im Volksmund daraus der »Epaulettensee«. Umschlossen wurde dieser Bereich von Kastanienalleen, welche die Kopfbauten des Gartenflügels aufnahmen, die Ovalform des Sees begleiteten und danach in einem durchgehenden, vierreihigen Alleenzug zu einem großen Rondell kurz vor der Retraitestraße führten. Die Achse wurde von der Meierei jenseits der Straße aufgefangen. Ein Stummel wies über die Straße hinweg und gab einen Hinweis auf die Weiterführung. Ein kleines Rondell im oberen Drittel der Allee stellte die Verbindung zum gleichzeitig geschaffenen Rondellplatz am Königstor her.

Die Längstendenz des Schloßgartens wurde betont durch begleitende Alleen und eine starke Bepflanzung entlang der Ränder, die dem Park einen eindeutigen Abschluß gaben. Offene Wiesenflächen, Schlängelwege zwischen Baum- und Buschpflanzungen, der den Hauptweg kreuzende Bachlauf mit dem halbseitig um das große Rondell gelegten See bewirkten die romantische Stimmung des Schloßgartens.

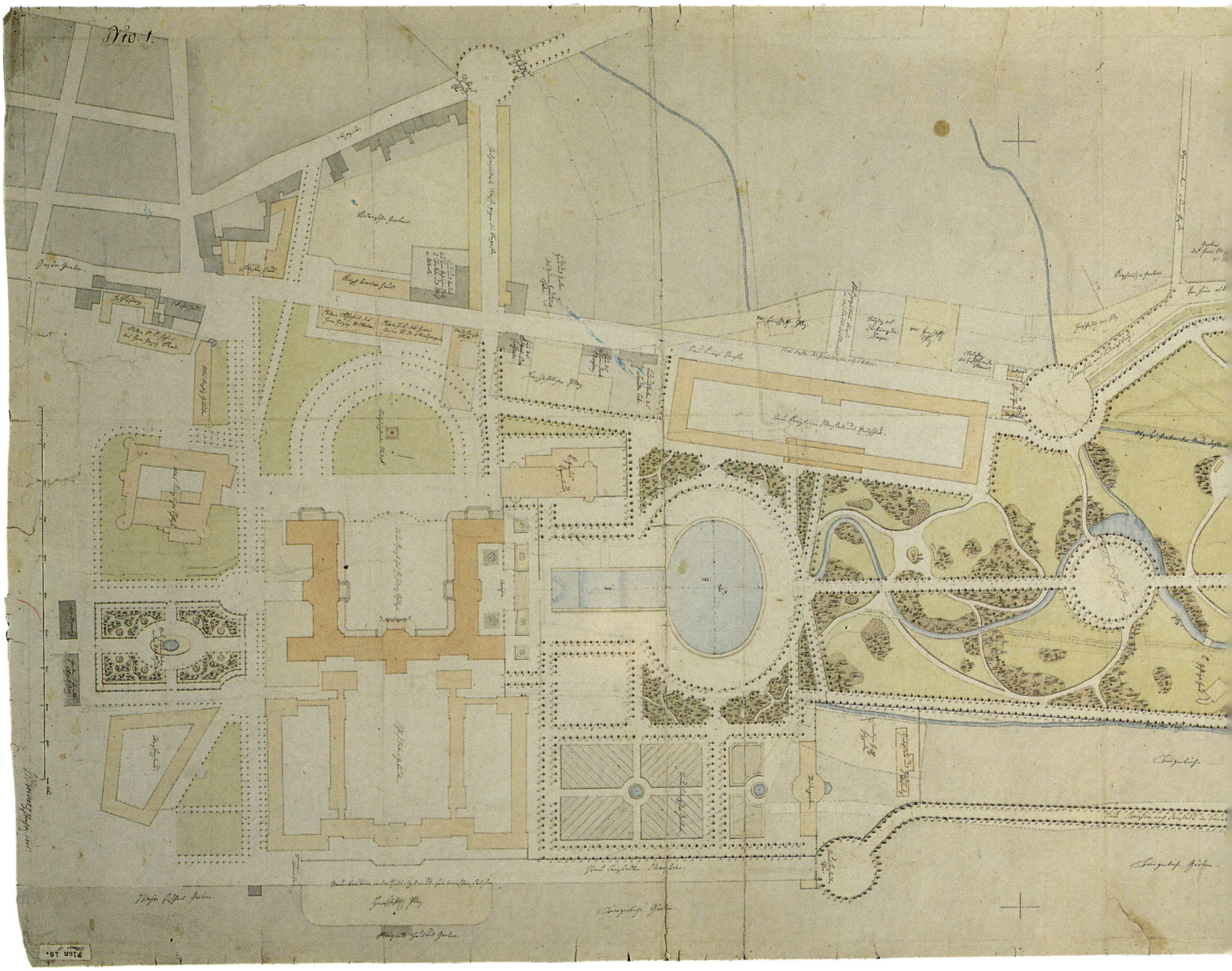

Plan von Thouret für den Schloßgarten, Ende 1806.

Bereits einen Tag nach der Zustimmung zum Plan Thourets erging ein Dekret an die Königliche Landbaukommission mit dem Auftrag zur Umsetzung, wobei an sämtliche betroffenen Behörden, nämlich Oberfinanzdepartement, Chausseebaudirektion, Wasserbaudirektion, Garten-Oberintendantur, Hofökonomie-Kommission usw., bereits das Nötige erlassen worden war. Man sieht, daß die Beteiligung vieler keine Neuerung unserer Zeit ist; die Probleme liegen in der oftmals aufgesplitteten Verantwortung der Bauherren.

Das Hofbaudepartement wurde gleichzeitig in der Sache beschieden durch das folgende Königliche Dekret: »S. K. Maj. geben demselben in Absicht der hinter dem neuen Schloß zu errichtenden neuen Anlagen, worüber der Original=Plan heute der K. Landbaudirektion kommuniziert worden und auf welchen sich deshalb im Allgemeinen bezogen wird, folgendes zu erkennen:

Hofgärtner Höllwarth von Ludwigsburg wurde befehligt, sich hierher zu verfügen, um die Anlagen bis zur neuen Querstraße nach gedachtem Riß auszustekken und einzurichten. Derselbe wird 2 junge Leute, die dieses Geschäft verstehen, mitbringen. Außerdem sind demselben von der hiesigen Hofgärtnerei Personen, soweit sie abgegeben werden können, hierzu zu überlassen.

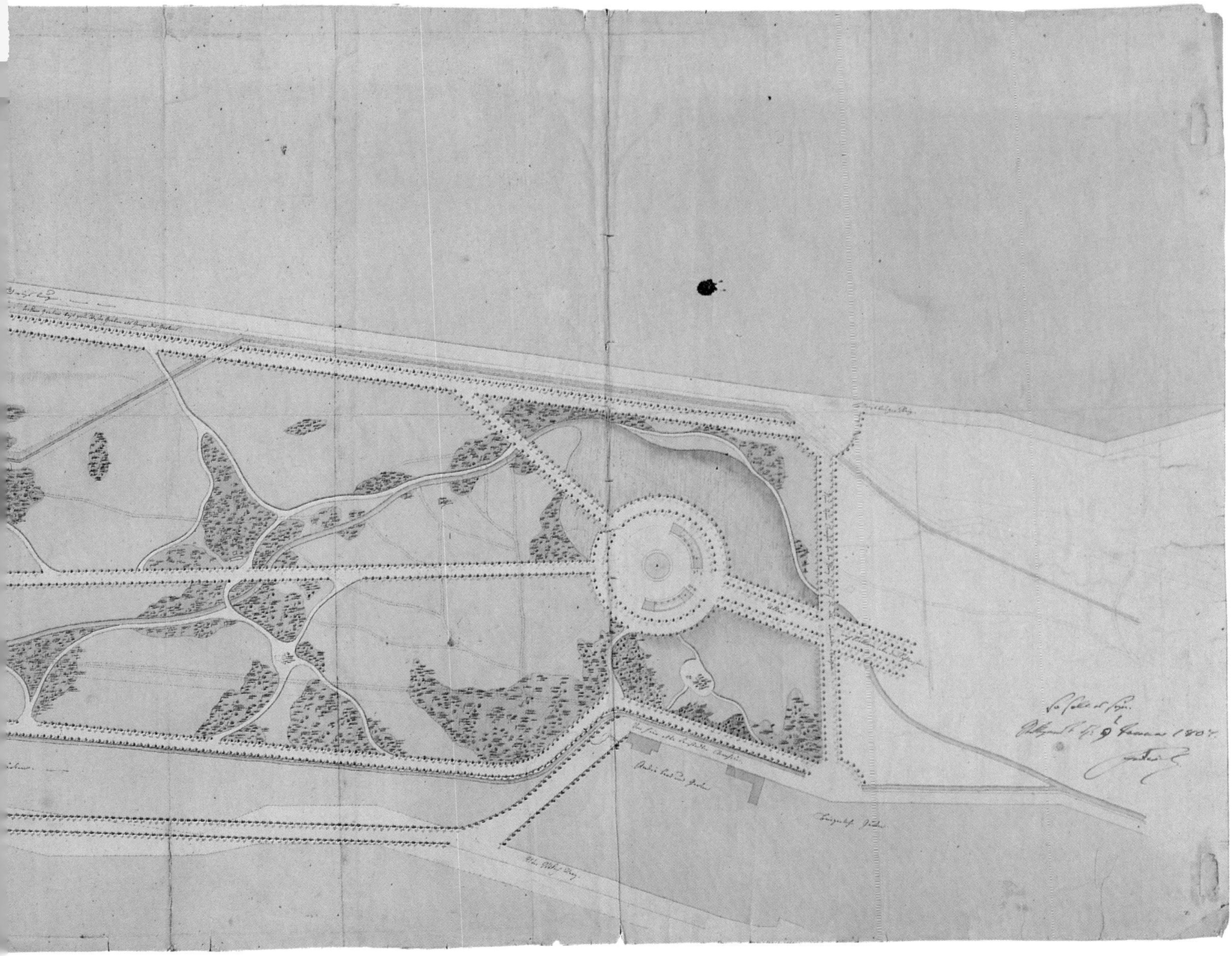

Der bisherige Botanische Garten wird gleichzeitig an den neuen, in dem Riß bezeichneten Platz verlegt.«

Die bauliche Leitung wurde Thouret übertragen. Mit den Arbeiten mußte sofort begonnen werden. Dem König ging es aber nicht rasch genug; auf dem großen Gelände waren ihm viel zu wenig Arbeitskräfte eingesetzt. Durch Dekret vom 18. Januar 1807 verfügte er kurzerhand den Einsatz der bisher in Ludwigsburg und Monrepos arbeitenden Festungsgefangenen (Gallioten) und ihre Unterbringung im Mauleselstall des Gardecorps, welchen »Allerhöchstdieselben als tauglich gefunden«. Drei Tage später befahl er, daß dem Leutnant Kempf die schon in Ludwigsburg innegehabte Oberaufsicht über sämtliche Arbeiter (auch Soldaten?) übertragen werde und daß der Wachtmeister Rommel mit allen in Ludwigsburg noch zu missenden Baugefangenen nach Stuttgart komme.

Die Erdarbeiten wurden im Februar 1807 begonnen. Neben etwa 50 Taglöhnern arbeiteten nun gegen 200 Sträflinge und 4–6 Kompagnien Soldaten auf dem Gelände. Nur so konnte der Schloßgarten in der kurzen Zeit von $1\frac{3}{4}$ Jahren fertiggestellt werden.

Am 6. Oktober 1808 erschien in der Schwäbischen Chronik die amtliche Bekanntmachung, »daß Seine Majestät der König dem Publikum die Befugnis gnädigst eingeräumt habe, die Anlagen hinter dem königlichen Schloß zu Promenaden sowohl zu Fuß als im Wagen und zu Pferd zu benutzen«. Ausgerechnet der letzte Vertreter eines ungehemmten Absolutismus schuf also den Park nicht nur für den Hof, sondern auch für die Bürger der Stadt!

Das ging nicht ohne Ordnungsvorstellungen und Überwachung. Der König verfügte deshalb schon am 3. November 1808, daß es »äußerst notwendig werde, den neuen Schloßgarten je eher je lieber abzuschließen«. Das Gelände wurde sodann mit einer 1½ Fuß hohen Mauer und darauf stehendem Staketenzaun eingefriedigt; dazu kamen vier Portierhäuser, die paarweise am unteren und oberen Eingang aufgestellt wurden.

Während der Durchführung der Arbeiten muß der Schloßgarten für damalige Verhältnisse eine Baustelle größten Ausmaßes gewesen sein. Für die Abfuhr der Erdmassen wurden täglich bis zu 40 vierspännige Fuhrwerke benötigt. An Bäumen mußten 952 Linden und 1008 Kastanien beschafft werden; dazu kamen 45000 junge Setzhölzer. Die Linden kamen in der Hauptsache von Ludwigsburg, die Kastanien von Hohenheim und der Solitude. Da der König schon bald einen schattigen Park haben wollte, waren zum Transport besondere Blockwagen notwendig.

Auch die Stadt Stuttgart leistete ihren Beitrag. Freundlich gedrängt vom Hofbaudepartement schrieb der Stadtoberamtmann am 10. März 1807: »... um die Allerh. Wünsche zu erfüllen und die für die Stadt zugleich so wohltätigen Anlagen zu befördern, und daß wir daher sehr gerne die vor 2 Jahren gesetzten 150 Kastanienbäume nächst dem Seegassentor allergnädigster Herrschaft überlassen«.

Mit den Linden am Mittelweg war es nicht zum besten bestellt. Wegen der Verpflanzung in einem beachtlichen Alter und infolge des nassen Untergrundes mußten schon im Folgejahr Bäume ersetzt werden. Das Lindensterben ging weiter, so daß die K. Bau- und Gartendirektion nach zehn Jahren den Antrag stellte, die Linden herauszunehmen und durch Tulpenbäume, abwechselnd mit wilden Kastanien oder mit Ulmen, zu ersetzen. Der Antrag wurde genehmigt mit dem Zusatz, daß keine Ulmen aufzunehmen seien. Außer den aus Freudental beschafften Tulpenbäumen wurden überwiegend Kastanien gepflanzt. Sie haben mit ihrem dichten Laubdach das Bild des Schloßgartens bis zum Zweiten Weltkrieg wesentlich geprägt.

Beim Epaulettensee wurde die im Plan Thourets vorgesehene Stufung des Kanalarms durch Kaskaden nicht ausgeführt. Er wurde einfach in das leicht fallende Gelände eingeschnitten, was außer dem nicht ganz glücklichen Geländeanschluß auch eine zu geringe Wasserbewegung zur Folge hatte. Nachdem die Qualität des vom Nesenbach und vom Furtbachkanal zugeleiteten Wassers sowieso schlecht gewesen war, wurde der Kanalarm im Sommer 1839 zugeschüttet und dazu der Abhub des gerade im Bau befindlichen Kunstmuseums (heutige Staatsgalerie) verwendet. Der erste Schritt zum Verlust des Bezuges zwischen Schloß und Park war damit getan.

Der untere Schloßgartensee war von Thouret nur auf der Nordseite des großen Rondells geplant worden. Der König ließ den See noch während der Ausführung auch auf die Südseite ausweiten, so daß das Rondell bis auf den Alleenzug von Wasser umgeben war. Diese Veränderung hat dem Oberen Schloßgarten vor der Heilmannstraße einen deutlichen Abschluß gegeben. In das Rondell wurde 1810 ein Vogelhaus gebaut und mit Buschwerk umgeben. Es ist 1818 wegen der unbefriedigenden Tierhaltung abgebrochen worden.

Eine weitere Veränderung erfolgte 1818, als die Orangerie von Ludwigsburg nach Stuttgart verlegt wurde. Sie nahm die sommers um den Oberen See aufgestellten Kübelbäume auf; die stärksten Exemplare stammten noch aus dem Pomeranzengarten des Herzogs Christoph. Als Standort wurde die an den Marstall anschließende Fläche südöstlich der Ludwigsburger Straße gewählt. Sie war durch Bachlauf und Allee vom Schloßgarten etwas ausgezont. Dort entlang führte der sogenannte »Philosophenweg«.

Die künstlerische Ausgestaltung war zunächst auf die 1807 von Heinrich Dannecker (1758–1841) geschaffene Nymphengruppe mit den zwei Figuren der Wassernymphe und der sie bekränzenden Wiesennymphe beschränkt. Die Plastik – ein wichtiges Werk des süddeutschen Klassizismus – wurde von seinem Schüler Distelbarth in Keupersandstein ausgeführt und 1815 am Kopfende des vom Ovalsee ausgehenden Kanalarms aufgestellt. Nach dessen Auffüllung wanderte sie an die Schloßachse des Ovalsees, wo sie bis 1922 verblieb. Wegen der Gefährdung des Sandsteins trat 1926 eine Marmorkopie an ihre Stelle. Ironie des Schicksals – das der Stadt Tübingen geschenkte Original ziert heute noch die Anlagen vor dem Gymnasium, während die Marmorkopie im Zweiten Weltkrieg zerstört wurde.

Erst unter König Wilhelm I. erfuhr der Schloßgarten weitere künstlerische Bereicherungen. Die noch von Dannecker geschaffene Quellnymphe, eine gegenüber der Nymphengruppe sehr zierliche Plastik, wurde 1842

Schloßgarten. Vogelschaubild von Emminger um 1855 (Ausschnitt).

Ansicht Oberer Schloßgarten und Rosengarten nach Auffüllung des Kanalarms

aufgestellt. Im gleichen Jahr wurde sein Wohnhaus an der Ecke Schloßplatz – Untere Königstraße umgebaut und als Café betrieben.

Mitte der vierziger Jahre war der Hofbildhauer Ludwig von Hofer in Carrara an der Herstellung der für die Unteren Anlagen bestellten Pferdegruppe beschäftigt. Er hatte daneben mit der Hylasgruppe angefangen, einer Darstellung des Raubes des jugendlichen Königssohnes Hylas durch einige Quellnymphen. Der König entschloß sich nach einigen Gesuchen zur Übernahme erst 1849 zum Kauf dieser Arbeit. Sie wurde im Großen Rondell am Platz des abgebrochenen Vogelhauses aufgestellt.

Hofer erhielt vom König 1851 den Auftrag zur Herstellung von Marmorkopien antiker Statuen, die um den Oberen See gruppiert werden sollten. Zwölf verschiedene Venusdarstellungen stellte sich Hofer als Thema; sie führten nach der Aufstellung 1854 zu einem »greuelhaften Ärgernis«, mehr oder weniger stürmisch wurde ihre Entfernung verlangt. Der König schrieb am 11. September 1854 einem hochgestellten evangelischen Geistlichen:

»... Der Zweck, den ich mir vornahm bei der Ausschmückung des Schloßgartens durch Bildsäulen, war, unsre Hauptstadt den anderen Hauptstädten Deutschlands, wo man der Kunst huldigt, näher zu bringen. Den Künstlern überließ ich die Wahl der Bildsäulen.

... Lassen wir also diejenigen, die der Kunst huldigen, die Mitte des Schloßgartens betreten, da rechts und links bequeme Wege vorhanden sind, wo Andersdenkende ungestört ihren Betrachtungen nachgehen können ...«

Trotzdem gab der König nach: Die Plastiken wurden von den Sockeln geholt und in das Neue Schloß verbracht. Bei vier 1857 bestellten weiteren Statuen wurde ausdrücklich beigefügt, daß »zur Abschneidung jeden Anstoßes Nuditäten durchaus ausgeschlossen sein sollten«. Über zwanzig Jahre später, am 24. April 1878, ließ König Karl im Staatsanzeiger verkündigen, daß die Plastiken wieder im Schloßgarten aufgestellt würden. Sie blieben diesmal stehen, auch wenn erneutes Volksgemurmel aufkam.

Die griechische Antike beherrschte zur Zeit von König Wilhelm I. noch die Themen der Bildhauer. Mit

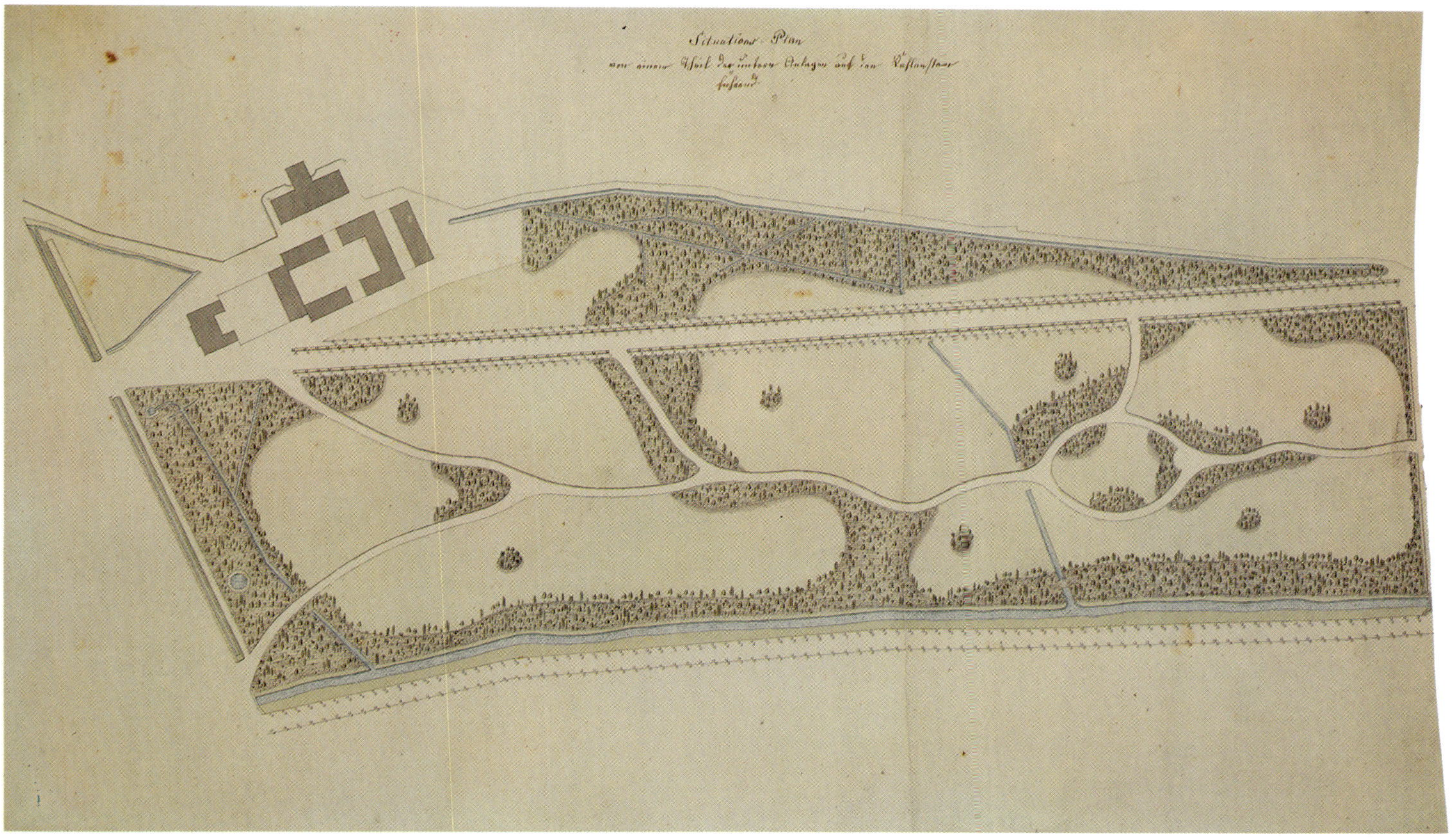

Untere Anlagen, (Ausschnitt).

dem aufziehenden Historismus gewannen heimatgeschichtliche und vaterländische Darstellungen an Bedeutung. Vor diesem Hintergrund entstand das bei Bildhauer Hofer 1857 für den Hof des Neuen Schlosses bestellte Reiterstandbild des Grafen Eberhard im Bart; besonderen Gemütswert hatte die 1881 aufgestellte Eberhardsgruppe von Bildhauer Müller, die den Text des Kerner-Gedichtes »... daß ich mein Haupt kann kühnlich legen jedem Untertan in Schoß« in verständlichster Weise versinnbildlichte.

Der äußere Schloßgarten
Die Unteren Anlagen

Der Plan Thourets für den Oberen Schloßgarten weist bereits auf eine vom König gewollte Fortsetzung bis zum Neckar hin. In einem Bericht vom 25. April 1807 an den König heißt es:

»Eure K. Majestät haben geruht, die allerh. Intention wegen einer Allee auf den Kahlenstein der Landbaudirektion eröffnen zu lassen.«

Für deren Verwirklichung mußte das an den neugestalteten Park anschließende sogenannte »große Wiesental« in Anspruch genommen werden, ein zum Teil sumpfiges Gebiet, das sich zwischen dem Nesenbach bzw. der Cannstatter Chaussee und den Mühlberggütern am Rand des Praghügels erstreckte und bis zum Fuß des Kahlensteins reichte. Außer dem Fiskus zählten das Stuttgarter Siechenhaus und Spital sowie zahlreiche Bürger von Berg, Cannstatt und Stuttgart zu den Grundbesitzern. Diese knüpften ihre Bereitschaft zur Hergabe an finanzielle Forderungen, zu deren Erfüllung der König nicht bereit war. Auch ein Versuch im Herbst des gleichen Jahres brachte keine Einigung. Die Angelegenheit ruhte zwei Jahre. Im Frühjahr 1810 entschloß sich König Friedrich zum Bau einer Meierei am Beginn des Wiesentals beim Mühlbergweg. Da die herrschaftlichen Wiesen nicht ausreichten, dekretierte der König am 1. April 1810 kurzerhand, daß »alle dem hiesigen Siechenhaus und anderen unter herrschaftlicher Aufsicht stehenden piis corporibus gehörigen, zwischen den königlichen Anlagen und dem Dorf Berg gelegenen sog. Andräabad-Wiesen an die königliche

Meierei abgegeben werden und daß dafür das Siechenhaus und die übrigen corpora eine Entschädigung aus der K. Generalstaatskasse erhalten sollen«. Wenige Wochen später erging eine entsprechende Weisung hinsichtlich der Privatgüter. Am 4. Mai 1810 beschied der König, »man solle sich mit den Besitzern arrangieren ... und die bezeichneten Grundstücke nunmehr pacht-, kaufs- oder tauschweise zu der K. Meierei ziehen«. Auf diesem Weg stand das ganze Wiesental mit etwa 350 Morgen (ca. 110 Hektar) zur Verfügung. Von dieser Fläche ist später über die Hälfte wieder zurückgegeben oder verkauft worden.

Die neue Allee schloß in einem stumpfen Winkel zur Allee des Oberen Schloßgartens an. Sie wurde schnurgerade auf den Turm der Cannstatter Kirche ausgerichtet und endete in einem Baumrondell am Hang des Kahlensteins mit weitem Blick in das Neckar- und Remstal. Der Verlauf am Hügelrand und der Zielpunkt sind sehr schön in einem Plan von Duttenhofer und Keinitz von 1816 zu ersehen.

Zwei Wegebahnen zwischen drei Platanenreihen bildeten das großzügige Rückgrat der Allee. Zusätzlich entstanden an beiden Seiten mit Rosenhecken eingefaßte Fußwege. Die Außenseiten waren außerdem mit Pappeln gefaßt. Wie beim Oberen Schloßgarten ging es dem König auch hier nicht schnell genug. Die Königliche Bau- und Gartendirektion erhielt am 21. März 1813 einen Verweis und den Befehl, »mit diesem Verpflanzen (der Bäume und Gesträucher) sogleich morgen den Anfang machen und damit fortfahren zu lassen, bis alles beendigt ist«. Zur Arbeit an den Fußwegen wurden daraufhin drei Monate lang 100 Sträflinge beigezogen.

Zur Unterbrechung der großen Länge wurde die Allee etwa halbwegs zirkelartig ausgeweitet und mit einem Minaralwasser-Pumpbrunnen bereichert (das spätere Schwefelbrünnele). Mit den auf Leberkies gepflanzten Platanen hatte man wenig Glück. Schon 1814 und 1815 mußten 500 eingegangene Bäume nachgepflanzt werden.

König Friedrich starb am 30. Oktober 1816. Sein Nachfolger Wilhelm I. führte den Ausbau ohne Verzögerung weiter, mußte sich aber zunächst mit der leidigen Allee auseinandersetzen. Im September 1817 be-

Allee zum Kahlenstein mit Gruppe der Rossebändiger. *Zustand um 1930.*

antragte die K. Bau- und Gartendirektion wegen der Verschiedenheit der mittig geteilten Allee mit der des Schloßgartens verschiedene Änderungen. Entschieden wurde, daß »die Allee nach dem Kahlenstein so bleiben soll, wie sie ist, nur der Unterschied zwischen beiden Fahrwegen soll herausgenommen werden, so daß solche in Zukunft nur einen Weg bilden«. Das »nur« hatte eine wesentliche Veränderung des Charakters der Allee zur Folge.

Am 6. April 1826 berichtete die K. Bau- und Gartendirektion:

»Die 4870 Fuß lange Platanus-Allee in dem äußeren Schloßgarten, welche aus 481 Bäumen besteht und somit wahrscheinlich die einzige der Art in Deutschland ist, leidet seit einigen Jahren durch das zunehmende Wachstum der Bäume sowohl als auch insbesondere durch die offenbar zu nahe, nur 8 Fuß davon entfernte Pappelallee. Der größte Teil dieser Platanus-Bäume wächst mit seiner Krone bereits gegen den Fahrweg herein, während die Krone auf der Seite gegen die Pappelallee in ihrem Wachstum stille steht; sie werden somit einseitig und verlieren ihre sonst so schöne natürliche Form. In einigen Jahren kann ein großer Teil derselben sogar zu Grunde gehen.

Um nun diesem Übelstand abzuhelfen, bleibt schlechterdings nichts anderes übrig, als die vorhandenen 475 Pappelbäume baldmöglichst zu entfernen.

Schließlich erlaubt sich die geh. unterzeichnete Stelle noch die Bemerkung, daß nach geschehener Wegnahme der Pappeln diejenigen Strecken der Platanen-Allee, wo die Bäume in purem Leberkies stehen und kein Gedeihen zeigen, mit neuen Platanus-Bäumen aus der Baumschule in Hohenheim ersetzt werden könnten, nachdem vorher die Löcher größer ausgegraben und mit gutem Boden ausgeführt wurden.«

Nach der Genehmigung des Königs am 7. April 1826 wurden die Änderungen im Spätjahr durchgeführt. Die damals gepflanzten Platanen stehen heute noch und sind das beherrschende Element des Unteren Schloßgartens geblieben.

Durch den Bau des Schlosses Rosenstein und die Anlage des großen Landschaftsparks ab 1813 war die Gestaltung des Wiesengeländes neben der Platanenallee zu einer zwingenden Notwendigkeit geworden. In einer Denkschrift vom Jahr 1817 wurde dieses Problem erstmals vom Vorstand der K. Bau- und Gartendirektion, Hofdomänenrat v. Seyffer, behandelt. Ihm sind sehr genaue Schilderungen der ganzen Bautätigkeit jener Zeit zu verdanken.

Es heißt dort: »Diese ganze Anlage ist als die dereinstige Verbindung zwischen dem Schloßgarten und der Gartenanlage bei Bellevue (1806 erworben) anzusehen. Sie muß wegen der großen Länge im Verhältnis ihrer geringen Breite (etwa 1600 zu 200–300 Meter) so konstruiert sein, daß man, wenn man in dieselbe eintritt und durch dieselbe geht, der Meinung ist, als ob man in einem ganz großen Park wäre. Man soll eigentlich nirgends die Begrenzung sehen, sondern nur an einzelnen Stellen außer den Grenzen blicken können. Jedenfalls muß der Nesenbach mit Bäumen und Büschen maskiert werden, um diesen unangenehmsten Nachbar wenigstens ganz aus dem Auge zu verlieren.«

So geschah es denn auch nach der Genehmigung am 20. November 1817. Das Gestaltungsprinzip des Oberen Schloßgartens mit geschwungenen Wegen und Wiesenflächen zwischen Baum- und Buschgruppen wurde weitergeführt. In ganzer Länge ist dabei der von den Stuttgartern geliebte Schlangenweg entstanden. Ein kleiner See wurde im unteren Drittel angelegt. Da die Allee fast der Nordgrenze entlanglief, war trotz der geringen Breite eine gewisse Weiträumigkeit gegeben. Der mit der Ausführung betraute Hofgärtner Bosch hat insgesamt über 1000 Bäume (Akazien, Kastanien, Platanen, Pappeln usw.) pflanzen lassen; die Erdarbeiten wurden wiederum durch Sträflinge ausgeführt.

Eigenartigerweise respektierte man auch bei den Planungen des äußeren Schloßgartens die durch Nesenbach und Straßen gezogenen Grenzen. König Friedrich hatte schon 1810 das sogenannte Andräabad in Höhe der Meierei jenseits der Cannstatter Chaussee erworben und auf dem Grundstück bis Mitte 1811 das sogenannte Königsbad als Neubau erstellen lassen und daneben für sich selbst ein kleines Landhaus erbaut, die »Retraite«. Eine Verbindung zum Park wurde nicht erwogen. Ähnlich verhielt es sich am Ende, wo die Parkanlage am Bogen der Cannstatter Chaussee in das Neckartal aufhörte. Der Schritt zum Fluß ist nicht getan worden, und die Integration des Schlößchens Bellevue war zu schwierig.

Auch die Unteren Anlagen haben eine künstlerische Bereicherung erhalten, nach den Arbeiten Danneckers sogar vor weiteren Werken im Oberen Schloßgarten. Bildhauer von Hofer schuf 1842–47 zwei Großplastiken, die je ein gutmütiges und ein widerspenstiges

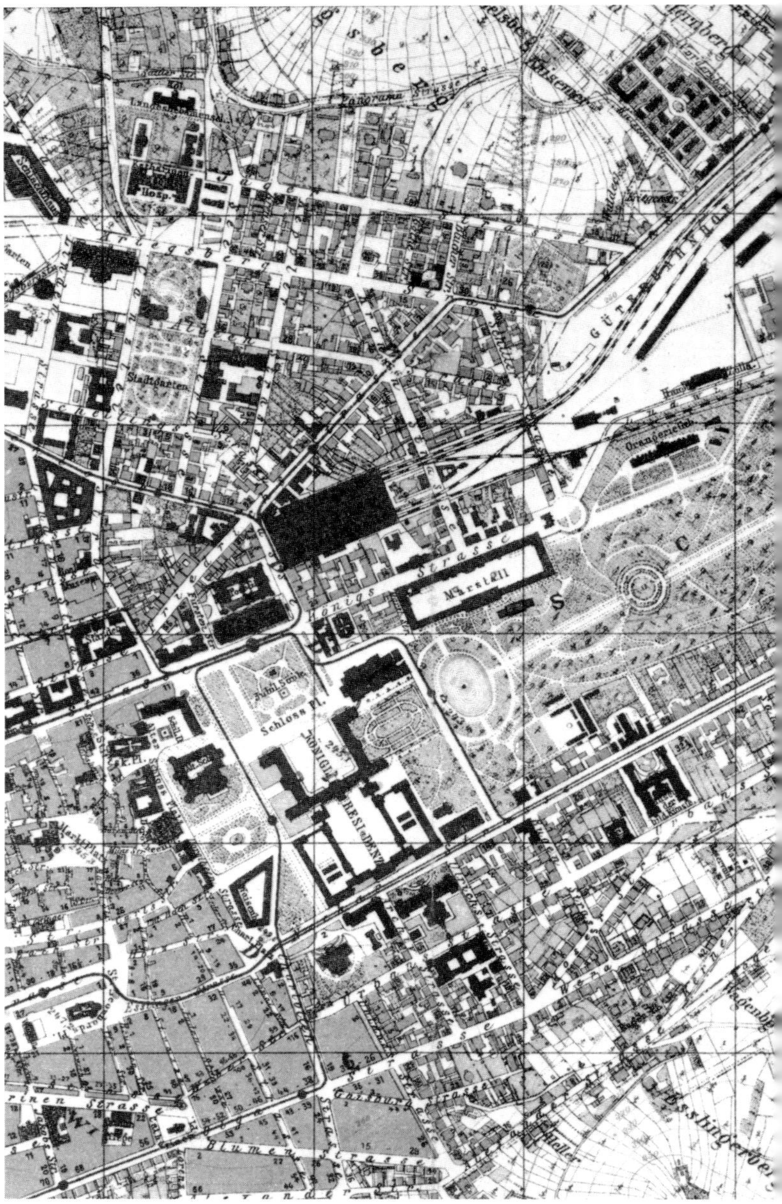

Pferd darstellen und im Volksmund als Gruppe der »Rossebändiger« bezeichnet werden. Ihre Herstellung aus einem Stück Carrara-Marmor war angesichts der Größe und des Gewichts eine technische Meisterleistung. König Wilhelm I. bestimmte den Eingang an der Retraitestraße als Aufstellungsort und gab damit den Unteren Anlagen einen grandiosen Auftakt.

Schloßgarten und Anlagen: König Friedrich I. hat in seinem letzten Lebensjahrzehnt die sumpfige Talaue des Nesenbachs in eine einprägsame Parklandschaft

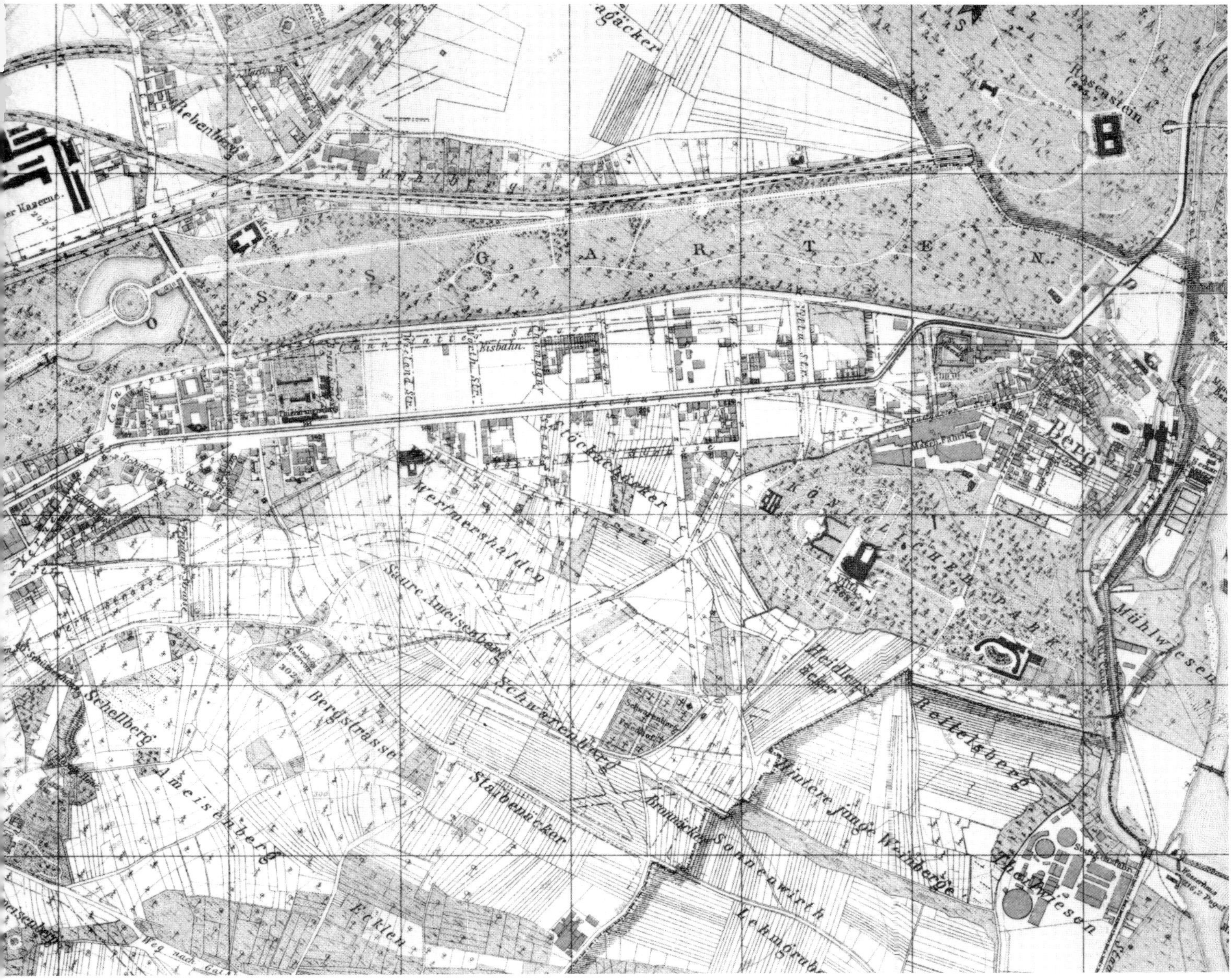

Stadtplanausschnitt von 1891 mit Schloßbereich und Schloßgarten. Schillerstraße nur zwischen König- und Kriegsbergstraße. Schloßgartenstraße mit Straßenbahn zum Schloßplatz bis vor den Königsbau (durch die Reitallee).

umgestalten lassen, und König Wilhelm I. hat das Werk seines Vaters vollendet, ja, darüber hinaus mit der Umwandlung des Kahlensteins zum Rosensteinpark weitergeführt. Fast drei Kilometer lang dehnte sich die Parklandschaft vom Neuen Schloß bis Berg bzw. bis zum Ende der Allee am Aussichtspunkt auf dem Kahlenstein. Eingesäumt von Wiesen, Äckern und Weinbergen, verband dieser schmale Grünstreifen die Residenz mit dem Neckartal und stellte damit einen für Stuttgart einmaligen großräumigen Zusammenhang her.

Die Allee bildete trotz des Knicks bei der Retraitestraße das bestimmende Element für die ganzheitliche Wirkung der beiden Parkteile. Nach dem streng geometrisch geformten Auftakt um den Ovalsee beim Schloß setzte nur sie die Achse fort, unterbrochen und gegliedert durch Rondelle und Kunstwerke. Im Gegensatz zu diesem Symbol absolutistischen Geistes standen die »naturnah« gestalteten Wiesen, Baumgruppen und Wasserflächen – Zeichen der gesellschaftlichen Veränderungen zu Beginn des 19. Jahrhunderts.

Der Rosenstein

Schloß und Park – eine untrennbare Einheit

Der Gedanke zur Anlage eines großzügigen Landschaftsparks mit zugehörigem Schloß ist bei König Wilhelm I. aller Wahrscheinlichkeit nach schon in der Kronprinzenzeit aufgekommen. Während in Stuttgart nach dem Plan Thourets 1807 noch eine Verbindung von barockem Ordnungsschema und naturnahen Gestaltungsvorstellungen verwirklicht wurde, war in München durch Ludwig von Sckell bereits die Umwandlung des Englischen Gartens begonnen worden. Die aus romantisch-idealistischer Strömung entstandene Forderung, bei der Anlage eines Gartens den Anschein ursprünglicher Natur zu wahren, war dort schon ganz durchgedrungen.

Zur Wahl des Standortes dürfte die landschaftlich hervorragende Lage mit der großartigen Aussicht von dem Baumrondell am Ende des zum Kahlenstein führenden Alleenzugs ebenso beigetragen haben wie der angenehme Aufenthalt in dem recht bescheidenen Landschlößchen Bellevue. Jedenfalls hat der König bereits 1817, ein Jahr nach der Regierungsübernahme, die Verwirklichung eingeleitet und den Auftrag zum Grunderwerb gegeben.

Ein Schritt zur Ausdehnung der Parkanlagen bis zur Straße entlang des Neckars war schon von König Friedrich noch vor der Anlage des Schloßgartens getan worden. Im Jahr 1806 hatte er das an der Einbuchtung des Hangfußes zum Neckar gelegene Anwesen einer Türkisch-Rotfärberei von Wilhelm Zais aus Cannstatt erworben. Nach einer gründlichen Instandsetzung durch Hofbaumeister Thouret erhielt es den Namen »Bellevue«. Eine Erweiterung des Besitzes erfolgte 1812 durch den Kauf weiterer Grundstücke.

Wesentlich aufgewertet wurde der Komplex durch den Entschluß des Königs, der neuen Schwiegertochter und zweiten Frau des Kronprinzen Wilhelm, Großfürstin Katharina von Rußland, das Landhaus zu schenken. In dem Schenkungsbrief vom 20. Januar 1816 heißt es:

»Nachdem Wir Uns entschlossen haben, Unserer vielgeliebten Schwiegertochter, der Kronprinzessin Katharina Liebden zur Bezeugung unsrer zärtlich väterlichen Gesinnung das Uns eigentümlich zugehörige Landgut, Bellevue genannt, schenkungsweise als volles und unwiderrufliches Eigentum zu überlassen, so übertragen Wir hiermit alle Rechte und Gerechtsame in aller Form auf Unsre Schwiegertochter ...«

Eineinhalb Jahre später – Katharina war inzwischen Königin geworden – übereignete sie das gesamte Anwesen am 1. Juni 1817 ihrem Gemahl. Wir erinnern uns: Im gleichen Jahr ist der Untere Schloßgarten angelegt worden. Das Schlößchen wurde zum beliebten Aufenthaltsort des Königspaares. Sein Glück war allerdings nur von kurzer Dauer; Königin Katharina starb schon am 9. Januar 1819 und wurde in der von Salucci erbauten Grabkapelle auf dem Wirtemberg/Rotenberg bestattet, in Sichtbeziehung zu Bellevue.

Das umgebaute, zum »Schlößchen« avancierte Landhaus genügte königlichen Ansprüchen nicht lange; Wilhelm plante den Bau eines Schlosses auf dem Kahlenstein. Mit dessen Fertigstellung verlor das Bellevue seine Funktion. Da auch der Gebäudezustand nicht mehr gut war, befahl der König am 25. Juni 1837 den Abbruch, der aber immer wieder hinausgeschoben wurde. Schließlich ist das Bauwerk 1843 dem Oberamtsarzt Dr. Abele verkauft und von diesem in die Badstraße in Cannstatt versetzt worden, wo es Kurzwecken dienen sollte. Das lag vermutlich ganz im Sinne des Königs, der 1825–37 von Thouret den Kursaal erstellen ließ, um das Bäderwesen zu fördern. An das einstige Anwesen erinnert das sogenannte »Bellevuetor« am südlichen Wilhelmazugang.

Der Grundstückskauf wurde 1817 im Bereich hinter dem Steilhang begonnen und ab 1820 auf das ganze Gebiet ausgedehnt, welches im Osten am Ende der Unteren Anlagen beim sogenannten Kahlensteinweg begann, entlang des Neckars bis zur Straße von Cannstatt nach Ludwigsburg ging und im Norden von dieser begrenzt wurde (heutige Pragstraße), im Westen zunächst an der Ludwigsburger Straße endete und schließlich bis zu den Weinbergen am Störzbach oberhalb der Pragäcker reichte.

Insgesamt sind in diesem Gebiet mehr als 500 Grundstücke von über 400 Vorbesitzern erworben worden – Äcker, Wiesen, Weinberge und etwa 20 Gebäude –, mit einer Ausdehnung von 327 Morgen bzw. rund 110 Hektar. Vom Beginn bei den Unteren Anlagen bis zur Nordwestspitze betrug die Längsausdehnung 1,5 Kilometer; die Breite schwankte zwischen 400 und 900 Meter.

Die Voraussetzung für einen großzügigen Landschaftspark war damit geschaffen.

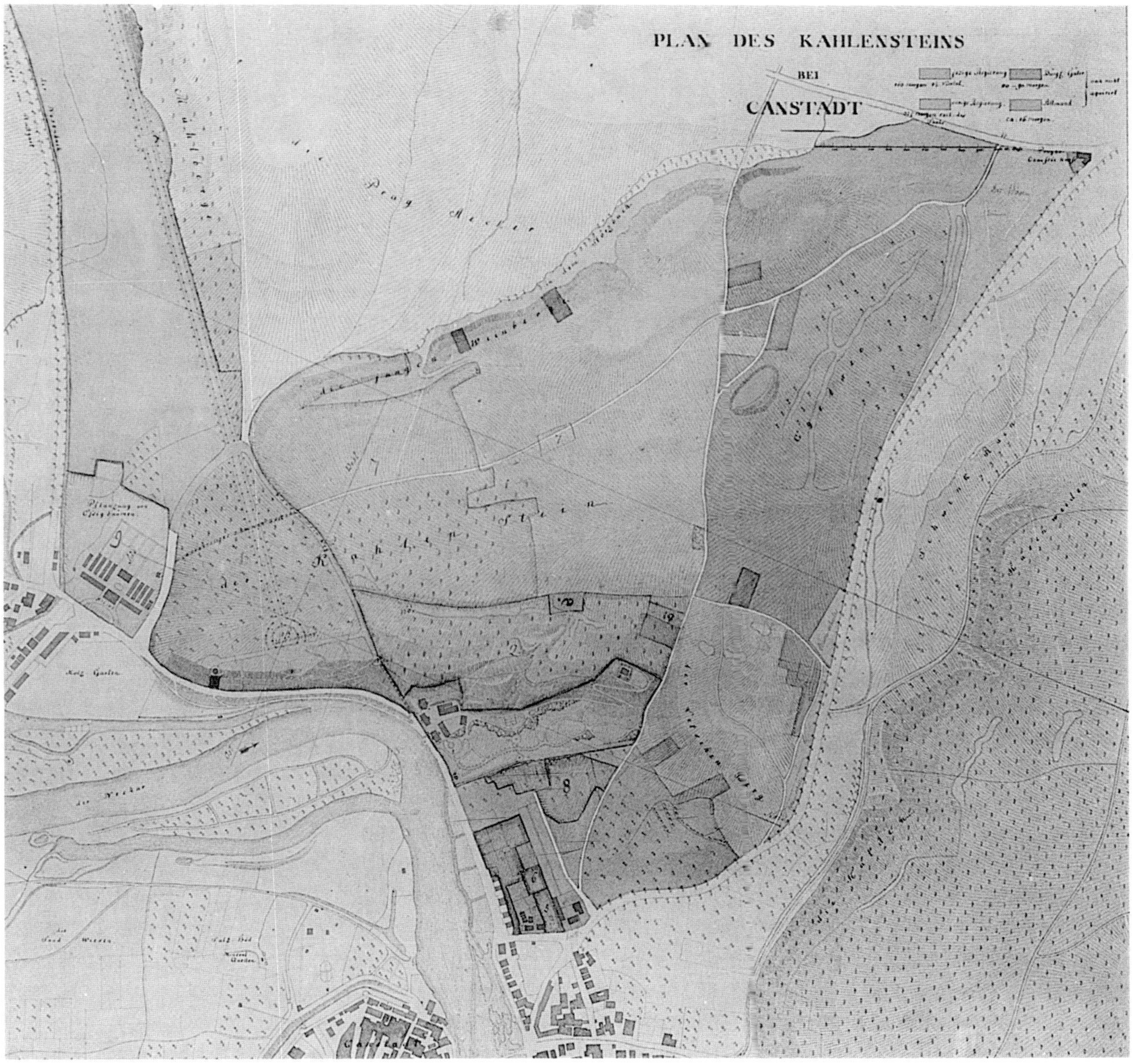

Das Schloß

Die königlichen Majestäten hatten gewisse Vorstellungen über das Aussehen des neuen Schloßgebäudes auf dem Kahlenstein. Die wiederholt geänderten Bestimmungen König Wilhelms sind im endgültigen Wortlaut wie folgt überliefert:

»Ein Landhaus, bequem, gefällig und vornehm in seiner Außenerscheinung, weshalb es nach allen Seiten freistehend sein soll; zugleich soll es für die Umgebung der Landeshauptstadt eine Zierde sein. Es soll nur ein einziges Stockwerk haben. Die Gemächer sollen nicht zu hoch und nicht zu groß sein. Das Ganze soll einen ebenso reizvollen, wie gefälligen, großzügigen und prächtigen Anblick gewähren. Die Kosten sollen 500000 bis 600000 fl. nicht überschreiten.«

Eine wesentliche Rolle bei der Planung und Durchführung spielte der von König Wilhelm 1817 als Hofbaumeister nach Stuttgart berufene Giovanni Salucci. Er war 1769 in Florenz geboren worden und hatte seine Ausbildung zum Architekten an der Akademie in Florenz erhalten. Nach dem Tod des Vaters mußte er

als Dreiundzwanzigjähriger in die Praxis wechseln, geriet aber schnell in revolutionäre Kreise und wurde am 7. November 1797 zum Tode verurteilt. Er floh aus der Toskana und trat in die französische Armee ein, der er bis zum Ende Napoleons in Waterloo angehörte. Aus der anschließenden Gefangenschaft ging er nach Genf und arbeitete zunächst als Maler von Landschaften und Vedouten. Von einem kunstsinnigen Bankier wurde er an König Wilhelm empfohlen, der Salucci nach einem auf eigenen Wunsch absolvierten Probejahr zum Hofbaumeister ernannte. Sein erstes wichtiges Projekt war die Planung der Grabkapelle auf dem Rotenberg für die 1819 verstorbene Königin Katharina.

Der Vorgänger, Nikolaus Friedrich von Thouret, war indessen vom König zum Vorstand der neugeschaffenen Kunst- und Gewerbeschule ernannt worden und wurde daneben als »Freier Architekt« zu Entwürfen für große Projekte und zu städteplanerischen Überlegungen aufgefordert. Ein Abgang in Ehren also.

Der König wollte zunächst die Anlage des »Hôtel de Salm«, das P. Rousseau in Paris gebaut hatte, als Ausgangspunkt der Planung übernommen wissen. Es ist anzunehmen, daß Königin Katharina die räumlichen Anforderungen erheblich beeinflußt hatte. Im Frühjahr 1819 erhielt der württembergische Architekt J. M. Knapp mit seinem Kollegen Mäntler einen diesbezüglichen Auftrag, ebenso der in Rom befindliche russische Hofbaumeister Rossy und der Franzose Fontaine. Von allen dreien wurden Projekte eingereicht, die jedoch nicht weiterverfolgt wurden. In der Zwischenzeit war auf Vorschlag der württembergischen Gesandtschaft in London der Engländer John B. Papworth für die Planung beigezogen worden. Er erbot sich, »für den Fall, daß der Plan des Schlosses noch Modificatio-

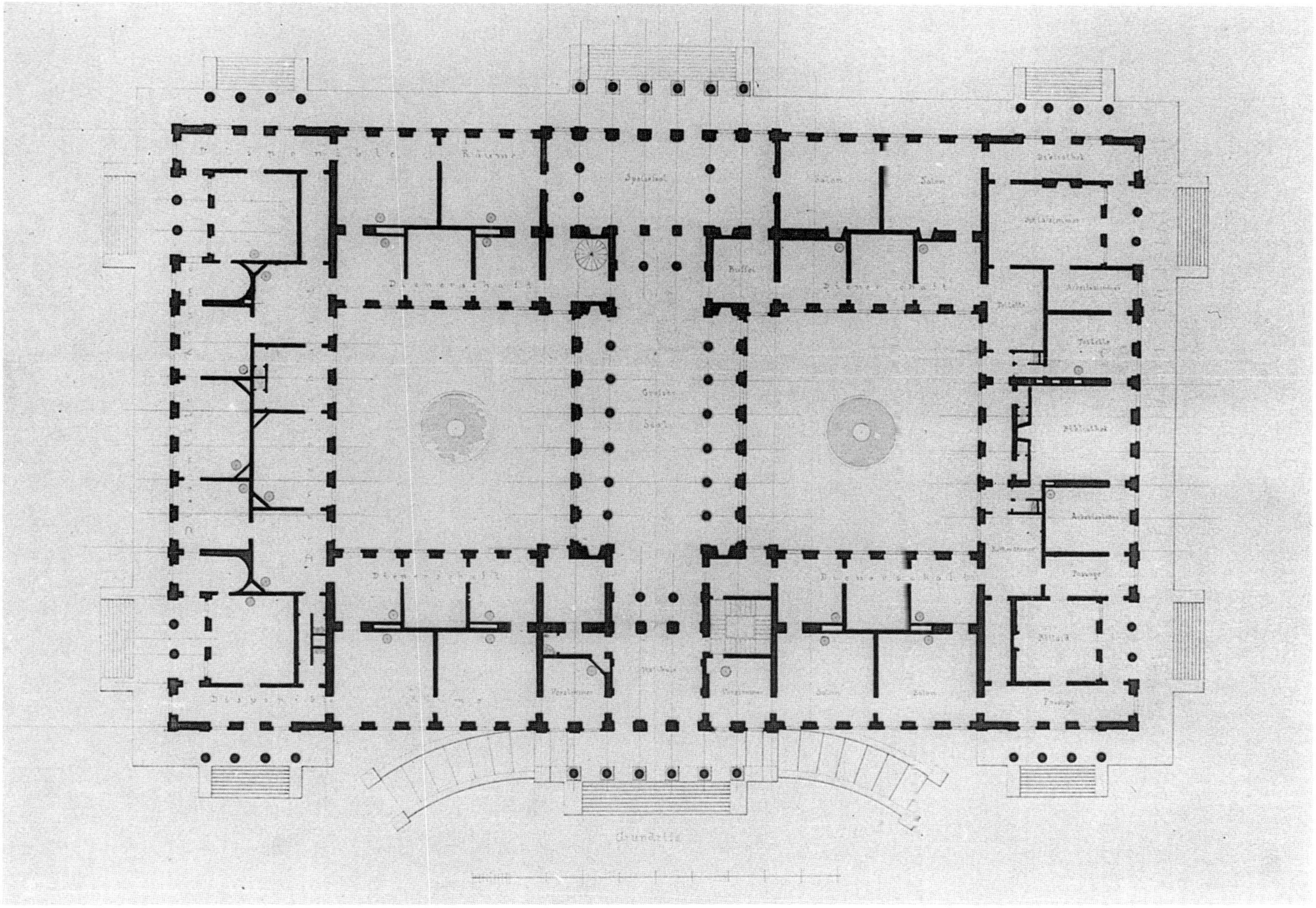

nen zulassen sollte, solche nach dem englischen Style zu liefern«. Ende Juni 1819 wurde der Auftrag dementsprechend erteilt.

Papworth legte bis 1820 drei Vorschläge für das Schloß und den Gartenplan vor. Naturgemäß wurde auch Hofbaumeister Salucci planerisch tätig. Einer Denkschrift von Ponsi zufolge hat er für das Schloß nicht weniger als elf Entwürfe erarbeitet, am Anfang ohne Auftrag, was ihm einen Verweis eintrug. Die Vielfalt der Projekte zeugt von der Unentschlossenheit des Königs. Er kam aber zu der Erkenntnis, daß das »Hôtel de Salm« an der vorgesehenen Stelle nicht als Vorbild taugte und daß die Vorstellungen Papworths eher zur Lage in der freien Natur paßten.

Vermutlich im Spätjahr 1821 stellte Salucci ein weiteres Projekt auf, das erstmals die wesentlichen Elemente der endgültigen Fassung enthielt. Vielleicht gründete sie auf Anregungen, die der König durch Klenzes neue Glyptothek in München erhalten hatte. Der Entwurf wurde vom König zur weiteren Bearbeitung gebilligt; endlich am 9. September 1823, wurde der letzten Fassung mit folgendem Dekret zugestimmt:

»S. K. Maj. haben unter mehreren über ein auf dem Kahlenstein zu errichtendes Gebäude hergestellten Projekten eine von dem Hofbaumeister Salucci neuerlich vorgelegte Zeichnung unter der Bestimmung zu genehmigen geruht, daß der Bau im nächsten Frühjahr begonnen und deshalb der Überschlag baldigst vorgelegt werden soll.«

Am 30. März 1824 genehmigte der König den vorgelegten Überschlag mit der Maßgabe, daß äußerste Sparsamkeit zur Richtschnur zu nehmen sei und der Bau binnen zwei Jahren unter Dach sein müsse. Mit Dekret vom 20. April 1824 bestimmte König Wilhelm:

»Dem auf dem Kahlenstein zu erbauenden Schloß will ich den Namen Rosenstein beigelegt haben.«

Der Standort wurde von der Alleenachse leicht nach Norden in den Park hinein verschoben gewählt. Diese Stelle lag angesichts des recht großen, 96x62 Meter messenden Baukörpers nicht nur topographisch günstiger, sondern betonte auch die Abkehr von der strengen geometrischen Ordnung. Das Gebäude selbst stand jedoch ganz in den achsialen Bezügen des Klassizismus, herausgehoben durch den umlaufenden, etwa mannshohen Sockel. Das längliche Rechteck wird durch einen höheren Mittelbau geteilt, an den sich die eingeschossigen Seitenflügel um zwei quadratische Innenhöfe anfügen. In der Denkschrift zum Entwurf hat Salucci die Proportionen des Gebäudes genau beschrieben; interessant ist die Gliederung der Langseiten durch den großen, weit vortretenden Portikus in der Mitte und die zwei kleinen Portiken an den Enden, denen die zwei eingezogenen, bescheideneren an den Schmalseiten entsprechen. Diese Rangordnung wird bei den Säulen und den Pfeilervorlagen durch die jonische Ordnung im Mittelbereich und die toskanische Ordnung bei den Flügelbauten betont. Auf kräftigem Kranzgesims umschließt eine hohe Attika deren Dächer, so daß auch dadurch die Unterordnung gegenüber den mit Giebeln gekrönten Portiken herauskommt.

Die beherrschende Stellung des Mittelteils mit dem Treppen- und Rampenaufgang in das Schloß drückt sich ebenso im Inneren aus: An ein quadratisches Vestibül schließen sich der langgestreckte Festsaal im Zentrum und der quergelegte Speisesaal mit freiem Ausblick auf die Landschaft an. Der Festsaal wurde mit einer Tonne überwölbt, die entlang der Hofseiten auf jonischen Säulen ruhte und über anschließende Kolonnaden zu den Innenhöfen geöffnet war. Eine Hängekuppel mit Oberlicht betonte die Mitte des Saales.

Die Seitenflügel sollten die Räume des Königs und der Königin aufnehmen und fußten an den Längsseiten auf einem einheitlichen System: am Mittelteil anschließend nach außen jeweils zwei, zu den Höfen jeweils drei gleich große Räume; an den Ecken quadratische Säle mit Fenstern zu den eingezogenen Portiken an den Schmalseiten. Nur dort ist die Raumaufteilung nach den persönlichen Bedürfnissen geschehen. In einem Erlaß an das Oberhofmeisteramt ist – Zeichen des Fortschritts der Hygiene – verfügt: »In die fosses d'aisance sind Latrinen und in zweien die neuere, in England gebräuchliche Vorrichtung anzubringen.« Einem alten württembergischen Brauch zufolge wurde die Küche getrennt vom Schloß in einem eigenen Bauwerk, dem sogenannten Officengebäude, untergebracht. Salucci hat allein für dieses unbedeutende Gebäude fünf Vorschläge ausgearbeitet, ein Beweis für seine gewissenhafte Arbeit. Von ihm stammen auch die Pläne für die Torwärterhäuschen.

Am 31. Mai 1824 erfolgte die feierliche Grundsteinlegung im Beisein der königlichen Familie. Die Baugrube und die Fundamente waren schon ausgehoben, das Natursteinmaterial war teilweise vorbereitet. Die Bauarbeiten gingen rasch voran, so daß bereits im Herbst die Zimmererarbeiten in Auftrag gegeben werden konnten. Mit Salucci, der im privaten Bereich mit seinen finanziellen Verhältnissen nicht zurechtkam, gab es wegen Mehrkosten für die Dacheindeckung Schwierigkeiten. Gegen den Willen des Architekten ordnete der König die gegenüber dem vorgeschlagenen Zinkblech billigere Schieferdeckung und die dazu notwendige Erhöhung des Daches an.

Ende des Jahres 1825 war das Schloß programmgemäß unter Dach. Mit dem Innenausbau wurde im Frühjahr 1826 begonnen; die Stuckarbeiten liefen über das ganze Jahr hinweg. Zur gleichen Zeit wurde das Officengebäude mit der Küche angefangen.

Für die künstlerische Ausgestaltung wurde im Jahr darauf eine Reihe von einheimischen Künstlern herangezogen. Im Festsaal entstanden die Reliefs der vier Jahreszeiten aus der Hand des Professors Konrad Weitbrecht. Außer den Malern Dieterich und Neher aus Biberach sowie Sauter aus Aulendorf waren die drei jungen Maler Gegenbaur, Fuchs und Gutekunst von Rom in die Heimat gerufen worden, »um die Gallerie im Landhaus Rosenstein mit Fresco- und anderen Decorations Malereien zu verzieren«. Alle brauchten Vorschuß zum Leben; das Material mußte sowieso aus den Fonds für das Bauwesen übernommen werden. Die jährliche Honorierung war im übrigen denkbar knapp.

Gegenbaur fiel die Ausmalung der Kuppel im Festsaal zu, Gutekunst die der Felder des Tonnengewölbes, und Fuchs wurde die Bemalung eines der beiden Salons des Königs zugeteilt. Neher hatte das Vestibül und das Vorzimmer zu den Gemächern des Königs neben der Mehrzahl der Räume auf der Südwestseite zu malen, von Sauter wurden die vier Salons der Königin und der Prinzessinnen auf der Gegenseite ausgeführt. Auf Verwendung Saluccis wurden angesichts der Größenordnung und des Drängens des Königs die italienischen Dekorationsmaler Gajani, Tarchini und Cremonini sowie der in Stuttgart ansässige Mutti berufen. Sie schmückten gemeinschaftlich die Gemächer des

Festsaal (Aufnahme 1940).

Königs und der Prinzessinnen aus; den Hauptanteil bei den Gemächern der Königin hatte Gajani.

Die Giebelreliefs im Äußeren wurden vermutlich nach Ideen Saluccis von dem Biberacher Maler Dieterich ausgearbeitet und von den Bildhauern Distelbarth und Mack nach Versuchen mit angeblich witterungsbeständig behandeltem Gips in Stein ausgeführt. Angebracht wurden die riesigen Reliefs aber erst 1835,

Speisesaal (Aufnahme 1940).

lang nach dem Bezug des Schlosses, im Zusammenhang mit Verzierungen an der Attika und den Nebenportiken.

Eine wichtige Ergänzung bildeten die beiden von Bildhauer Gültstein modellierten und von Pelargus in Eisen gegossenen Löwen am Haupteingang, die 1852 aufgestellt worden sind.

Der König erwartete, daß »allerspätestens im Monat

Julius 1828 alles vollendet sey, indem es in Meiner Absicht ist, in dem besagten Jahr den Rosenstein zu beziehen«. Die Arbeiten im Festsaal zogen sich jedoch so in die Länge, daß das Schloß erst im Frühjahr 1829 im Inneren vollendet und möbliert war. Die Einweihung erfolgte seltsamerweise noch ein Jahr später im Beisein von etwa tausend geladenen Gästen am 28. Mai 1830. Damit war aber das Schloß nicht bezogen. Wegen der Gefahr des Eindringens der Cholera auch in Württemberg wurde im August 1831 befohlen, das Schloß für den Aufenthalt der Königin und der königlichen Kinder herzurichten. Die Seuche verschonte das Land, so daß die Umquartierung nicht notwendig wurde. In den Folgejahren ist das Schloß nie zu längeren Aufenthalten der königlichen Familie benutzt worden. Es diente für Feierlichkeiten und Feste aus besonderen Anlässen.

Bauliche Probleme stellten sich im Jahr 1839. In den Böden unter den weitgehend nicht unterkellerten Erdgeschoßräumen wurde der Schwamm festgestellt; ein völliger Umbau wurde erforderlich, der ganze zwei Jahre in Anspruch nahm.

König Wilhelm, der sich so angelegentlich um das Werden des Schlosses und seines Parks gekümmert hatte, ist erst in den letzten Lebenstagen in seine reifste Schöpfung eingezogen. Am 25. Juni 1864, um fünf Uhr früh, verschied der Monarch im Schloß Rosenstein nach seiner fast ein halbes Jahrhundert dauernden Regierungszeit im Alter von 83 Jahren.

Der Architekt hat für seine Leistung keinen Dank erfahren. Dem sparsamen König und seinen Beamten waren Saluccis großzügiger Lebensstil und seine wiederholt vom Hof zu bereinigenden Verschuldungen ein Dorn im Auge. Das selbstbewußte Auftreten des Architekten mißfiel überdies dem Vorstand der K. Bau- und Gartendirektion, Hofdomänenrat von Seyffer, der eifersüchtig auf seine eigenen Verdienste pochte. Salucci drohte mit seinem Rücktritt, der ihm wider Erwarten am 27. Oktober 1828 prompt gewährt wurde. Reuevoll bat der Architekt nach wenigen Wochen um seine Wiederverwendung; mit Dekret vom 25. November 1828 wurde ihm diese »unter Voraussetzung guten Benehmens« vorläufig und widerruflich gewährt, und am 7. November 1830 erfolgte die bleibende Wiederanstellung.

In den folgenden neun Jahren bis zum Eintritt in den endgültigen Ruhestand am 4. Dezember 1839 plante er für die Prinzessinnen Marie und Sophie aus der zweiten Ehe des Königs als stadträumlichen Abschluß der Planie an der Neckarstraße das 1834–40 errichtete Prinzessinnenpalais (später Wilhelmspalais) und erstellte 1839 das Königliche Reithaus an der Neckarstraße.

Kuppelausmalung im Eckraum.

Auch unter König Karl wurde Schloß Rosenstein nicht auf Dauer bewohnt. Es diente festlichen Veranstaltungen und der Unterbringung von Gästen. Ein Höhepunkt war im August 1889 der Besuch des Schahs von Persien, der mit 60 Begleitern im Schloß Aufenthalt nahm.

Schon König Wilhelm hatte die Räume des Schlosses zunehmend mit Gemälden ausgestattet, so daß im Lauf der Zeit über 200 Kunstwerke zusammenkamen. Hofmaler von Bohn und Oberbaurat Egle schrieben am 5. September 1877 an den König:

»... Wir würden es mit Freuden begrüßen, wenn der Gedanke, diese Bilder in den Zimmern der nördlichen Front zu einer förmlichen Gemäldegalerie zu vereinigen, zur Ausführung gebracht würde ...«

König Karl genehmigte diese Einrichtung, die bis zum Ende der Monarchie 1918 einen Hauptanziehungspunkt des Schlosses gebildet hat. Die Bilder wurden danach entnommen, da sie zum Privatbesitz des königlichen Hauses gehörten. Das ganze Schloß mit seiner Einrichtung wurde nach der Republikgründung der Bevölkerung zugänglich gemacht. Es nahm die Weltkriegsbücherei auf, die nach einigen Jahren durch ein Weltkriegsmuseum ergänzt wurde.

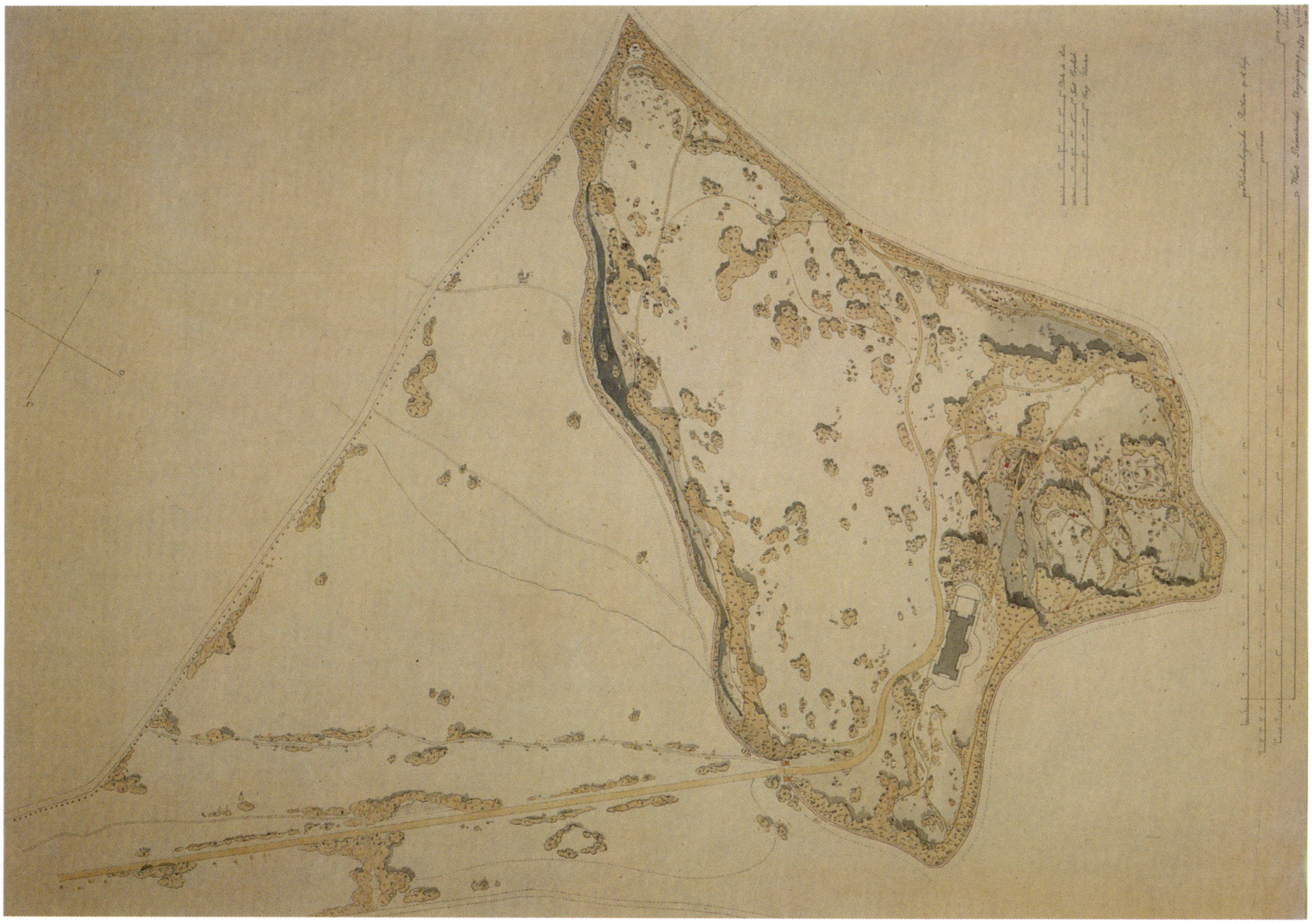

Entwurf für den Rosensteinpark von J.B. Papworth, 1819.

Der Park

Ohne die Fläche der Wilhelma hatte der Rosensteinpark eine Größe von fast 94 Hektar. Ein beachtlicher Höhenunterschied prägte den landschaftlichen Charakter: Am Prallhang zum Neckar und am Abfall zur Nesenbachaue betrug er bis zu 20 Meter, und zur Nordwestspitze an der Kreuzung Prag- /Ludwigsburger Straße stieg das Gelände über die Länge von 1,5 Kilometer hinweg um weitere 30 Meter an. Der dort recht gleichmäßige Anstieg ergab eine nach Südosten geneigte schiefe Ebene. Die Parkmitte war durch eine Kuppe betont, an die sich westlich eine sanfte Mulde anschloß. Entlang der Pragstraße ergab sich ein schützender Rücken, der auf der Ostseite steil zum Neckartal abbrach. Von vielen Stellen bot sich ein herrlicher Blick auf die umliegenden Hänge.

Für die Gestaltung des Landschaftsparks im englischen Stil hatte der Engländer John Papworth 1819 einen Plan vorgelegt, der das hohe Interesse des Königs fand, ihm jedoch zu aufwendig erschien. Erst 1823, als die Planung von Salucci für das Schloß bereits weit gediehen war, forderte der König einen Plan für die Parkgestaltung. Mit dem Entwurf wurde Oberhofgärtner Bosch beauftragt. Dieser stand seit 1806 in Diensten des Königs und hatte ab 1817 den äußeren Schloßgarten bzw. die Neuanlage der Unteren Anlagen sowie ab 1822 die Gärten des Bellevue zu betreuen. Er genoß innerhalb und außerhalb des Landes großes Ansehen als Gartentechniker.

Am 11. Juli 1823 wurde das Projekt dem König vorgelegt und bereits zwei Tage später in den Grundzügen genehmigt. Oberhofgärtner Bosch wurde die weitere Planung und die technische Leitung der Ausführung übertragen.

Im Plan Boschs steckte viel von dem Gedankengut des Engländers. Er hat, vor allem durch die Einwirkung des damaligen Direktors der Königlichen Bau-

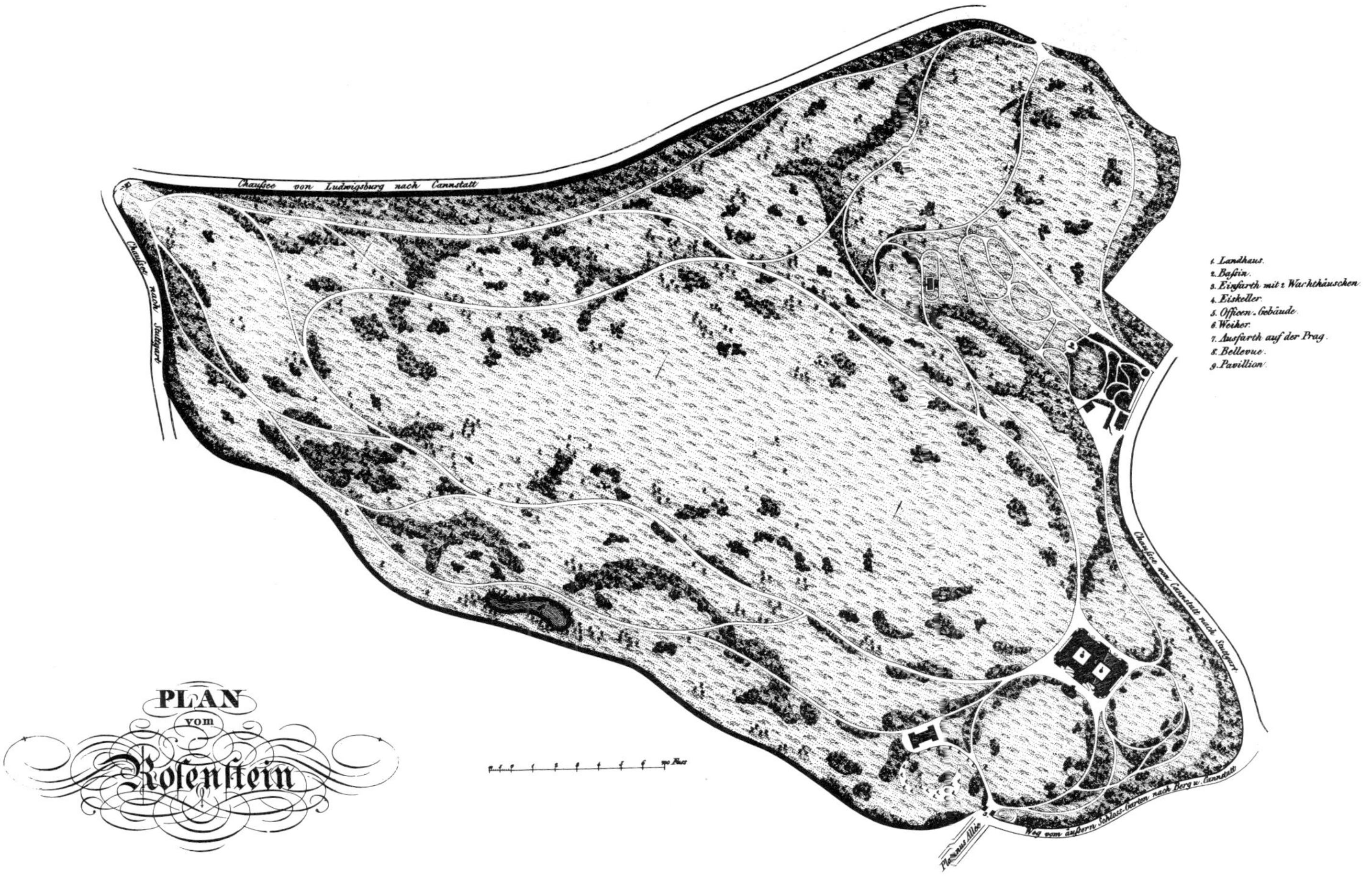

Plan des Parks nach der Ausführung 1830.

und Gartendirektion, Herrn von Seyffer, hinsichtlich der Gehölzstruktur und der Raumbildung in den Folgejahren beachtliche Abwandlungen erfahren. Durch den Kahlensteinweg (spätere Ehmannstraße) von den Unteren Anlagen getrennt, begann hinter den von Salucci geplanten Torwärterhäuschen die neue Welt. Nicht die Alleeachse leitete zum Schloß, sondern dieses stand – betonte Verbindung zur Landschaft – über einem weiten Wiesengrund und wurde auf einem kreisbogenförmig geführten Weg erreicht. Wesentliche Gestaltidee des nach Norden anschließenden Parks war der Große Rundgang. Der vom Schloß ausgehende Weg dehnte sich über einen Kilometer nach Westen und wurde in einer langgezogenen Schleife so weitab der Grenzen entlanggeführt, daß beidseitig der Eindruck räumlicher Weite entstehen konnte. Sanfte Schwingungen und kaum merkliche Steigungen bewirkten gleichermaßen bequemes Begehen und Erlebnisvielfalt sowie innerhalb des Rundgangs den Wechsel vom trennenden Hügel im unteren zur übersichtlichen Mulde großen Ausmaßes im oberen Teil.

Die großen Wiesenflächen mit den unterholzfreien, die Hauptwege streifenförmig begleitenden und wichtige Stellen betonenden Baumgruppen sowie die wenigen Solitärbäume unterstützten die gewollte Wirkung im Binnenbereich. Sichtbeziehungen nach innen und nach außen waren dabei wesentliche Gestaltungselemente. Hainartige Verdichtungen an der Pragstraße und am Prallhang des Neckars wie raumschließende Gehölzpflanzungen entlang der Grenzen lösten den Park optisch von der Nachbarschaft; er ruhte in sich selbst. Auf architektonische Versatzstücke wurde ganz verzichtet. Lediglich im oberen Teil unterhalb der Ludwigsburger Straße wurde 1837 nach Plänen Saluccis die Meierei gebaut – in der Form von zwei U-förmigen, gegeneinandergestellten eingeschossigen Baukörpern, die einen fast quadratischen Hof bildeten. Die beiden Wachthäuschen am nordwestlichen Eingang

waren 1834 erstellt und 1858 von Hofbaumeister Knapp durch das eingefügte Portal zum Löwentor ausgebaut worden.

Die Ausführung war ganz auf das beabsichtigte Erscheinungsbild abgestellt. Umfangreiche Erdbewegungen, Abhebungen und Aufschüttungen wurden erforderlich. Zudem mußten die kargen Böden verbessert werden. Die ersten Arbeiten wurden am 19. November 1823 vergeben. Große Schwierigkeiten bereitete vor allem der Prallhang am Neckar mit der unten vorbeiziehenden, als »Hauptpassage« notwendigen Straße. Deshalb wurde beschlossen, in Verbindung mit der Parkanlage den Lauf des Neckars zu bereinigen, »daß derselbe besonders bei Hochgewässer einen richtigen, den beiderseitigen Ufern weniger verderblichen Verlauf nehme. Nur hierdurch war es möglich, der so frequenten Straße am Fuß des Rosensteins eine angemessene Breite zu geben. Diese Arbeit wurde 1823 angefangen und mehrere Millionen Kubikfuß Abhubmaterial vom Rosenstein dazu verwendet.«

Im Jahr 1826 konnte mit den Baumpflanzungen begonnen werden. Zunächst wurden nur einheimische und exotische Laubbäume angepflanzt, in der Hauptsache Linden, Spitzahorne, Platanen, Zerreichen und Kastanien. Auf Befehl des Königs vom Frühjahr 1838 sollten auch Tannengruppen angepflanzt werden. Die herausragendste ist nach 1865 schon zu Zeiten König Karls entstanden; sie prägte die Zone um das von der inzwischen bestehenden Wilhelma ausgehende Tälchen mit seinen unterschiedlichen Koniferenarten und erhielt einen bewunderten Höhepunkt durch das Wellingtonienwäldchen, dessen Bäume (statt Wellingtonia auch Sequoia oder Mammutfichte) im Rosenstein aus ½ Pfund Samen herangezogen worden waren.

Bewirtschaftet wurde der Park mit Hilfe der am Nordwestrand gebauten Meierei. Über die Futterverwertung des Mähgutes hinaus strebte König Wilhelm die Veredelung des württembergischen Rindviehs an. Aus den erworbenen ausländischen Rindersorten entstand durch Kreuzung und Nachzucht ein eigener »Rosensteiner Schlag«. König Karl hat diesen Zweig des Meiereibetriebs jedoch recht schnell beendet.

Zu Lebzeiten König Wilhelms I. und durch seine Initiative ist so aus dem ehemaligen, kümmerlich zu bewirtschaftenden Kahlenstein der bedeutendste englische Landschaftspark im südwestdeutschen Raum entstanden, eine Anlage mit großem Atem, bei der Schloß und Park eine Einheit bildeten, die wahrlich

vom Geist erhabener Einfachheit getragen war. König Wilhelm selbst hat allerdings 1852 eine 16 Morgen große Fläche nördlich des Schlosses einzäunen und mit Damwild besetzen lassen. Diese »Belebung« störte den Zusammenhang des Parks empfindlich, zumal Buschwerk die Begrenzung optisch verstärkte.

Eine weitere Veränderung geschah kurz nach König Wilhelms Tod 1865 durch König Karl. Er ließ den Wiesengrund zwischen den Torwärterhäusern und dem Schloß zu einem »Pleasure-Ground« in englischem Geschmack umwandeln, d.h. mit Ziersträuchern und Stauden beleben. Vor der südöstlichen Schmalseite entstand der später so genannte Karlsgarten. Der harmonisch eingefügte Bereich ging im Zusammenhang mit dem Bahnbau verloren und wurde 1913/14 durch den von Säulengängen umgebenen vertieften Rosengarten ersetzt. Dieser löste sich als selbständige Gestaltungsform aus dem Parkgefüge, war aber von der Standortwahl her unproblematisch. Im Gegensatz dazu verschob die auf der Ostseite des Zugangsweges gepflanzte Kastanienallee das Gleichgewicht des Vorfeldes zum Schloß.

In diesem Zustand blieb der Rosensteinpark bis in den Zweiten Weltkrieg hinein erhalten.

Die Wilhelma, Theater und Märchenschloß

Der Nordostrand des Rosensteinparks am Steilabbruch des ehemaligen Letschenbergs war 1835 durch Stützmauern und Treppen gefaßt worden.

König Wilhelm I. hatte schon in diesem Zusammenhang beabsichtigt, das unterhalb liegende Gebiet ebenfalls zu gestalten, und deshalb die nicht ihm gehörenden Grundstücke erworben. Die Neckartalstraße und die Landstraße nach Ludwigsburg (spätere Pragstraße) begrenzten das Areal nach außen. Unter Einschluß des »Bellevue«-Anwesens ergab sich so eine Fläche von rund 12 Hektar.

Gemäß Dekret an das Oberhofmeisteramt vom 6. April 1837 sollte zunächst das Bellevue-Schlößchen abgebrochen, sodann in der Nähe ein Theater erstellt, weiterhin ein »Badhaus« mit anstoßenden Gewächshäusern erbaut und dann die Stuttgarter Orangerie sowie der Inhalt der Gewächshäuser des in Stuttgart befindlichen Königlichen Botanischen Gartens in die neuen Cannstatter Gewächshäuser verlegt und schließlich das ganze übrige Gelände gärtnerisch angelegt werden. Anlaß für das Projekt eines Badhauses dürften die 1829 im unteren Teil des Rosensteinparks gefundenen Mineralquellen gewesen sein.

Als Architekt war Ludwig von Zanth vom König ausgewählt worden. Zanth wurde 1796 in Breslau geboren, wuchs ab 1808 in Kassel auf und erhielt 1815–1820 seine Ausbildung zum Architekten bei Hofbaumeister Reinhard Ferdinand Fischer in Stuttgart. Bis 1824 bildete er sich auf Studienreisen nach Frankreich und Italien weiter. Dem König ist er vermutlich durch das für den königlichen Stallmeister, Graf von Taubenheim, erstellte Landhaus in Degerloch und durch die Publikationen über Eindrücke und wissenschaftliche Erkenntnisse seiner Italienreise aufgefallen. Neben Thouret hatte Zanth 1836 auch am Wettbewerb für ein neues Hoftheater am Schloßplatz teilgenommen.

Vorrangig fiel die Entscheidung des Königs zum Bau des Theaters an der Nordostecke des Grundstücks gegenüber Cannstatt. Wilhelm I. wollte damit den Bau einer Spielbank verhindern, die der Cannstatter Brunnenverein zu erwirken hoffte, um den auswärtigen Badegästen in dem aufstrebenden Badeort Abwechslung zu bieten. Der schon über Jahre betriebene Bau eines Kurtheaters war immer an der Finanzierung gescheitert.

Mit dem auf seine Kosten erstellten »Wilhelmatheater« und dem gewählten Standort löste der König zwei Probleme auf einmal: Das Haus konnte gleichzeitig als

Hoftheater wie als bürgerliches Kurtheater dienen. Es sollte »dem Park angehören, ohne durch seine Stellung späteren Anlagen ein Hindernis zu werden, zugleich aber dem Publikum leicht zugänglich sein«. Im Juli 1837 erhielt Architekt Zanth den Auftrag zur Planung; die endgültige Genehmigung der inzwischen erarbeiteten Pläne einschließlich des Kostenüberschlags durch den König erfolgte am 24. Juli 1838.

Der kompakte Baukörper fußte auf zwei ineinandergeschobenen Rechteckkuben, die sich auch in der Dachform abzeichneten. Das zweigeschossige Haus stand mit den kräftigen waagerechten Gesimsen und den dekorativen Einzelelementen noch weit in der klassizistischen Tradition. Die Hauptfront am Neckar wirkte durch die Mittelbetonung des Portikus und des darüberliegenden Foyers mit ihren schlanken Öffnungen recht grazil. Im Gegensatz dazu standen die Seitenfassaden und die Rückseite zur Wilhelma; sie waren durch Rundbogentüren und hochformatige Fenster in einfachem Rhythmus gegliedert, so daß sich horizontale und vertikale Tendenzen begegneten.

Die Präsenz des Theatergebäudes gegenüber Cannstatt wurde durch die im Viertelkreis angelegten Mauerfassungen gesteigert. Es wirkte als Eckpfeiler der Parkanlage und hochwertiges Pendant des Schlosses Rosenstein. Zur Wilhelma ergaben sich dagegen keine Bezüge; das Theater wandte dieser die Rückseite zu. Daher wird es verständlich, daß Zanth den Bau fast waldartig umgrünte. Die Vorstellung der Zugehörigkeit zum Park konnte jedenfalls so nicht erfüllt werden.

Das Innere wurde wesentlich vom Zusammenklang des Foyers mit dem kreisförmigen Zuschauerraum geprägt, dessen zwei Ränge mit den Proszeniumslogen eine sehr schöne Gliederung ergaben. Die stark farbige Ausmalung mit Musen und Göttern der Antike wie die sonstigen Motive waren an pompejanischer Wandmalerei orientiert und verliehen dem Raum eine festlich frohe Stimmung. Zanth hat hierzu seine italienischen Studien verarbeitet. Größere Probleme stellten sich im Bühnenbereich, der nach Meinung des aus Mannheim beigezogenen Theatermaschinisten Mühldorfer zu klein geraten war und von Zanth umgeplant werden mußte. Jener erhielt den Auftrag für die Bühneneinrichtung und einen von ihm entworfenen Kronleuchter mit 32 »Lokomotiv-Gaslampen«.

Mit den Bauarbeiten wurde im März 1839 begonnen, die Eröffnung fand zum Namenstag des Königs am 29. Mai 1840 mit der Ballettpantomime »Der Zauberschlaf« statt. Ein Omen, das leider wiederholt auf die Geschichte des Hauses zutreffen sollte.

Romantische Begeisterung in bezug auf die eigene Geschichte wie über die Kulturen fremder Länder fand im ausklingenden Klassizismus bei der Gesellschaft weite Verbreitung. Vor diesem Hintergrund hat König Wilhelm I. von Württemberg wohl den Entschluß zum Bau des Badhauses im maurischen Stil gefaßt, ermuntert von Oberstallmeister Graf von Taubenheim, der im Sommer 1840 den Orient bereist hatte und seine Ideen auch an Zanth weitergab. Der Architekt hat sich mit diesem zum Theaterbau in völligem Gegensatz stehenden Ansinnen intensiv auseinandergesetzt, zumal es seiner Anschauung zunächst widersprach. In seiner eigenen Veröffentlichung von 1855 über die Wilhelma schrieb er:

»Bald nach der Beendigung des Schauspielhauses wurde mir die Absicht Sr. Majestät bekannt, in diesem Teile seines Besitztums ein Gartenhaus aufzuführen. Die Vorschrift ging dahin, dieses Wohngebäude mit Ziergewächshäusern in Verbindung zu setzen und die maurischen Formen hiebei in Anwendung zu bringen ... Die maurischen Bauformen waren in unseren Tagen noch nicht dazu berufen, als Vorbilder bei einem Bauunternehmen von einiger Bedeutsamkeit zu dienen; dieses Vorrecht hatte bis dorthin die Bauweise der Griechen und Römer, der Byzantiner und Italiener, endlich der Spitzbogen. Mit Ausnahme der sogenannten Moschee in Schwetzingen ..., die hier kaum in Betracht gezogen werden kann, war meines Wissens, wenigstens in Deutschland, kein ernster Versuch gemacht worden ...

Die Mittel zur Verfolgung der guten Richtung waren erst zu suchen und konnten, nach meiner Überzeugung, nur in den Grundsätzen der griechischen Kunst gefunden werden, die ihre Vollgiltigkeit in den hervorragendsten, mannichfaltigsten Denkmalen auf eine unwiderlegbare Weise beurkundet haben ... als meine Aufgabe mir die Anwendung einer Bauweise zur Bedingung machte, deren Grundsätze, wenn ihr dergleichen eigen sind, aus den vorhandenen Gebäuden nicht hervorleuchten, denn diese tragen viel mehr das Gepräge des Waltens einer fessellosen Eingebung, als anerkannt giltiger Gesetze. Es handelte sich also in der That darum, die Verirrungen dieser Bauweise zu meiden, ohne den Vortheilen zu entsagen, welche ihre oft verführerische, im Allgemeinen aber launenhafte Ausschmückung bietet.

Zu allen diesen wichtigen Rücksichten gesellte sich die noch eben so ernste Bedingung, allen wirklichen Bedürfnissen eines jeden Theils zu genügen und ihm zugleich die Gestalt zu geben, welche ebensowohl dem

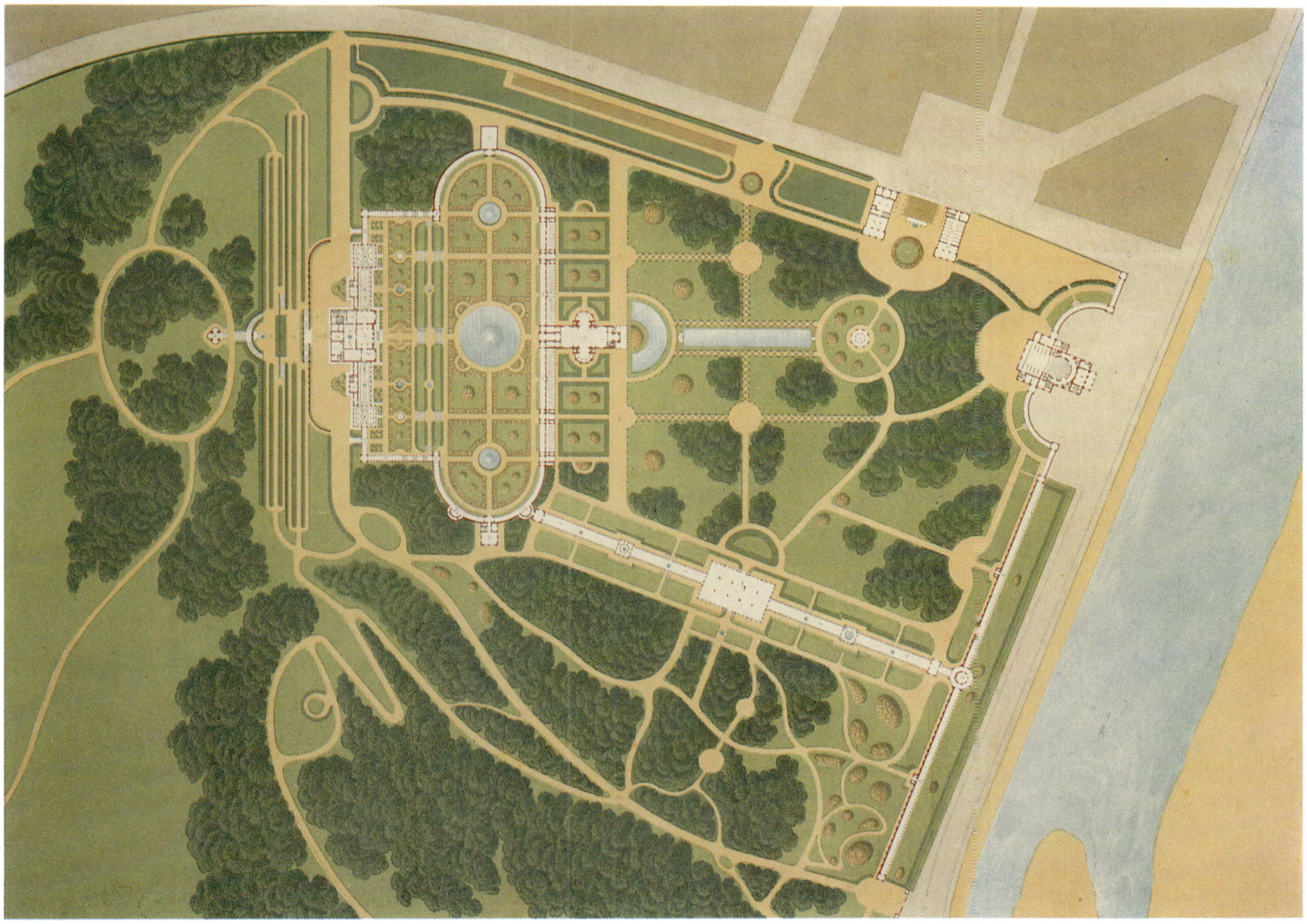

Wilhelma. Ludwig von Zanth, 1855/56.

Zwecke als der maurischen Formbildung entspreche, und vor allem die verfügbaren Baustoffe zu benutzen. Diese bestanden für die Hauptgebäude in Werksteinen von verschiedenen Farben, aus nahegelegenen Steinbrüchen; in gebrannten Steinen für die untergeordneten Gebäude; in Gußeisen, welches Stärke und Zierlichkeit vermittelt, für die Bogen, Kuppeln, Kioske und die Säulen und Dächer der bedeckten Gänge …

Die voranstehenden Bemerkungen bezeichnen die leitende Grundanschauung, unter deren Einflusse die Wilhelma entworfen und ausgeführt worden ist.«

Anfangs des Jahres 1842 legte Zanth den ersten, sehr großzügig geratenen Entwurf vor. Der König dekretierte dazu, daß sich »… eine Summe herausstellte, deren enorme Größe mit dem Zweck des Bauwesens außer allem Verhältnis steht«. Er begrenzte die Baukosten auf 100000 Gulden für das Hauptgebäude und je 50000 Gulden für die beiden Nebengebäude und drohte bei Nichteinhaltung mit der Beauftragung von Gaab und Gabriel.

Am 3. März 1842 kam der Architekt schließlich mit dem dritten Entwurf den Forderungen des Königs nach. Er führte dazu aus: »… es ist nur dadurch möglich geworden, das neue Projekt der festgesetzten Summe anzupassen, daß ich durch die bedeutend geringere Ausdehnung des Wohngebäudes von Ost nach West im Stande war, demselben eine Stellung anzuweisen, welche der ursprünglichen Intention Sr. Majestät entsprechend gleichzeitig den vorderen schlechten Baugrund und die früher nötige Fundamentierung und Auffüllung zu vermeiden gestattet …«

Zanth stellte das quadratische, im Volumen recht bescheidene Wohnhaus mit geringem Abstand vor die zum Rosensteinpark aufsteigenden Terrassen auf eine Travertinscholle, die etwa 5 Meter über dem Hangfuß hochragte. Diese »Stellung auf der Höhe bot den herrlichsten Zusammenhang des neuen Gebäudes mit der umgebenden Landschaft und den malerischen Biegungen des Neckars«. Die dem Bau auf beiden Seiten direkt angefügten großen Gewächshäuser gaben der An-

Vogelperspektive der Wilhelma. Ludwig von Zanth, 1855/56. Von vorn: Maurischer Festsaal, Maurischer Garten mit Umgang, Maurisches Schloß mit Gewächshäusern, Belvedere-Pavillon. Im Hintergrund der Burgholzhof.

lage das notwendige Gewicht; Dominanz und Bedeutung wurden durch die gußeisernen Kuppeln auf dem Wohnhaus und auf den quadratischen Gewächshausköpfen weiter gesteigert. Im Grundriß war der große, auf den Garten orientierte, zentrale Saal mit einem dahinterliegenden Vorsaal bestimmendes Element. Die weiteren Räume – Wohn- und Speisezimmer mit Anrichte, Schlafzimmer und Bad mit Nebenräumen – umgaben diesen Kern auf drei Seiten.

Die Lage parallel zu den Terrassen bestimmte die Ausrichtung der Anlage, deren Gebäude und Wegenetz in ein strenges Achsensystem eingeordnet wurden. Zum Bedauern Zanths endeten die Längsachsen infolge des Grundstückszuschnitts recht zufällig, was sich besonders im Verhältnis zum Wilhelmatheater zeigte. Verschwenkt dazu und rechtwinklig auf die Neckartalstraße bezogen stellte eine Gewächshausreihe die Verbindung zum Eingang beim Bellevuetor und dem Säulengang her, der sowohl den Eingang mit dem Mauerbogen am Wilhelmatheater verband wie den Garten nach außen abschloß. Der erst während der Bauarbeiten des Wohnhauses erteilte Auftrag zum Entwurf einer das ganze Grundstück umfassenden Gartenanlage enthielt die besondere Vorschrift, »daß in derselben ein bedeckter Spaziergang von dem Parkeingang bis zu dem Wohngebäude führen und zugleich mit einem großen Festsaal in Verbindung stehen müsse«.

Daraus entstand ein großartiges Gesamtkunstwerk, auch wenn Auseinandersetzungen mit dem Hofdomänendirektor von Seyffer zu Eingriffen und Veränderungen zwangen. Der noch Ende 1842 konzipierte Plan wurde insgesamt erst am 13. Januar 1845 vom König förmlich gutgeheißen.

Vor der Wohn- und Gewächshausgruppe und seitlich eingefaßt durch rechtwinklig anschließende Säulengänge wurde ein Blumen- und Ziergarten angelegt, der den tieferliegenden Bereich in zwei Stufen erreichte. Dort folgte eine ebene, querliegende Fläche mit halbkreisförmigen Abschlüssen an den Schmalseiten, der innere »Maurische Garten«. Die umlaufenden Säulengänge mit den Tordurchgängen und das Wegenetz prägten die Struktur; die Rasenflächen verliehen dem Ganzen einen intimen Charakter, dessen Reiz durch die Magnolien und die geschnittenen Taxusbäume noch gesteigert wurde. Das große runde Bassin gab der Hauptachse Weiträumigkeit, der dort anschließende Festsaalbau bildete die inhaltliche Entsprechung. Bildergalerie und Küchengebäude setzten die Akzente in der Querachse.

Auf der Außenseite stieß der Festsaal weit in den Garten vor; ein halbrundes und ein langgestrecktes Bassin führten die Achse weiter bis zu einem Rondell mit rundem Pavillon in der Mitte. Dichter Baumbestand löste die Konflikte am Achsenende, von dem aus die Ställe und Remisen an der Landstraße nach Ludwigsburg (spätere Pragstraße) erreicht wurden.

Der äußere Garten wurde von dem fast freistehenden Festsaalbau beherrscht, dessen seitliche Apsiden dem schmalen Baukörper gliedernde Fülle gaben. Sie waren das Ergebnis einer königlichen Anordnung, wonach jede Langseite »Muscharabii« (geräumige Divanfenster) erhalten sollte. Er sollte weitgehend als Speisesaal genutzt und in der Gedeckzahl doppelt so groß werden wie das Speisezimmer im Wohngebäude.

Bei diesem Gebäude wurde die architektonische Vorstellung des Architekten besonders sichtbar: die horizontale Wirkung der unterschiedlich hohen roten und gelben Steinschichten, die schmalen Pilasterfassungen, die orientalisierten Fensterstürze mit dem dekorativen Schmuck und schließlich die gußeisernen Rinnen und Träger als zierender Übergang zum Dach. Die Rangordnung der gestalterischen Mittel ließ keine Zufälligkeiten zu. Das klare und zurückhaltende Erscheinungsbild der Fassaden wurde im Wohnhaus wie im Festsaalbau durch eine reiche dekorative Ausstattung übersteigert. Hufeisen- und Fächer- bzw. Zackenbögen, Stalaktiten-Kuppeln und die Arabesken und Mauresken der farbigen Stuckierung wie die Glasmalereien der Fenster boten ein perfektes und glanzvolles Bild historistischer Nachahmung. Das ging bis zum Befehl des Königs, seinen Namen arabisch in Lapidarschrift über dem Eingang zum Wohnhaus anzubringen. Auf Grund der Aussagen des beigezogenen Tübinger Orientalisten wurde der Name in »Wilhelma« abgewandelt und in vergoldeten arabischen Schriftzeichen auf gußeisernen Tafeln an der Vorder- und Rückseite des Gebäudes angebracht.

Zwischen den Tordurchgängen wurden auf der Außenseite des Säulenumgangs niedere Gewächshäuser eingefügt. Neben die Natursteinbauten traten damit Eisen und Glas als Kinder der neuen Zeit. Die lange, den Garten nach Süden begrenzende Gewächshausreihe machte diesen Zeitgeist und mit ihm die Exaktheit der Serienfertigung besonders deutlich.

Die Verwirklichung bis zum endgültigen Umfang erfolgte in einzelnen Schritten.

Entwurf und Voranschlag für das Wohngebäude und die anschließenden Gewächshäuser sind am 20. März 1842 vom König genehmigt worden. Wenige Wochen danach wurde mit den Bauarbeiten begonnen, die sich über vier Jahre erstreckten.

Über die Natursteinarbeiten hat Zanth bemerkt, »daß der Stuttgarter Werkstein, wie im Orient, zwei Gattungen von gleicher Güte, die gelblich graue und eine rote bietet, um die Umfassungswände auf diese Weise aufzuführen, wo sie dann aus glatt geschliffenen Quadern ohne irgend einen vergänglichen Verputz oder Anstrich einen weichen, heiteren und stilgetreuen Anblick gewähren werden«.

Die Eisenkonstruktionen wurden vom Hüttenwerk Wasseralfingen geliefert, das schon seit dem 17. Jahrhundert bestand und ganz Württemberg mit Brunnen, Öfen und anderem mehr versorgte. Die Gewächshausanlagen verlangten im Aufbau beachtliche Präzision und fortlaufende Montage. Das führte zu einer Auseinandersetzung mit dem Cannstatter Kirchenkonvent und dem dortigen Rathaus. Im nachstehenden Bericht vom 3. Oktober 1843 ist ausgeführt:

»Bei der Aufrichtung eines der eisernen Gewächshäuser bei dem maurischen Palais war es unbedingt notwendig, daß die eisernen Säulen und Sparren ununterbrochen miteinander verbunden werden mußten, weil sonst zu befürchten gewesen wäre, daß bei starkem Wind oder Gewitter die Säulen mit den Sparren zusammenstürzten und selbst Menschen hätten dabei verunglücken können. Um nun jeden Schaden und Unglück zu vermeiden, mußte an einem Sonntag gearbeitet werden.

Ohne nur den Grund dieser Notarbeit zu kennen und ohne somit das zu beherzigen, was schon Christus nach Matth. Kap. 12 Vers 11 und 12 den Pharisäern ge-

Brunnenhof im Maurischen Schloß.

sagt hat, nahm sich der Kirchenkonvent von Cannstatt heraus, in dem anliegenden Schreiben dieses Verfahren eine Gesetzwidrigkeit zu nennen ...

Die unterzeichnete Stelle sah sich veranlaßt, dieses wirklich anmaßende Schreiben dem Oberamt Cannstatt mit dem Ersuchen zuzustellen, solches dem Kirchenkonvent mit der Bemerkung zurückzugeben, daß sich die unterzeichnete Stelle derlei in einem solchen Ton abgefaßte Schreiben verbitten müsse.

Zwei Tage hernach, wieder an einem Sonntag, ging das Stadtschultheißenamt in seiner Anmaßung noch weiter, indem es Polizeidiener in den Park schickte und durch diese nachsehen ließ, ob bei dem maurischen Palais gearbeitet werde. Dem Stadtschultheißenamt wurde eröffnet, daß man sich ein für allemal derlei Eingriffe in die Rechte der Krone verbitten müsse ...«

Im Juli 1846 waren die Bauarbeiten am Wohngebäude und den Gewächshäusern beendet. Die festliche Einweihung erfolgte am 30. September aus Anlaß der Vermählung des Kronprinzen Karl mit Großfürstin Olga von Rußland.

Gegen die Neckartalstraße wurde der Garten zwischen dem neuen Theater und dem Bellevuetor durch einen überdeckten Gang abgegrenzt, der mit Dekret vom 17. Mai 1843 genehmigt worden war. Die Trennmauer wurde außen mit roten Terrakottaplatten verkleidet, die gußeiserne Dachkonstruktion kam wie bisher von Wasseralfingen. Hofgärtner Müller legte im Kellergang darunter eine Champignonplantage an.

Rechts und links der an das Badhaus anschließenden Gewächshäuser sind nach der am 15. Juli 1844 erteilten Genehmigung die überdeckten Säulengänge bis in den Blumengarten erstellt worden: der Maurische Garten hatte damit seine formale Gestalt erhalten.

Erst im Mai 1847 erfolgte auch die Genehmigung der schon 1844 vorgelegten Entwürfe für das im achsialen Bezug zum Wohnhaus stehende Festsaalgebäude. Es gab dem unteren Teil des Maurischen Gartens den Akzent und vollendete ihn in Form und Gestalt. Angesichts der revolutionären Stimmung im Land überlegte der König im Frühjahr 1848 die Einstellung der Bauarbeiten. Da jedoch die hauptsächlichen Arbeiten schon beauftragt waren, wurde der Bau weitergeführt und am 21. Oktober 1851 fertiggestellt. In diesem Jahr hat Zanth noch den kleinen, mit einer Kuppel versehenen Pavillon über den Terrassen oberhalb der Wilhelma erstellt, der eher byzantinische denn maurische Gestaltungsprinzipien aufnahm. Er war sichtbarer Endpunkt der Längsachse auf dem Berg und hat wegen seiner großartigen Aussicht den Namen »Belvedere« erhalten. (Das frühere Bellevue lag unten im Tal.) Während der Folgejahre 1852/53 ist die fünfteilige Gewächshausgruppe (der Wintergarten) in der Mitte des Gewächshauszuges vom Eingangspavillon zum inneren Maurischen Garten gebaut worden. An dessen Nordende entstand 1853 als letztes Werk des Architekten die Bildergalerie; im gleichen Jahr wurde Zanth wegen eines Brustleidens beurlaubt.

Ludwig von Zanth starb am 7. Oktober 1857. Er war 1844 zum Hofbaumeister ernannt und persönlich geadelt worden. Direktor von Seyffer äußerte sich dergestalt über ihn: »... Er ist ein Mann voller Mißtrauen und Eigenliebe – Eigenschaften, die oft ins Lächerliche gehen. Auf der anderen Seite ist er in jeder Beziehung ein kenntnis- und ideenreicher Künstler für innere und äußere Formen, der seinesgleichen sucht ...«

Dieser hochbegabte Architekt hat mit der Wilhelma ein künstlerisches Werk hinterlassen, das in seiner

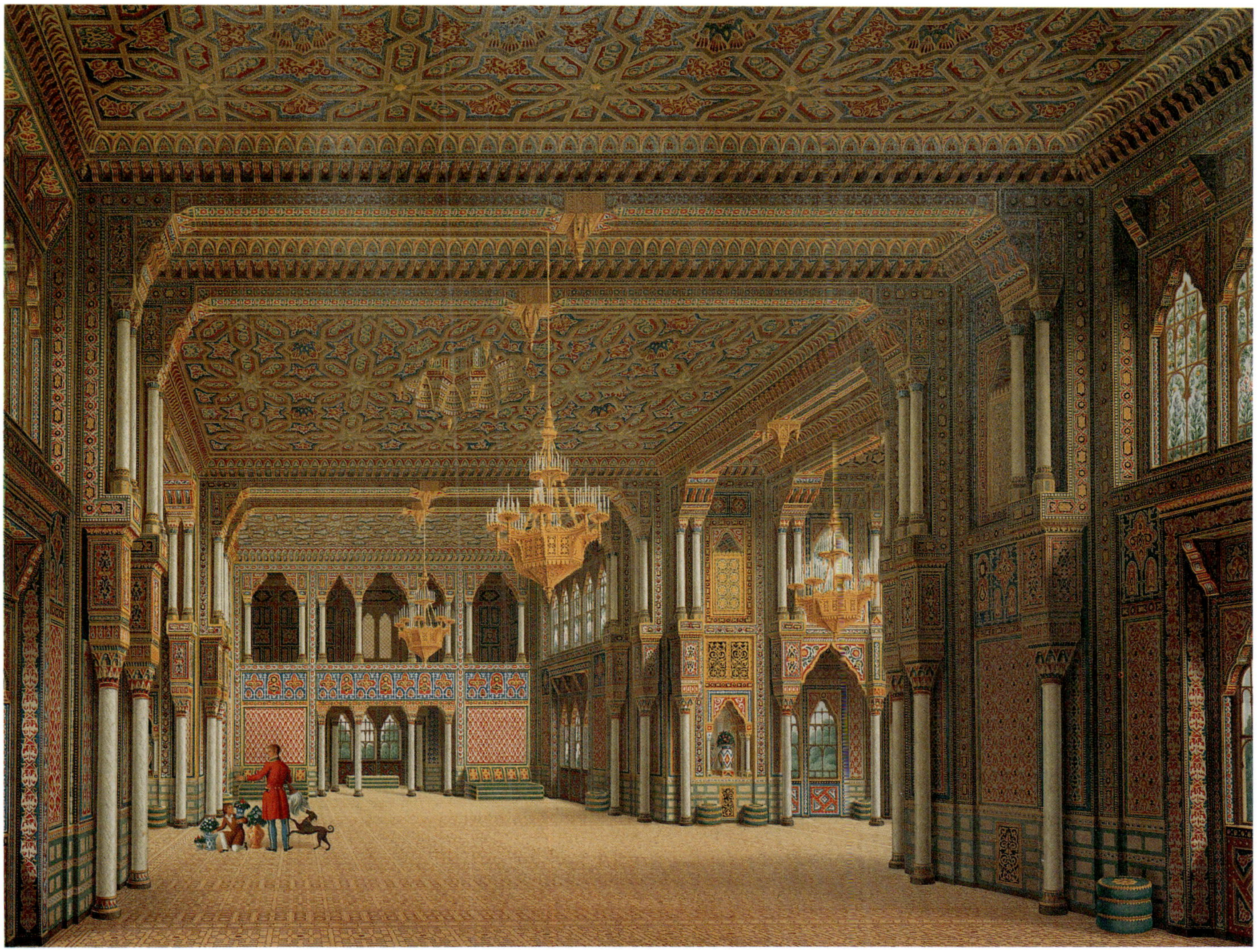

Maurischer Festsaal.

Ausdrucksform und Geschlossenheit einen besonderen Rang einnimmt.

Baulich vollendet wurde die Wilhelma durch den Architekten Professor Bäumer. Er plante 1863 das Küchengebäude ganz nach den Leitgedanken Zanths. An Stelle des kleinen Pavillons im Rondell am Ende der Längsachse entstand 1863–65 die sogenannte Damascener-Halle, ein Portalbau mit angehängter Vogelvoliere, der einen kräftigeren Abschluß bewirkte. Vermutlich zu jener Zeit sind anstatt der von Zanth entlang der Achsialwege im äußeren Garten vorgesehenen Pergolen die Platanen- und die Lindenalleen gepflanzt worden. An die Rückseite des Wilhelmatheaters wurde schließlich eine überdeckte Terrasse angehängt, um wenigstens auf diese Weise eine Beziehung zum Park zu erreichen.

Der Stuttgarter Bildhauer Albert Güldenstein hat 1856/57 teils aus carrarischem Marmor, teils aus Zinnguß Tiergruppen geschaffen, die als künstlerischer Schmuck die Hauptachse um das große Bassin und den Festsaal zierten und auch am Terrassenaufgang zum Rosensteinpark aufgestellt wurden.

Die Wilhelma ist als Einheit von Baulichkeiten und Pflanzen geplant und gebaut worden. Neben die Architektur trat deshalb gleichgewichtig die gärtnerische Gestaltung, für die der Hofgärtner Baptist Müller verantwortlich war. Adäquat zum Gesamtplan wurden die Blumenbeete auf den inneren Maurischen Garten und die Zone beidseits des Festsaals beschränkt; ansonsten bestimmten Bäume und ruhige Rasenflächen das Bild.

In den Gewächshäusern herrschte bunte Vielfalt: Schon 1839 entstand als erstes Gebäude ein Ananashaus. In Verbindung mit der Fertigstellung des Wohnhauses wurden die Bestände des Botanischen Gartens durch Kamelien, Azaleen und Rhododendren ergänzt. 1845 wurden die Magnolien aus Frankreich gekauft

Salon im Schloß.

Wohnraum im Schloß.

und 200 große Kamelien »der seltensten Varietäten« in Frankfurt erworben. Drei Jahre danach wurde das Orchideenhaus bestückt und ein Orangenhaus für »106 hochstämmige Stück in Kübeln« genutzt. Als Krönung sah man die in Deutschland noch kaum bekannte Victoria regia an, von welcher der Rohracker Pfarrer Bilfinger im November 1851 dem König keimfähige Kerne zum Geschenk machte. Sie war ein eigenes Haus wert.

Im Zanthschen Plan waren für die Anzucht, Pflege und Aufbewahrung der Pflanzen keine Flächen vorgesehen. Durch die Gewächshausreihe zwischen dem Eingangspavillon und dem inneren Maurischen Garten war auf der Südseite ein Zwickel abgeschnitten worden, der außerhalb des Schaugartens lag. Dieser Bereich wurde als Standort für die gärtnerischen Bedürfnisse genutzt, die nach und nach die gesamten Flächen füllten.

König Wilhelm I. betrachtete die Wilhelma bis zu seinem Tod als seinen privaten Bereich. Ohne seine persönliche Erlaubnis sollte niemandem der Zutritt gestattet sein. Erst nach 1864 konnten Interessierte während des Sommers eine Besichtigungserlaubnis erhalten, wenn gegen ihre Person keine Bedenken vorlagen. Vom Jahr 1888 an sind dann Eintrittskarten an jedermann abgegeben worden.

Stadtentwicklung und Verkehrsausbau

Auswirkungen bis zum Zweiten Weltkrieg

Die Gestaltung des Schloßumfeldes und die Anlage der Schloßgärten und -parks erfolgte zu einer Zeit, als sich das Neue Schloß in einer Randlage zur mittelalterlichen Stadt befand. Die Esslinger Vorstadt im Südwesten wurde noch von der ehemaligen Stadtmauer begrenzt. Auch die »Reiche Vorstadt« im Norden war innerhalb ihres Rahmens geblieben und streckte nur entlang der Ludwigsburger Straße zaghafte Fühler aus. Zwischen dem Neuen Schloß und dem Ort Berg gab es nur Wiesen, Felder und Rebgärten.

Der Residenzbauplan Thourets von 1807 hatte in erster Linie die Gestaltung des Schloßgartens zum Ziel. An den übrigen Seiten des Schlosses begnügte er sich im wesentlichen mit der Einfügung des vorhandenen Bestandes; lediglich die noch zu Herzogs Zeiten angelegte untere Königstraße erhielt mit dem Königstor und einem Rondellplatz den gemäßen Abschluß. Das Königstor wurde 1810 eingeweiht.

Der Platz vor dem Ehrenhof des Neuen Schlosses war anfangs von diesem nicht getrennt und diente zunächst als Paradeplatz. König Friedrich ließ nach dem Brand des kleinen Theaters an der Planie von Thouret 1803/04 die Reitschule an der Königstraße gegenüber dem Neuen Schloß in ein Redoutenhaus umbauen; 1804 war die erste Aufführung. Mit diesem Fest- und Konzertsaalgebäude erhielt diese Seite eine bauliche und inhaltliche Bedeutung, die bis zur Erstellung des Königsbaus Bestand hatte. Die räumliche Erweiterung des Platzes selbst erfolgte im Jahr 1818, wo das am Platzrand stehende ehemalige Jägerhaus ersatzlos abgebrochen und die halbkreisförmige Allee beseitigt wurde. In Verlängerung der beiden Seitenflügel des Neuen Schlosses wurden 1823 zwei Alleen bis zur Achse des Großen Grabens gepflanzt; außerdem wurden die von Isopi modellierten und in Wasseralfingen gegossenen Standbilder Löwe und Hirsch aufgestellt und der Ehrenhof abgegrenzt. Der »Schloßplatz« hatte damit seine äußere Form erhalten. Als Pendant zum Wilhelmspalais und westlicher Abschluß der Planie entstand schließlich 1846–50 das von Gaab projektierte, wuchtige Kronprinzenpalais.

1842–46 erhielt der Schloßplatz die erste »Möblierung«. Die Jubiläumssäule – zunächst aus Holz, dann aus Stein – wurde anläßlich des 25jährigen Regierungsjubiläums des Königs in der Mitte des Platzes aufgestellt. Die Konkordia von Bildhauer Hofer ist erst 1863 aufgesetzt worden.

In seinem Residenzbauplan von 1817 bzw. dem weitergeführten Plan von 1818 hatte Thouret die Stadt im Anschluß an die Reiche Vorstadt nordwestlich der Königstraße erweitert. Anstatt des Redoutengebäudes schlug er den Neubau für das Hoftheater vor, ein Projekt, für das an diesem Standort zwar 1830 von Thouret, Salucci und Zanth Vorschläge eingeholt worden sind, das jedoch nicht verwirklicht wurde. Ein gigantisches Kasernement für alle Stuttgarter Truppen fixierte das nördliche Ende. Die Zone zwischen der schon ab 1807 bis zum Neckartor begradigten Neckarstraße und dem Schloßgartenrand entlang des Nesenbachs blieb unbehandelt. Die nach und nach an der Straße entstandenen Bauten streckten dem Park die Rückseite zu – mit Ausnahme der Neubauten für die königlichen Hoftheater bis heute.

Der 1827 von Hofbaumeister Etzel gefertigte, recht weitsichtige Generalbauplan für Stuttgart ging wesentlich über Thourets Vorstellungen hinaus und beschränkte sich nicht mehr auf die Probleme der Residenz. Ein rechtwinkliges Rasternetz reichte im Nordwesten bis auf die Höhe des Katharinenhospitals und im Südosten etwa bis zum Verlauf der Olgastraße. Einschneidend für den Oberen Schloßgarten war ein Durchstich nördlich des Marstalls im Zug eines gedachten Außenrings: die Vorahnung der Schillerstraße. In der Fortschreibung von 1832 war dieser Gedanke wieder aufgegeben. Insoweit waren bis dahin keine negativen Auswirkungen auf den Residenzbereich und seine Parkanlagen zu verzeichnen.

Die Einwohnerzahl war aber seit dem Beginn des 19. Jahrhunderts inzwischen um über die Hälfte auf 32000 gestiegen. Neben der erheblich gewachsenen Staatsverwaltung nahmen Handel und Gewerbe zu.

Mit der Thronbesteigung König Wilhelms begann ein neuer Abschnitt der Beziehungen zwischen der Krone und der »Landschaft«, auch wenn der liberalere Herrscher seine Rechte wahrte. Die Landschaftsgebäude wurden 1817 zurückgegeben und in den folgenden drei Jahren durch Barth umgebaut und erweitert. Der »Halbmondsaal« als Sitz der Zweiten Kammer wurde zur baulichen Prägung jenes Schrittes.

Nicht zuletzt erfuhren kulturelle Einrichtungen eine außerordentliche Förderung durch den König. Die Neckarstraße entwickelte sich zur »Kulturmeile«. Ihr

Generalbauplan für den Ausbau Stuttgarts. Thouret 1818.

Ausbau begann 1820 mit dem Umbau des von Thouret 1807–10 dort erstellten Invalidenhauses zur Königlichen Öffentlichen Bibliothek. Zeitlich ineinandergreifend folgten die weiteren Bauten. Zwischen 1826 und 1840 wurden Hauptstaatsarchiv und Naturalienkabinett in mehreren Abschnitten von Hofbaumeister Barth erstellt. Mit dem Prinzessinnen- und späteren Wilhelmspalais von Salucci entstand im Anschluß daran 1834–40 der südliche Eckpfeiler an der Kreuzung Neckarstraße/Planie. Das von Barth geplante Museum der Bildenden Künste folgte in den Jahren 1838–43, und achsial gegenüber baute Gross 1842–44 die Königliche Münze. Nach Erstellung der Königlichen Reithalle von Salucci 1839 und der Adjutantur 1846 war die obere Neckarstraße voll bebaut.

Ein eigenartiger Kontrast prägte die beiden Seiten: die zum Schloßkomplex gehörenden Bauten auf der

Generalbauplan. Etzel 1827.

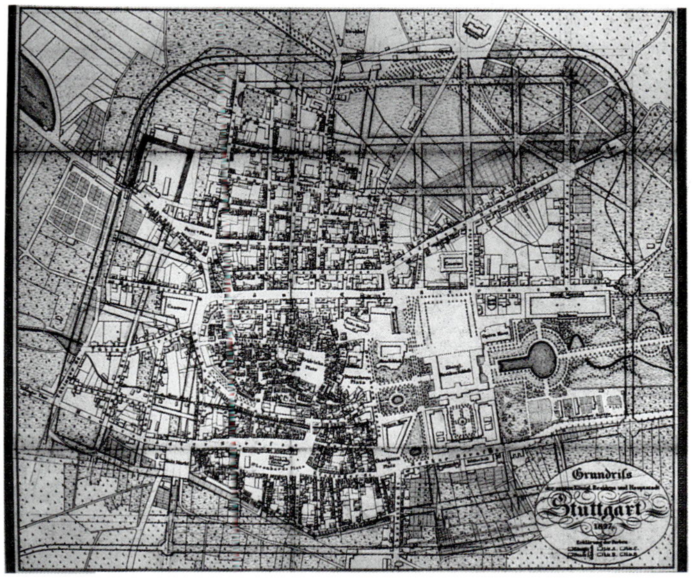

Westseite wandten der Straße ihre Rückseite zu – der zentrale Pavillon der Akademie »ertrank« geradezu –, während die andere Straßenseite für die dortigen Bauten Zugangs- und Repräsentationsfunktion hatte.

Neue Verkehrswege und -mittel waren die zwangsläufige Folge des Wachstums. Die Erfindung der Eisenbahn kam zur rechten Zeit; der Ausbau des Schienennetzes verband die Regionen des Landes. Die Eingriffe in die Landschaft und in gewachsene Stadträume waren sekundär gegenüber dem wirtschaftlichen Fortschritt.

Im Jahre 1843 erfolgte der Beschluß zum Anschluß der Landeshauptstadt an die Bahnstrecke Heilbronn – Ulm mit einem Kopfbahnhof im Zentrum der Stadt, mit direkter Blickbeziehung zum Schloßplatz. Es war gewiß auch Stolz über die neue Errungenschaft, der den Verbindungsstrang unter die Mittelachse des Schlosses Rosenstein legen und die Portaleinfahrt des 363 Meter langen Tunnels entsprechend gestalten ließ. Auf der Südseite wurden die Torwachhäuser zum Park recht hart bedrängt; gewichtiger war jedoch der Flächenverlust in den Grünbereichen. In den Unteren Anlagen verliefen die Gleise knapp neben der Allee. Entlang des Schloßgartens mußte infolge der geraden Linienführung eine beachtliche Fläche südöstlich der Ludwigsburger Straße geopfert werden. Mit großem »Bahnhof« wurde der Betrieb von Cannstatt nach Stuttgart am 26. September 1846 aufgenommen.

Die beidseits der Schloßgärten begonnene Bautätigkeit weckte naturgemäß das Bedürfnis nach Querverbindungen. Im Jahre 1849 wandten sich Bürger mit der Bitte an den König, zur Abkürzung der langen Wege einen Fußweg von der Münze an der Neckarstraße hinüber zum Königstor anzulegen. Nach einigem Zögern wurde die Herstellung im November 1853 angeordnet.

Schon in den letzten Regierungsjahren König Wilhelms I., mehr noch nach dem Regierungsantritt von König Karl im Jahre 1864 begann sich beim fürstlichen Haus ein Trend zur Verbürgerlichung einzustellen. In diesem Sinne sind im Stadtzentrum zwei wesentliche Veränderungen erfolgt.

Am Schloßplatz war 1855–59 von den Hofbaumeistern Knapp und Leins der Königsbau mit merkantiler Nutzung errichtet worden. Mit seinen Ladenpassagen knüpfte er die Verbindung zwischen der Schloßstraße mit dem Bahnhof und der oberen Königstraße, die immer mehr zur Einkaufstraße wurde. Die monumentale Architektur der Säulenkolonnade wurde dem Anspruch der Lage gerecht und behauptete sich gegen das höhere Kronprinzenpalais. Dies konnte auch im Verhältnis zum Olgabau und zum Marquardtbau gelten, die vor der Jahrhundertwende den gewaltigen Maßstabssprung der Zeit des Historismus auf der Nordseite des Schloßplatzes vollzogen.

Der Schloßplatz hatte seine Funktion als Paradeplatz zudem weitgehend verloren; auf Anregung des Schriftstellers Hackländer wurde er 1860 als Volksgarten gestaltet und nach Plänen von Leins in einem kleinteiligen geometrischen Muster gärtnerisch angelegt. Zwei große Brunnen aus Wasseralfinger Eisenguß betonten die Querachse an der Jubiläumssäule, auf die das engmaschige Wegenetz ausgerichtet war. 1861 wurde der Platz eingezäunt, und 1865 sind die Baumreihen vor dem Schloßhof und der Königstraße gepflanzt worden. Der Schloßplatz hatte sich verselbständigt und seine Beziehung zum Schloß verloren. Danach war 1871 die Aufstellung des Musikpavillons zwischen der Jubiläumssäule und dem Schloßhof ebensowenig ein Problem wie die spätere Durchführung einer Straße vor dem Neuen Schloß.

Hinter dem zum Hoftheater umgebauten Lusthaus und vor dem oberen Schloßgartensee wurde 1865 die Schloßgartenstraße durchgebaut. Damit erfolgte die erste, schwerwiegende Trennung des Schlosses vom Park, dessen oberer Abschluß nun von der Nymphengruppe Danneckers am südlichen Rand des Ovalsees gebildet wurde. Durch einen kräftigen Höhensprung, mit Mauer und Zaun abgesetzt von der Straße, legte Hofbaumeister Egle für Königin Olga den Rosengarten als königlichen Privatgarten an.

Fünf Jahre vor der Jahrhundertwende fuhr in Stuttgart die erste elektrische Straßenbahn. Sie wurde in kurzer Zeit zum flächendeckenden öffentlichen Nahverkehrsmittel ausgebaut. Der Schloßplatz wurde zentraler Schnittpunkt vieler Linien (der Bahnhof lag ja nicht weit). Recht unbekümmert wurden die Gleisstränge in die Straßen und Alleen gelegt; die Verbindung zur Schloßgarten- und Neckarstraße erfolgte über die Reitallee auf der Nordseite des Schloßplatzes, wo die störenden Bäume einfach gefällt worden sind.

Das 20. Jahrhundert begann im Residenzbereich wenig erfreulich: Das zum Hoftheater verunstaltete Lusthaus brannte am 20. Januar 1902 ab. Die Zerstörung dieses Bauwerks eröffnete die Chance zum Bau eines neuen, endlich auch zweckmäßigen Theaters. Der hierzu beigezogene Münchener Professor Max Littmann schlug den Bau von zwei Häusern vor, und zwar ein Großes Haus für Opern und Schauspiele und ein Kleines Haus für die intimeren Musikspiele und Dichtungen. Er wurde noch 1902 mit Vorprojekten für ein Doppelhaus mit 1400 bzw. 800 Sitzplätzen beauftragt, wobei der seitherige Standort, der Karlsplatz unter Einschluß des Waisenhauses und der Botanische Garten mit der Hofgärtnerei untersucht werden sollten. Nach einer Unterbrechung bis 1907 folgte man dem Vorschlag des Oberbaurats von Reinhardt, den Platz des Botanischen Gartens zwischen dem oberen Schloßgartensee und der Neckarstraße zu wählen. Reinhardt hatte bei seinen Überlegungen dem Kleinen Haus auf der Marstallseite ein Pendant gegenübergestellt, so daß ein »Forum« entstanden wäre. Littmann nahm diesen Gedanken auf, seine Verwirklichung unterblieb aber – glücklicherweise.

In der endgültigen Planung wurden die beiden Theater so plaziert, daß das Große Haus mit seiner gerundeten Fassade fast die Achse des Schloßgartensees aufnehmen konnte. Die Stuttgarter hatten damit ihren Theatersee; der Bezug zum Schloß war nun auch inhaltlich verlorengegangen. Getrennt durch das Verwaltungs- und Magazingebäude, schob sich das Kleine Haus weit in den Grünraum hinein, in seiner Achsialität ohne Beziehungen zum Umfeld. Trotz dieser Einschränkungen war der Theaterbau von großer Qualität. Dazu trug die Orientierung der Eingänge zum Park hin ebenso bei wie die feierliche Monumentalität der Architektur und die Verwendung des warmtonigen Maulbronner Sandsteins. Mit der Ausführung wurde im September 1909 begonnen, die feierliche Eröffnung erfolgte drei Jahre später am 14./15. September 1912.

Der Standort des ehemaligen Hoftheaters wurde auf Vorschlag von König Wilhelm II. für ein Gebäude bestimmt, das Kunstausstellungen dienen und in Form einer Stiftung von Stadt und Land der Künstlerschaft Württembergs mietweise überlassen werden sollte. Mit der Planung wurde Professor Theodor Fischer beauftragt, der in München Städtebau lehrte und während seiner Stuttgarter Tätigkeit durch den Bau der Erlöserkirche hervorgetreten war. Kennzeichen des Bauwerks war die durchgehende Säulenhalle mit dem niederen, ungegliederten Dach und die Kuppel darüber samt dem glänzend-goldenen Hirsch. Rhythmus und Grazilität der Säulenhalle sind an italienischen Loggien orientiert und strahlten gleichermaßen Würde und Heiterkeit aus. Die bescheidene Höhe wahrte die Dominanz des Neuen Schlosses und wies auf die Mittler-

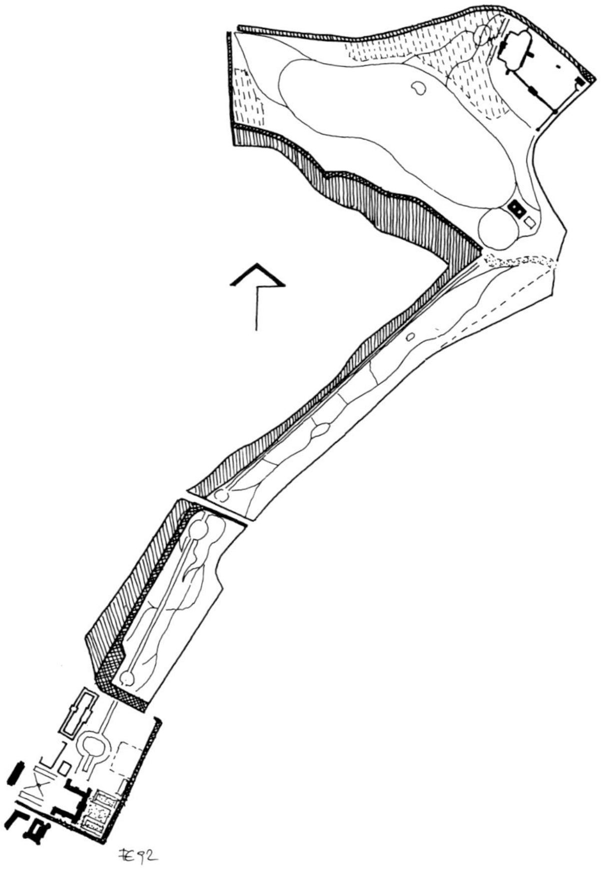

Flächenentwicklung 1945–1992

Bahn + Post

Straßen

Zusatznutzung

Neues Grün

rolle zum Schloßgarten hin. Die Bauarbeiten begannen 1911; am 28. März 1913 wurde das Haus feierlich eröffnet. Stuttgart hatte damit am Schloßplatz ein herausragendes Bauwerk im Geist des beginnenden neuen Jahrhunderts erhalten.

Der Bau des neuen Stuttgarter Hauptbahnhofes in den Jahren 1914–27 hat sich auf die Parkanlagen in besonderem Maß ausgewirkt. Die Anlage des Kopfbahnhofs erforderte einen großen Flächenaufwand; schwerwiegender war jedoch der Bedarf für die notwendigen Abstell- und Ausziehgleise sowie den Güterumschlag. Die Tunnels unter der Prag und unter dem Rosensteinpark wurden verbreitert oder neu gebaut. Die Gleisanlagen dehnten sich fächerförmig entlang der Südseite des Rosensteinparks von der Nordbahnhofstraße bis zur Platanenallee aus und beschnitten den Park um einen über 100 Meter breiten Streifen. Die Torwärterhäuser und das letzte Stück der Allee mußten leicht verschoben werden. Im Bereich der Unteren Anlagen gingen die Restflächen nordwestlich der Allee verloren; die Position des Bahnhofs mit dem Turm in der Blickachse der Königstraße sowie die vorgelagerte Erschließungszone samt der neu angelegten Cannstatter Straße erzwang die Hergabe eines Streifens mit der Orangerie und fast des ganzen westlichen Asts des unteren Sees. Als wichtige dritte Querspange wurde die Schillerstraße von der Neckarstraße zum neuen Bahnhofsplatz durchgebaut und der Schloßgarten Thourets in den oberen und unteren Teil getrennt. Zwischen der Schiller- und der Retraitestraße ist der Schloßgarten um über ein Drittel schmäler geworden.

Infolge der Hochlegung der Gleisanlagen begleitete eine hohe Wand den Park auf die ganze Länge und beeinträchtigte den engen Raum noch zusätzlich.

Kurz nach Ausbruch des Ersten Weltkriegs ist im Dezember 1914 mit den Bauarbeiten begonnen worden. Sie wurden 1917 eingestellt und nach Kriegsende 1919 fortgesetzt. Am 23. Dezember 1922 verkehrten im neuen Hauptbahnhof die ersten Züge; der gesamte Ausbau konnte erst im Jahr 1927 abgeschlossen werden.

Auswirkungen des Straßenbaus waren demgegenüber harmlos; man kam im wesentlichen mit den vorhandenen Flächen aus. Der Nesenbach – obwohl Ende der achtziger Jahre durch die ganze Stadt bis Berg eingedolt – wurde immer noch als Grenze respektiert. So hatte selbst der Bau der König-Karls-Brücke ab 1890 kaum Eingriffe zur Folge; die Ehmannstraße verlief noch bescheiden vor dem eingezäunten Rosensteinpark. Trotz der Zunahme des Autoverkehrs gab es bis zum Beginn des Zweiten Weltkriegs kaum Veränderungen.

Insgesamt verloren die Parkanlagen in den hundert Jahren ihres Bestehens bis zum Zweiten Weltkrieg etwa 25 Hektar Fläche.

Der Zweite Weltkrieg

Das Ende der historisch gewachsenen Residenz

Dreiundfünfzig Luftangriffe hat Stuttgart während des Krieges über sich ergehen lassen müssen. Die ersten Bomben fielen am 25. Juli und am 8./9. November 1940. Der letzte Angriff erfolgte durch einen einzelnen Bomber am 19. April 1945. In dieser Zeit fielen schätzungsweise über 20000 Sprengbomben und 1,3 Millionen Brandbomben auf die Stadt.

Zu beklagen waren 4562 Tote und 85 Vermißte; die Zahl der Verwundeten lag etwa doppelt so hoch. Im Verhältnis zu den 458429 Einwohnern bei Kriegsbeginn war dies eine relativ geringe Zahl, wenn auch im Einzelfall ein schreckliches Schicksal damit verbunden gewesen ist.

Die Zerstörung der gebauten Stadt war intensiver. Insgesamt wurden 39125 Gebäude = 57,5% des Bestandes vernichtet oder beschädigt; darunter befanden sich 32549 Wohngebäude. Fast 6000 Häuser waren zu 50–80% zerstört, etwa 75% der gewerblichen und industriellen Anlagen waren zugrunde gegangen.

Die historische Kernstadt blieb relativ lange verschont. Die Angriffe galten zunächst gezielt den Rüstungsbetrieben, allen voran Bosch und Daimler-Benz. Bis Ende 1942 waren erst sieben nächtliche Bombenangriffe zu verzeichnen; der letzte davon verursachte schwere Schäden in den Fildervororten. Die erste Beschädigung eines historischen Bauwerks entstand auf der Solitude: Am 1. Oktober 1941 fiel eine Brandbombe in den südlichen Flügelbau (damals Hotel), ohne größeren Schaden zu verursachen.

Ab Mai 1941 wurde von den staatlichen Dienststellen wertvolles Sammlungsgut ausgelagert. Vierzig größere Transporte gingen in abgelegene Schlösser, in die Saline Kochendorf, in den Wagenburgtunnel.

Das Inferno für die Innenstadt begann im Jahr 1944. Über den 14. Angriff am 21. Februar wird berichtet: »... schwer getroffen wurden u.a. das Alte Landtagsgebäude... der Nordflügel des Neuen Schlosses sowie das Gebäude des Hauptstaatsarchivs und Naturalienkabinetts in der Neckarstraße... die Trümmer von Danneckers Nymphengruppe lagen am Anlagensee verstreut umher...«

Der verstorbene Ministerpräsident Reinhold Maier schilderte »... die Eberhardskirche noch am Tag in hellen Flammen und das Kunstgebäude in Trümmer gelegt... die Münze durch Spreng- und Brandbomben zerstört, ein Flügel der Gemäldegalerie ausgebrannt, der hintere (Bühnen-)Teil des Kleinen Hauses rauchend und brennend«.

Nur zehn Tage danach, am 2. März 1944, erfolgte der zweite Schlag. Man vermerkte: »... das Waisenhaus und das Kronprinzenpalais brennen. Im Alten Schloß haben Sprengbomben große Teile des Arkadenhofs zerstört. Das Neue Schloß steht in Flammen, die von einem starken Westwind immer neu angefacht werden. Am schwersten wütet das Feuer im Hauptbau und im Südflügel. Während der letztere in den folgenden vier Tagen bis auf den Grund niederbrennt, gelingt es, im Mittelbau noch das Erdgeschoß und im Planieflügel auch noch den ersten Stock zu retten. Drei Sprengbomben waren im Schloßhof, zwei im Rosengarten und eine an der Ecke zum Kunstgebäude detoniert... Gegen 7 Uhr brechen die Decken des großen Marmorsaales und des Vestibüls ein, und die Krone stürzt mit der Kuppelkonstruktion (des Daches) in die auflodernde Tiefe des Daches...«

Über die folgenden, im rollenden Einsatz geflogenen Angriffe am 25., 26., 28. und 29. Juli 1944 berichtete Oberbürgermeister Dr. Strölin im Gemeinderat: »... In der mehr als siebenhundertjährigen Geschichte unserer Stadt bilden freilich die Angriffe der vorletzten Woche das bei weitem schwerwiegendste Ereignis... Die Luftangriffe der vergangenen Monate, vor allem aber der Angriff vom 26. Juli 1944, haben nun die Baudenkmäler, die für die Geschichte der Stadt Stuttgart und darüber hinaus für die des Landes Württemberg charakteristisch waren, zum großen Teil vernichtet und ausgelöscht. ... Besonders ans Herz gewachsen war uns der Marktplatz mit seinen alten, hochgiebeligen Bauten und vor allem auch der Schillerplatz, der mit Recht als einer der schönsten Plätze der Welt galt. Nun ist alle Schönheit dahin... Neben der Altstadt ist auch das dem 18. und 19. Jahrhundert angehörende Gebiet um den Schloßplatz vernichtend getroffen worden. Schon im März ist das Neue Schloß... ausgebrannt. Nunmehr umgeben den Schloßplatz die Trümmerstätten des Kronprinzenpalais, des Königsbaus, des Hotel Marquardt, des Olgabaues neben der Eberhardskirche und des Kunstgebäudes. Hinter dem Neuen Schloß ist bei den jüngsten Angriffen auch die Akademie zerstört worden... Auch die klassizistischen Schöpfungen an der oberen Neckarstraße sind schwer betroffen worden, vor allem das

Wilhelmspalais von Salucci ... ferner das Staatsarchiv und die Akademie der Bildenden Künste.«

Der Angriff am 26. Juli 1944 war einer der schwersten überhaupt. Darüber lesen wir in anderen Berichten: »... das alte Landschaftsgebäude in der Lindenstraße ist zertrümmert ... das Alte Schloß war erneut durch Sprengbomben getroffen und brannte zum Teil. Besonders der von Schmitthenner nach dem Brand von 1931 wieder im Rohbau erstellte Ostflügel mit der Dürnitz ist völlig zerstört ... die Türme und der Flügel an der Planie brannten aus; nur der Schloßkirchenflügel blieb einigermaßen verschont ... Am Karlsplatz war das zweite Haus des Innenministeriums zwischen dem eigentlichen Ministerium und dem Hotel Silber ausgebrannt ...«

Der ehemalige Direktor des Württembergischen Landesmuseums, Professor Dr. Fleischhauer, hat als Augenzeuge die Zerstörungen des Jahres 1944 erlebt. Er hat über den Untergang des Neuen Schlosses so anschaulich berichtet, daß seine Ausführungen zitiert werden sollen:

»... Erstmals am 21. Februar 1944, nachts gegen 3 Uhr, traf eine Brandbombe das Dach des Schloßflügels gegen die Anlagen. Dieser Brand konnte gelöscht werden. Aber der Luftdruck einer Mine, welche die Nymphengruppe von Dannecker am oberen Anlagensee traf und zerstörte, hat die von Thouret gestalteten Räume samt ihrer interessanten Ausmalung im pompejanischen Stil im ersten Stock des Flügels verwüstet. Die stuckierten Zimmerdecken stürzten zum großen Teil herunter, und, was sich in der Folge besonders verheerend auswirken sollte, in der langen Zimmerflucht bis zum Mittelbau unter der Kronenkuppel wurden alle Türen ausgerissen und eingedrückt.

Einige Stunden später aber, gegen 7 Uhr, hatte sich ein bisher nicht wahrzunehmender schwelender Brand im Dachstock des Schloßflügels gegen das Alte Schloß Luft verschafft und schlug in hellen Flammen hoch. Bald war der ganze Dachstock im Eck des Flügels rückwärts gegen die alte Akademie von dem Feuer ergriffen. Die Decken der darunterliegenden Gemächer brachen unter der Last der abgestürzten Dachbalken zusammen.

Altes Schloß, Innenhof, 1945.

Altes Schloß, Ostflügel zum Karlsplatz, nach dem Krieg.

Bei dem Luftangriff vom 2. März 1944, kurz nach 3 Uhr, muß das ganze Schloß von einem Brandbombenhagel getroffen worden sein. Der Dachstock des Anlagenflügels stand in kürzester Zeit in Flammen. Das Feuer breitete sich in Windeseile bis zum Mittelbau unter der Krone aus, um 3.30 Uhr brannten Dachstock und große Teile des ersten Geschosses des ganzen Baus lichterloh. Der Luftzug durch die am 21. Februar ausgebrochenen Türen und Fenster hindurch verursachte schnell einen Feuersturm, der durch die Gemächer und Säle vom Anlagenflügel bis zum Großen Marmorsaal unter der Krone raste. Die Weiträumigkeit des großen Saales hemmte dann die weitere Ausdehnung des Feuers im ersten Geschoß, da es keine Nahrung mehr fand. Gegen 4 Uhr brach die Kuppel mit der Krone unter gewaltigem Getöse in sich zusammen und durchschlug die Decke des Großen Marmorsaales darunter mit dem Deckenbild von Hetsch, und auch die Decke der Marmortreppe mit dem Deckengemälde von Guibal. Eine riesige Feuergarbe fuhr in den Nachthimmel empor. Zu dieser Zeit brannte es auch schon im Erdgeschoß in den Sälen rechts und links vom Vestibül des Hauptportales, vermutlich war Flugfeuer durch die zersprungenen Fenster eingedrungen.

Am folgenden Tage, dem 3. März, stürzten die Dekken der Säle mit den bekannten Fresken mit Motiven aus der württembergischen Geschichte von Gegenbaur rechts vom Hauptportal ein, die schwer beschädigt, aber noch nicht zerstört wurden. Auch die hölzerne Decke des Vestibüls, die von Fachleuten für ein brandsicheres Steingewölbe gehalten worden war, brach zusammen. Dorthin hatte man wertvolles Mobiliar aus den oberen Schloßräumen zusammengetragen.

Der Brand, zu dessen Bekämpfung so gut wie nichts geschah, griff im Laufe des Tages weiter auf den Flügel gegen das Alte Schloß mit dem Weißen Saal und auf die sich an der Hofseite anschließende Spiegelgalerie über. Noch blieben die zwischen der Spiegelgalerie und dem Großen Marmorsaal auf der Hofseite liegenden Festsäle, der Rote Marmorsaal in der Mitte des Flügels, der graue und der gelbe Marmorsaal und der Thronsaal im Winkel, wie auch die Säle mit den anderen Fresken von Gegenbaur nächst dem Großen Marmorsaal ziemlich verschont. Am 5. März wurde der Bacchussaal auf der Seite gegen das Alte Schloß neben dem Weißen Saal von dem sich nun langsam, dabei gänzlich ungehindert ausbreitenden Feuer ergriffen. Auch im Erdgeschoß des Flügels schwelten viele kleinere Feuerherde.

Wilhelma, Maurischer Festsaal, nach dem Krieg.

Gleichzeitig richteten die im Untergeschoß des Flügels gegen das Alte Schloß hausende Flugabwehrzentrale und das Flugabwehrkommando in diesen Erdgeschoßgemächern großen Schaden an. Ohne jede Verständigung mit dem Finanzministerium oder dem Kultusministerium ließen diese Stellen Wände und Böden ein- und ausreißen und eine riesige Betondecke einziehen. Sogar die interessanten Kandelaber nach Entwürfen von Thouret und Isopi im Vestibül zum Weißen-Saal-Portal wurden kurzerhand kleingeschlagen ...

... Noch waren bislang die Umfassungsmauern des sehr solid ausgeführten Bauwerks in ganzem Umfang verhältnismäßig nur wenig beschädigt worden. Am 25. Juli bei einem für die Stadt besonders verheerenden Angriff brachen Teile der Wände des Weißen Saales zusammen. In der folgenden Nacht vollendete sich die Katastrophe. Nach 1.15 Uhr trafen mindestens 5 Sprengbomben die bisher verschonte Barockgalerie im ersten Stock gegen die Akademie. Das prachtvolle Deckengemälde von Matthias Günther, das von den Erschütterungen und vom Regen schon aufgeweicht und brüchig geworden war, fiel herunter, die Stirnseite des Flügels gegen die Anlagen stürzte in ihren oberen Teilen ein. Dann griff der Brand der hinter dem Schloß stehenden Gebäude der Akademie von rückwärts auf die bisher noch einigermaßen erhaltenen Festsäle im ersten Stock über, die nun zu Grunde gingen. Vom Großen Marmorsaal und der Haupttreppe blieben die mit Marmor verkleideten Wände stehen, das große Deckengemälde im Treppenhaus war, wie oben erwähnt, schon beim Einsturz der Kuppel vernichtet worden.

Der Angriff am 12. September, von 22.30 bis 24 Uhr, für die Stadt einer der schlimmsten, konnte nicht mehr sehr viel anrichten. Eine Sprengbombe zerschlug die Kellerdecke unter dem Weißen Saal und traf unglücklicherweise genau die zuvor von der Technischen Nothilfe mit größter Mühe und unter Gefahren geborgenen Marmorplastiken aus der Erbauungszeit des Schlosses ...«

Soweit der Bericht Fleischhauers.

Am 12. September 1944 war der 27. Fliegerangriff auf Stuttgart. Die Hiobsbotschaften gehen weiter: Das Lindenmuseum stürzt zusammen ... das Kleine Haus ist ein Trümmerhaufen ... auch am Rosenstein scheint alles zu brennen ... viele Bäume sind gestürzt ... die Staatsgalerie ist weiter zerstört, ebenso der Festsaal der Akademie ... das Hauptstaatsarchiv und die Landesbibliothek sind schwer getroffen ... die Alte Kanzlei und der Prinzenbau nun ganz ausgebrannt ... die Stiftskirche vernichtend getroffen ...

In einem Doppelangriff am 19. und 20. Oktober 1944 sind wieder der Rosenstein und die Wilhelma betroffen worden, und nochmals am 12. Februar 1945.

Die Bilanz bei Kriegsende war schrecklich. Riesige Trümmerhaufen lagen über den zum Teil erhaltenen Gewölbekellern. Wie Fanale ragten daraus die stehengebliebenen massiven Außen- und Innenwände gegen den Himmel. Die hölzernen Bauteile, Dächer, Decken und Wände mit dem ganzen Innenausbau waren verbrannt und verkohlt; die Reste lagen in den Trümmerbergen. Altes Schloß, Neues Schloß, Prinzenbau, Alte Kanzlei, Königsbau, Kunstgebäude, Akademiebauten, Kleines Haus der Württembergischen Staatstheater, Staatsarchiv und Naturalienkabinett, Staatsgalerie, Schloß Rosenstein, Wilhelma ... überall bot sich das gleiche Bild der Zerstörung. Die Parkanlagen waren von Bombentrichtern übersät und verwüstet. Das historische Zentrum der Landeshauptstadt bestand nicht mehr.

Nur die Schloßkirche im Südwestflügel des Alten Schlosses, das Große Haus der Württembergischen Staatstheater und die Landesbibliothek wenigstens in Teilen hatten den Bomben widerstanden.

Das hysterische Ja auf die rethorische Frage von Joseph Goebbels: »Wollt ihr den totalen Krieg?« hatte sich auf eine fürchterliche Weise auch in Stuttgart ausgewirkt.

Mittlerer Schloßgarten vor dem Zweiten Weltkrieg.

Neues Schloß, Kopfbau Planieflügel.

Die Nachkriegsgeschichte

Wiederaufbau und Stadtplanung

Die ersten Schritte

Am 21. April 1945 marschierten die Franzosen in Stuttgart ein, 17 Tage vor dem Kriegsende. Drei Monate später wurden sie von den Amerikanern als neuer Besatzungsmacht abgelöst. Die Alliierten hatten Deutschland in Besatzungszonen aufgeteilt. Der Nordteil Württembergs – drei Fünftel des Landes – fiel den Amerikanern zu, den Südteil – zwei Fünftel – erhielten die Franzosen. Ähnlich wurde mit Baden verfahren. Militärregierungen übten die volle und uneingeschränkte Souveränität aus; sie bestimmten über das Schicksal der Bevölkerung.

Im Spätsommer 1945 wurde die Einrichtung von zentralen deutschen Verwaltungsstellen angeordnet. Württemberg war danach ebenso gespalten wie Baden. In der amerikanischen Besatzungszone wuchsen die ihrem Bereich angehörenden Teile der beiden Länder relativ schnell zu einem einheitlichen Wirtschaftsgebiet zusammen. Eine vorläufige Volksvertretung tagte ab Januar 1946; die unter Reinhold Maier gebildete Landesregierung war allein der amerikanischen Militärregierung verantwortlich.

Hauptthema waren die ungeheuren wirtschaftlichen Sorgen. Zu den Kriegszerstörungen kamen die Demontagen. Der Morgenthau-Plan mit dem Ziel der Agrarisierung Deutschlands geisterte durch das Land.

Am 30. Juni 1946 fanden allgemeine Wahlen zu einer verfassunggebenden Landesversammlung in dem Gebiet der amerikanischen Besatzungszone statt, aus dem das Land Württemberg-Baden gebildet worden ist. Die ausgearbeitete Verfassung wurde am 1. Oktober 1946 angenommen und nach einigen auf Verlangen der Militärregierung vorgenommenen Änderungen in einer Volksabstimmung am 24. November 1946 genehmigt. Zum gleichen Termin ist der erste verfassungsgemäße Landtag gewählt worden. Er fand im Juli 1947 für 14 Jahre eine provisorische Bleibe im Haus der Stiftung Arbeiterwohnheim in der Heusteigstraße in Stuttgart.

Der Staat Württemberg-Baden war 1947 im Rahmen des Besatzungsrechts eigenverantwortlich handlungsfähig.

Angesichts der Notsituation und der zunächst nur im kommunalen Bereich existierenden Verwaltungen ist verständlich, daß in den zerstörten Städten und im Blick auf die Flüchtlingsströme überall die Sorge um ein Dach über dem Kopf, ausreichende Nahrung und Verdienstmöglichkeiten das Denken und Handeln der Bevölkerung wie der Behörden beherrschte. Die Schaffung von Wohnraum und von Arbeitsplätzen war vorrangiges Ziel aller Bautätigkeit. Infolge der Materialnot begann der Wiederaufbau vor allem bei Gebäuden mit dem geringsten Instandsetzungsaufwand. Das Baumaterial wurde, soweit es ging, aus den Trümmern gewonnen; deren Beseitigung nahm Jahre in Anspruch. Steineputzen gehörte zu den wichtigsten Tätigkeiten neben dem Tauschhandel mit Zement, Dachziegeln, Holz, Glas und anderem mehr – ein Zustand, der bis zur Währungsreform 1948 gedauert hat.

Natürlich galt all dies auch und vermehrt in Stuttgart. Der »Monte Scherbellino«, der Trümmerberg auf dem Birkenkopf im Westen der Stadt, ist mahnende Erinnerung an die gewaltigen Zerstörungen in der Landeshauptstadt.

Die Instandsetzungen beschränkten sich im zentralen Bereich um den Schloßplatz anfänglich weitgehend auf Flickarbeiten. Jede Chance zur Nutzung wurde wahrgenommen; die im erhalten gebliebenen Keller des Planieflügels des Neuen Schlosses primitiv eingerichteten Siechen-Bierstuben zeugten von der Findigkeit jener Tage. Um die große Raumnot zu lindern, entstanden auf freien oder freigeräumten Flächen vielfach Provisorien von längerer und kürzerer Dauer. Ein Ladenprovisorium auf dem Akademiegelände entlang der Planie existierte fast zwanzig Jahre; die langfristige Verpachtung von Teilen desselben Grundstücks an der Neckarstraße zum Bau einer Tankstelle war bezeichnend für die langen Zeiträume, in denen erst eine qualifizierte Wiederbebauung erwartet wurde.

Vor diesem Hintergrund sind im staatlichen Bereich zunächst der Prinzenbau (1947–51), die Alte Kanzlei (1950–53) und der Stiftsfruchtkasten (1954–56) wiederaufgebaut sowie der Schloßkirchenflügel des Alten Schlosses (1946) wieder benutzbar gemacht worden.

Erst zehn Jahre nach Kriegsende kam der Wiederaufbau der völlig zerstörten, großen landeseigenen Gebäude im Herzen der Stadt richtig in Gang. Das war auch ein Anliegen der Stadt: In einem Vertrag vom 9. Februar 1956 verpflichtete sie sich zur finanziellen Beteiligung am Wiederaufbau des Königsbaus, des Kunstgebäudes, des Kleinen Hauses und des Kulissenhauses der Württembergischen Staatstheater mit der Maßgabe des schnellen Baubeginns. Über das Schicksal des Neuen Schlosses war zu jenem Zeitpunkt noch nicht entschieden.

Anfänge der Stadtplanung

Der Kern der historischen Residenz war sowohl vor als auch nach dem Zweiten Weltkrieg in den Überlegungen der Stadtplaner unangetastet geblieben. Städtebauliche und gestalterische Vorstellungen endeten meist an der Planie; selbst nach den Zerstörungen dachte niemand an Veränderungen der in Jahrhunderten gewachsenen Strukturen. Ein Wiederaufbau der baugeschichtlich wichtigen Gebäude um den Schillerplatz und den Schloßplatz schien selbstverständlich, wenn auch nur langfristig zu verwirklichen.

So hat sich der Altstadtwettbewerb von 1945/46 auf deren Bereiche beschränkt. Berührt war das Gebiet am Südrand des Karlsplatzes, wo die alte Karlstraße aufgegeben und ein durchgehender Baublock zwischen Münz- und Gördelerstraße vorgesehen wurde. Dort entstand später der Neubau für das Innenministerium. Eine erhebliche Rolle spielte aber die Unterbringung des Landtags. Seitens der Stadt wurden für den Bereich der Kronprinz- und Kanzleistraße so tiefgreifende Veränderungen geplant, daß der Wiederaufbau am historischen Standort ausschied. Zudem stellte sich die Frage nach einem repräsentativeren Standort. Im Parlament wurde natürlich der Schloßplatz diskutiert, der Platz des Kunstgebäudes oder das Neue Schloß in Erwägung gezogen. Professor Paul Bonatz griff 1950 dieses Problem im Rahmen eines Gutachtens zur Erhaltung des Kronprinzenpalais auf und schlug das Neue Schloß als Sitz des Landtags mit einem Plenarsaalanbau auf dem Akademiegelände vor. Zudem regte er für den Interimstheaterplatz den Bau eines Konzertsaales an.

In völligem Gegensatz zu den traditionellen Vorstellungen stand der Vorschlag zur Neugestaltung des Schloßplatzes, den Professor Richard Döcker 1952 veröffentlichte. Ausgehend von den Schloßgärten, wollte er den Schloßplatz bis zum Altstadtrand in eine durchgrünte Stadtlandschaft im Sinne der Charta von Athen umwandeln. Dahinter stand wohl auch die Absicht, das in absolutistischer Zeit geometrisch geprägte Stadtbild zu »demokratisieren« und im Sinne einer neuen, freien Gesellschaft offener zu gestalten. Mit dem Abräumen der Ruine des Kunstgebäudes sollte eine bessere Verknüpfung mit dem Oberen Schloßgarten bewirkt werden. Vom Neuen Schloß wäre nur der Gartenflügel erhalten worden; es hätte seine neue Hauptfront einem geöffneten Karlsplatz zugewandt und damit den Gedanken der besseren Zuordnung zur Stadt aufgenommen. Diese Überlegung hatte schon Balthasar Neumann bei seinem Gegenvorschlag zu Rettys Projekt 1744 angestellt, allerdings in einem völlig anderen Maßstab und nicht als Relikt eines großen Gedankens. Die Opferung des Ost- und Südflügels des Neuen Schlosses hätte dem Parlament den bedeutendsten Bauplatz im Stadtzentrum gesichert.

Döckers Überlegungen lösten heftige Diskussionen aus. Einige moderne Architekten von Rang, u.a. Bartning, Scharoun, May, unterstützten den Vorschlag Döckers. Bei Denkmalpflegern und Kunsthistorikern stieß er auf einhellige Ablehnung, in der Bevölkerung und in der Presse gingen die Emotionen hoch. Für viele Bürger war es unvorstellbar, den Schloßplatz mit seinem Ensemble aus landes- und stadtgeschichtlich bedeutenden Bauwerken nicht wiederherzustellen, sondern ihn vollends zu zerstören. Letztlich hatte diese Vision keine Chance.

Stadtplanung = Verkehrsplanung

In besonderem Maß wirkten sich die Verkehrsplanungen der Stadt auf den städtischen Kernbereich mit den Einrichtungen des Landes aus. Schon nach dem Krieg 1914–18 sahen die Stadtplaner eine Verbesserung der Verkehrsverhältnisse in der Innenstadt als unausweichlich an. In einem 1920 durchgeführten Wettbewerb waren die Querspange Schillerstraße–Bahnhofsplatz und die Verbindung Lautenschlager-/Schloßstraße festgelegt worden. 1925 wurde die Planie zwischen Schloß und Waisenhaus umgebaut; der Durchbruch Rote Straße war im Gespräch. Durch mehrere städtebauliche Gutachten wurde 1936 eine Querverbindung im Bereich Torstraße oder Paulinenstraße südlich der Altstadt angeregt: Das Ringsystem um die City war damit geboren. Mit dem Durchbruch der Hauptstätterstraße–Holzstraße zum Charlottenplatz wurde 1937 die erste Verkehrsverbesserung in der Tallängsachse verwirklicht.

Angesichts der schwierigen Besatzungszeit ist es beachtlich, daß bereits im Jahre 1948 von der ZAS (Zentrale für den Aufbau Stuttgarts) unter der Leitung von Walter Hoss ein Generalbebauungsplan vorgelegt wurde, dem 1947 ein Verkehrsgerippeplan vorausgegangen war. In diesem wurde die Idee des City-Ring-Systems aufgenommen und konkretisiert. Ziel war die flüssige Umfahrung des inneren Stadtkerns mit dem Durchbruch Friedrich-/Rotestraße zwischen Hauptbahnhof und Rotebühlstraße auf der Westseite und dessen Verbindung über die aufgeweitete Paulinenstraße zur Hauptstätterstraße einerseits, sowie die verbesserte Verknüpfung der Neckarstraße mit der Heilbronner Straße über die ausgebaute Heilmann- und Wolframstraße im Osten und Norden andererseits. Zusätzlich sollte die Schillerstraße (Zufahrt zum Wagenburgtunnel) verbreitert und eine neue Querspange zum Charlottenplatz gebaut werden: der Planiedurchbruch. Für alle genannten Straßen galt der Ausbau mit zwei Richtungsfahrbahnen als zwingend, zumal sie dem Verlauf der Bundesstraßen 14 und 27 folgten.

Der Planiedurchbruch

Seitens des Landes richtete sich das ganze Interesse zunächst auf das Kronprinzenpalais, welches dem Planiedurchbruch zum Opfer fallen sollte. Professor Paul Bonatz hatte in seinen dem Ministerrat 1950 erstatteten Vorschlägen den Stadtraum bis zum Neckar einbezogen, um seine ganzheitliche Schau zu verdeutlichen. Bonatz hat die Notwendigkeit der Querspange Planie grundsätzlich anerkannt, jedoch das Kronprinzenpalais durch ein ausgeklügeltes System von Einbahnstraßen erhalten wollen. Der Verkehr vor dem Königsbau hätte dadurch noch zugenommen, die Konsequenz für den Schloßplatz wäre insgesamt eher schlimmer gewesen. An der Planie und an der Neckarstraße folgte Bonatz der städtischen Planung; der Charlottenplatz sollte durch Veränderungen des spitzwinkligen Alten Waisenhauses eine klarere Form erhalten. Immerhin war die Schloßgartenstraße aufgegeben worden.

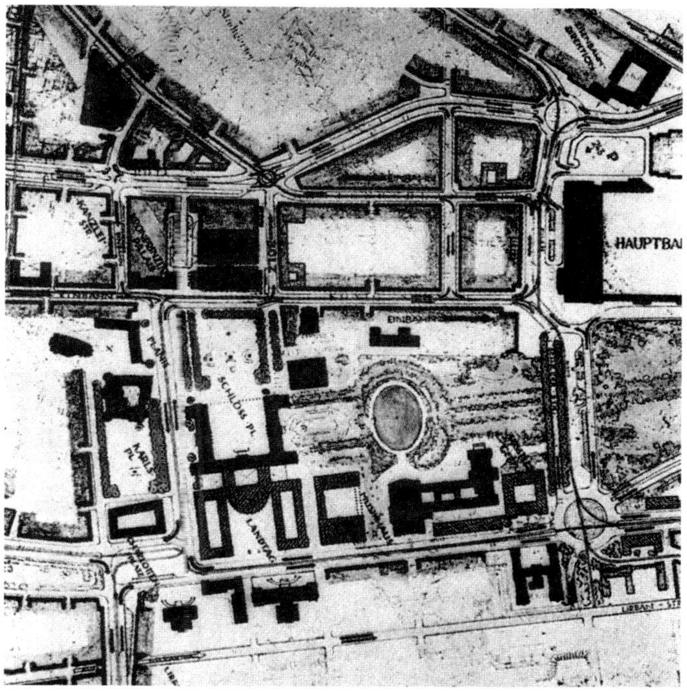

Paul Bonatz, Gutachten 1950.

Aus heutiger Sicht völlig unverständlich mutet aber zum einen die Ausformung der Querspange Schillerstraße mit der totalen Trennung des Oberen vom Mittleren Schloßgarten an, zum anderen die Längsaufspaltung der Anlagen durch die Einführung eines »Parkway« im Grünen, d.h. einer Fahrstraße von der Schillerstraße zum Schwanenplatz samt deren Verlängerung durch den Rosensteinpark bis zum Löwentor.

Im Verlauf der Diskussion um das Kronprinzenpalais gab Bonatz zwar das Einbahnstraßensystem auf, versuchte jedoch, das Palais durch eine »Insellösung« zu erhalten. Als Teilbebauungsplan wurde 1953 der Abschnitt Rote Straße unter Zurückstellung des Planiedurchbruchs genehmigt.

Anfang 1954 brachte das Regierungspräsidium als eigenen Vorschlag eine Tunnellösung für den Planiedurchbruch in die Diskussion ein. Das Kronprinzenpalais war geopfert und durch einen Neubau über den Tunnelröhren ersetzt worden. Für den Schloßplatz hatte diese Lösung eine spürbare Verkehrsentlastung zur Folge. In der Bewertung des Landes trat eine Wende ein; die Erhaltung des Kronprinzenpalais war nicht mehr vorrangiges Ziel. Nach weiteren Diskussionen und erfolgter Abstimmung zwischen den Beteiligten wurde der Bebauungsplan Planiedurchbruch am 19. März 1959 genehmigt. Der Straßendurchbruch zwischen Roter Straße und Königstraße/Schloßplatz war danach durch eine Platte zu überdecken, die man sich als lebendiges Fußgängerparadies vorstellte.

Die städtebauliche und architektonische Neugestaltung erfolgte erst 1963 nach dem Abbruch des Kronprinzenpalais. Professor Gutbrod errichtete auf der Plattenwestseite 1964–68 den noblen Neubau für die Baden-Württembergische Bank, der, leicht hereingedreht, die Richtung des Neuen Schlosses aufnimmt und im Hintergrund der Planie eine neue Platzwand bildet. Die Architekten Bächer und Kammerer-Belz erhielten nach einem Gutachterverfahren 1965 den Auftrag für die Planung und Ausführung des Gebäudes Kanzleistraße 2 (Wittwer/Girokasse) und zur Gestaltung der Platte selbst, die mit eingeschossigen Ladenbauten versehen wurde. Damit erhielt die obere Königstraße einen klaren Abschluß und der Plattenrand eine gewisse Festigkeit. Bestimmend blieben aber die aufgerissenen Schlünde der Straßenführungen unter der 7 Meter hoch liegenden Platte und die Verkehrsverteilung in die Königstraße und die Planie. Es entstand eine unbefriedigende städtebauliche Lösung an dieser exponierten Stelle.

Die Neckarstraße / Konrad-Adenauer-Straße

Für die Neckarstraße war 1951 ein erster Bebauungsplanentwurf vorgelegt worden. Er mündete in den Generalbebauungsplan ein, der den zweibahnigen Ausbau als Stadtautobahn mit Unterfahrung der Knotenpunkte vorsah. Den vorläufigen Endpunkt der Planungen bildete der Generalverkehrsplan für den fließenden Verkehr vom April 1962, der im Februar 1965 durch den zweiten Band für den ruhenden Verkehr ergänzt worden ist. Die Führung und Bemessung des Straßennetzes und die Standorte der Parkierungsanlagen wurden durch Verkehrserhebungen und die daraus abgeleitete Verkehrsprognose bestimmt. Das City-Ring-System erfuhr darin nicht nur seine Bestätigung, sondern eine erschreckende Ausweitung.

»Schon in den Jahren 1953–56 wurde für das City-Ring-System eine für damalige Verhältnisse außerordentlich großzügige Plankonzeption entwickelt, die für zahlreiche wichtige Knotenpunkte (Charlottenplatz, Österreichischer Platz, Planiedurchbruch, Kreuzung Schiller-/Neckarstraße) schon die Einbeziehung der zweiten Ebene vorsah. Diese Plankonzeption wurde ab 1959 ... in wesentlichen Abschnitten erheblich gesteigert ...

Im Zuge der Heilbronner Straße (City-Westtangente) setzt, begünstigt durch den Gradientenverlauf, in Höhe des Pragfriedhofes eine vierspurige Hochstraße an, die sich ... in weitem Bogen über die Gleisanlagen des Güter- und Hauptbahnhofes sowie über die Schloßgartenanlagen schwingt und im Bereich Neckartor in eine Hochstraße in der Neckarstraße einmündet ...

Diese Hochstraße, die sich sechsspurig vom Marienplatz bis zum Neckartor hinzieht, ist das maßgeblichste Element der neuen erweiterten Konzeption.«

Ziel dieser städtebaulichen Verkehrsplanung war die »Schaffung eines technisch vollkommenen, leistungsfähigen Netzes von Hauptverkehrsstraßen über die ganze Stadt, für die Zurücklegung großer Entfernungen und für eine Fahrtechnik mit angemessen hohen Reisegeschwindigkeiten.« Angesichts solcher Einstellung war es kein Wunder, daß die Verkehrsplanung dominierte, zumal beim Ausbau der Bundesstraßen zu Stadtautobahnen auch noch der goldene Zügel und die Vorschriften aus Bonn gewichtig mitwirkten.

In dieser Phase hat sich die Stadt zur unterirdischen Führung der Straßenbahn im Citybereich als »Unterpflasterstraßenbahn« entschlossen, mit der Konsequenz allerdings, daß der freiwerdende Straßenraum für den Kraftfahrzeugverkehr verplant wurde, obwohl »... auch dann, wenn im Straßenzug Neckar-/Hauptstätter Straße der Öffentliche Nahverkehr aus der Ebene des Individualverkehrs herausgenommen wird, eine Ebene für letzteren allein nicht ausreicht, an den Knotenpunkten sogar deren drei notwendig werden«.

Die Auswirkung derartiger Pläne auf den Baubestand und die Absichten des Landes war beträchtlich. Ein Wiederaufbau der Akademiebauten in der Neckarstraße schied aus. Die Königliche Reithalle von Salucci mußte weichen. Das Große Haus der Württembergischen Staatstheater verlor sein Vorfeld mit dem Schicksalsbrunnen ebenso wie das Kulissenhaus die kaschie-

Generalverkehrsplan »City-Ring-System« 1962/1965.

renden Häuser entlang der Straße. An der Ruine des Hauptstaatsarchivs rückte der Straßenrand bis zur Fassade vor; die vorgesetzten Portiken waren abgeschnitten. Die Kopfbauten der Staatsgalerie mußten für den Fußgängerverkehr durchlöchert werden; vor ihrem Hof entstand das Loch für die Unterfahrung. (Beim Bau einer Hochstraße wäre dort zudem noch eine Zufahrtsrampe gebaut worden.) Die ausgeweiteten Kreuzungen Charlottenplatz und Schiller-/Neckarstraße ließen keine Raumbildung mehr zu. Der Mittlere Schloßgarten verlor entlang der Schillerstraße einen breiten Randstreifen.

Landtag und Regierung forderten, wenigstens auf die geplante Hochstraße zu verzichten. Bei Teil II des Generalverkehrsplanes – ruhender Verkehr – hatte sich sowieso herausgestellt, daß die prognostizierten Verkehrsmengen im Innenstadtbereich gar nicht aufgenommen werden können. Eine Korrektur der Ausbauziele erfolgte jedoch zunächst nicht; die Stadt beharrte auf der Hochstraße als langfristiger Reserve und spielte ihre Planungshoheit voll aus. Im Urteil in der Normenkontrollklage der Stadt zum Planiedurchbruch war die Begutachtung des Landes auf die Prüfung der Gesetzmäßigkeit beschränkt worden; planerische Einwände waren nichtig.

Die staatlichen Stellen reagierten in zweifacher Hinsicht auf die städtische Verkehrsplanung im Verlauf der oberen Neckarstraße, die 1967 in Konrad-Adenauer-Straße umbenannt wurde. Der Akademiegarten sollte auch im Zusammenhang mit dem Wiederaufbau des Neuen Schlosses und dem Neubau des Landtags unbebaut bleiben. Zwischen den beiden historischen Eckpfeilern Wilhelmspalais und Staatsgalerie wurde nun auch auf der Südseite ein grünes Vorfeld geplant, um das Verkehrsband in eine parkähnliche Situation einzubetten. Der Fußgängerverkehr wurde von der Straße gelöst und auf eine hochgelegte Zone im Vorfeld der neuen, zurückgesetzten Bauten verlagert. Man erhoffte mit dieser Distanz eine geringere Beeinträchtigung durch die Dynamik, den Lärm und die Abgase des Autoverkehrs.

In dem von der Staatlichen Hochbauverwaltung gemeinsam mit den Professoren Aru und Henning bis 1965 entwickelten planerischen Leitbild waren die Archivstraße und die Eugenstraße als Verkehrsstraßen aufgegeben und die Bauten als Einzelelemente in einen bis zur Urbanstraße reichenden Grünbereich eingefügt. Die historische Quartierstruktur wurde zugunsten einer offenen Stadtlandschaft aufgegeben und die wichtige Bezugslinie zwischen dem Eugensplatz mit der Galathea und der Rückfront des Großen Hauses abgeriegelt.

Auf dieser Grundlage sind die Landesbibliothek und das Hauptstaatsarchiv an den historischen Standorten 1964–70 gebaut worden. Nördlich der Ulrichstraße sollte die Staatsgalerie erweitert und das Naturkundemuseum neu gebaut werden; außerdem war beabsichtigt, dort auch Teile der Musikhochschule unterzubringen.

Im weiteren Verlauf schälten sich Programmänderungen heraus: Die Staatsgalerie benötigte größere Erweiterungsflächen; für die Staatstheater war das provisorisch untergebrachte Kammertheater neu zu bauen; der Landtag forderte mehr Räume für Abgeordnete, Fraktionen und Verwaltung, deren Menge im Akademiegarten nicht hinnehmbar gewesen wäre.

Für die Sammlungen des Naturkundemuseums mit ihrem großen Magazinbedarf war danach auf dem Areal kein ausreichender Platz mehr vorhanden. Die Verlagerung dieses Museums in den Rosensteinpark und die Weiterverwendung des seit dem Wiederaufbau 1954 von der zoologischen Sammlung genutzten Rosensteinschlosses schien eine sinnvolle Entscheidung. In Verbindung mit dem Ausbau der Wilhelma zu einem botanisch-zoologischen Garten sollte ein naturkundliches Zentrum entstehen, das die Entwicklungslinien der Erd- und Naturgeschichte bis zur Jetztzeit sichtbar machte.

Verkehrsausbau in den Parkanlagen
Der Schwanenplatz – die Bundesstraßen 10 und 14

Zur Entlastung der Innenstadt war der Ausbau eines »Mittleren Rings« für den Ziel- und Quellverkehr aus dem Norden und dem Osten über den Schwanenplatz beim Mineralbad Berg geplant; die Kreuzung der Straßen in der Tallängsachse und entlang des Neckars bestand dort in unterschiedlicher Lage schon in historischer Zeit. Durch die topographische Lage und die Kreuzung der Bundesstraßen 10 und 14 hatte dieser Knotenpunkt eine außerordentliche Bedeutung auch für den Durchgangsverkehr. Die in der Prag-/Neckartalstraße ungünstig verlaufende Bundesstraße 10 sollte deshalb neu trassiert werden und aus Richtung Feuerbach zunächst dem Bahnkörper sowie danach der Ehmannstraße folgen. Die Talaue wäre durch eine Hochstraße überbrückt worden, die langsam sinkend hinter dem Leuzebad wieder die alte Trasse am Neckar erreicht hätte.

Ein großer Verkehrskreisel mit Auf- und Abfahrtsrampen mitten im Talgrund sollte die Verknüpfung mit der Bundesstraße 14 gewährleisten; der Schwanenplatz wäre, ausgerechnet am Übergang der Senke des Nesenbachs in das Neckartal und an der Nahtstelle zwischen Schloßgarten und Rosensteinpark, zu einem gigantomanen Verkehrsknoten in der Art des Echterdinger Eis geworden. Die Zerstörung des Landschaftsraumes und die Beeinträchtigung durch die Verkehrsimmissionen hätten den Flächenverlust auf der Westseite des Rosensteinparks und in den Unteren Anlagen zweifellos potenziert.

Die für die Mineralbäder befürchteten Auswirkungen führten zur Gründung eines Vereins »Stuttgarter Mineralbäderschutz e. V.«, der von einer Gutachterkommission des BDA 1965 einen Alternativplan ausarbeiten ließ. Ziel dieses Planes für den Bereich der Anlagen und des Rosensteinparks war, die den Grünraum von der Stadt und den Bädern trennenden Straßen aufzuheben und die Zone vom Neckartor bis zum Fluß durch dementsprechende Nutzungen aufzuwerten. Die Neckartalstraße sollte nur noch Erschließungsfunktionen übernehmen und überdeckelt werden; der starke Verkehr aus der Pragstraße wäre auf die Cannstatter Seite verlegt und erst beim Gaswerk in die alte Trasse der B 10 zurückgeführt worden. Der BDA hatte zur Entlastung der Pragstraße die neu geplante Straße entlang der Westseite des Rosensteinparks übernommen und als Hochstraße über die Talaue geführt. Die Cannstatter Straße war aufgegeben und durch eine am Bahndamm verlaufende neue Trasse in zwei Ebenen ersetzt worden. Ihre Weiterführung nach Cannstatt sollte den Rosensteinpark untertunneln und als Hochbrücke den Neckar überqueren. Statt des einen kreuzungsfreien Knotens am Schwanenplatz wären zwei Kreuzungen entstanden: am historischen Zugang zum Rosensteinpark und am Dreieck Neckar-/Kuhnstraße.

Die Verwirklichung dieser Vorschläge hätte eine große Chance für die städtebauliche Entwicklung des zwischen Neckar und Cannstatter Straße gelegenen Gewerbegebiets eröffnet und dem Bäderbereich erheblich Luft verschafft. Cannstatt wäre aber total vom Fluß abgeschnitten worden. Für die Unteren Anlagen und den Rosensteinpark wären durch die Verkehrsumlagerungen Einbußen entstanden, welche weit größer gewesen wären als die erwarteten Vorteile. Der Verkehr hätte die entscheidenden Verknüpfungspunkte der Parks geprägt; mit Sicherheit wäre die Platanenallee dem Straßenbau zum Opfer gefallen. Die Gutachter hatten insoweit nur die Probleme verlagert; gleichwohl

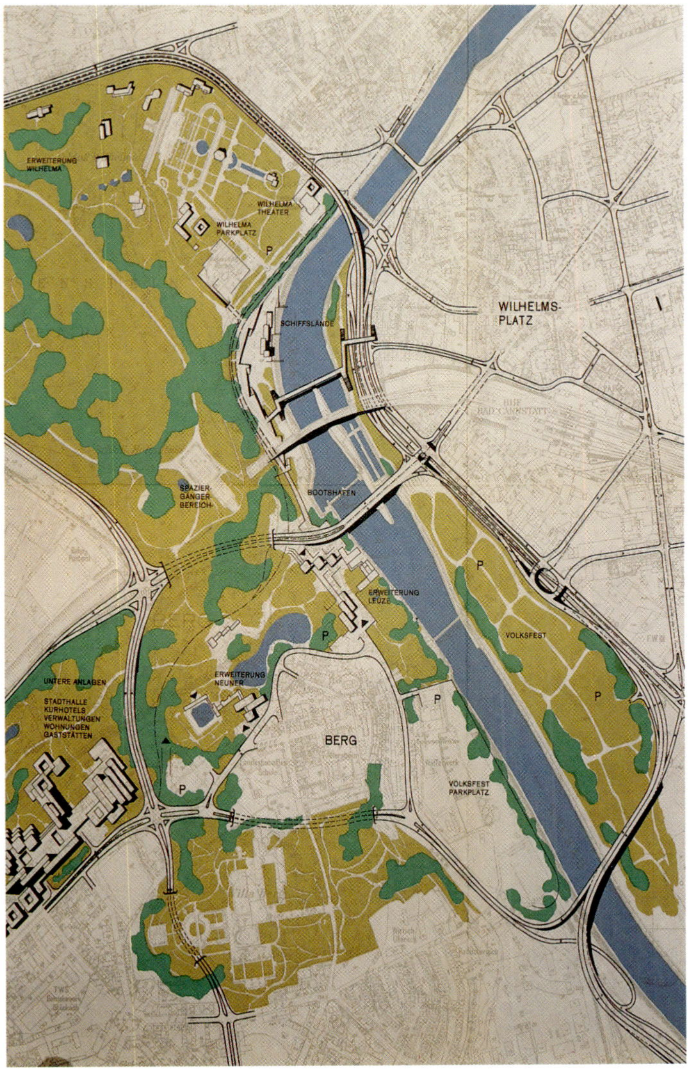

BDA-Gutachten 1965. Alternativplan Schloßgarten, Schwanenplatz, Bäderbereich.

gaben die Überlegungen des BDA wichtige Anstöße für die weitere Planung.

Zu Beginn der siebziger Jahre war ein allgemeines Umdenken in Gang gekommen. Die Defizite der Großbauten und die Monotonie der Neubaugebiete führten zur Rückbesinnung auf frühere Qualitäten. Niemand wollte mehr den Kahlschlag zugunsten des Kraftfahrzeugs in den gewachsenen Stadtstrukturen. Historische Bauten und Quartiere wurden Sinnbild für menschlichere Maßstäbe und Identität. »Eine Zukunft für unsere Vergangenheit« war die Losung des Denkmaljahres 1975. Überzogene Planansätze wurden beschnitten, manche Zielvorstellungen wurden zugunsten neuer Wertvorstellungen erheblich verändert. Verkehrsausbau wurde wieder als ein Teil der Stadtplanung begriffen.

Die Stadt Stuttgart verabschiedete sich stillschweigend von der Hochstraße über dem City-Ring. Auf Grund der Empfehlung des Preisgerichts im 1973 durchgeführten Wettbewerb zur Neugestaltung Königstraße/Schloßplatz hat die Stadtverwaltung auf die Straßenverbindung vor dem Königsbau verzichtet und den Schloßplatz ganz den Fußgängern gewidmet. Vor kurzem ist auch die Durchfahrt von der Schloßstraße in die Planie gesperrt worden; am Kleinen Schloßplatz könnte somit eine neue architektonische Fassung entstehen.

Die Planung der B 10 entlang der Westseite des Rosensteinparks und des Verkehrsknotens Schwanenplatz wurde völlig verlassen; die B 14 ist dort sogar abgesenkt und überdeckt worden, soweit dies wegen der Mineralquellen tunlich erschien. Dadurch wurde die Talaue an ihrem Ende weiträumiger, und eine ungestörte Grünverbindung vom Rosensteinpark zum Park der Villa Berg wurde möglich.

Trotzdem waren an manchen Stellen Opfer zu bringen. Für den zweibahnigen Ausbau der Bundesstraße 10 – Pragstraße – zwischen dem Pragsattel und der Rosensteinbrücke mußte ein Streifen des Rosensteinparks mit der Randbepflanzung abgegeben werden. Das Löwentor, einst ein wichtiger Eingang, steht seitdem eingequetscht und eingesenkt an der Nordwestecke des Parks. Der Wilhelma wurden von der schmalen Randzone zwischen Straße und historischem Wegenetz 18 Meter weggeschnitten. Zugunsten der Wohnquartiere an der Nordbahnhofstraße wurde der Verkehr umgelenkt und dafür im Park entlang der Bahntrasse eine neue »Ehmannstraße« angelegt.

Seit ihrer Entstehung haben die Königlichen Parkanlagen kaum eine Ausweitung erfahren, sondern dienten vielfach als willkommene Grundstücksreserven. Dabei waren die Flächenverluste infolge des Eisenbahnbaus wesentlich größer als diejenigen, die der Straßenausbau verursacht hat. Dessen Folgen sind aber ungleich schwerwiegender, weil wesentliche Bereiche empfindlich beeinträchtigt oder gestört worden sind. Oftmals wurden Zusammenhänge auseinandergerissen; an manchen Stellen kam dies einer zweiten Stadtzerstörung gleich.

Es ist zu hoffen, daß – wenn auch nur langfristig – die Notwendigkeit weiterer Verbesserungen einsichtig wird. Beispielhaft sei die Überdeckelung der Konrad-Adenauer-Straße genannt, damit sich dort Schloß, Landtag, Schloßgarten und kulturelle Einrichtungen zu einem sinnvollen, lebendigen Miteinander verbinden können.

Das Alte Schloß – der zweite Wiederaufbau

Beim großen Brand im Dezember 1931 war der Ostflügel des Alten Schlosses, der Dürnitzbau, im Inneren bis auf die Kellergewölbe hinunter völlig zerstört worden. Die reiche Ausstattung der Räume war unwiederbringlich verlorengegangen.

Die Bombenschäden des Zweiten Weltkrieges bewirkten für das Erscheinungsbild im Stadtraum weit tiefgreifendere Folgen. Alle Dächer waren abgebrannt, die Fassaden des Dürnitzbaues auf den Außenseiten wie zum Innenhof eingebrochen und die Arkaden mit Ausnahme des Südflügels eingestürzt. Im Inneren waren die Raumstrukturen vernichtet; die Reste der Holzbalkendecken und der Wände lagen als Schutthaufen auf den unzerstörten Kellergewölben.

Es war ein wenig tröstlich, daß der vor die Schildmauer gestellte Archivbau erhalten blieb und beim Südflügel nur das Dach zerstört worden war. Die Schloßkirche hatte das Inferno fast unbeschädigt überstanden.

Trotz der großen Schäden war es keine Frage, daß dieses Symbol der Staatswerdung des alten Württemberg so schnell wie möglich wiederaufgebaut werden mußte. Auch um die Nutzung gab es keine Diskussionen: Das Schloß sollte die vor der Zerstörung im Neuen und im Alten Schloß untergebrachten und geretteten Sammlungen aufnehmen und dafür in vollem Umfang verfügbar sein.

Durch Verordnung des Staatsministeriums vom 18. Juni 1947 waren die kunst- und kulturgeschichtlichen Sammlungen und die Altertümersammlung mit den vor- und frühgeschichtlichen Abteilungen institutionell zum »Württembergischen Landesmuseum« vereinigt worden. Eine seit 1921 bestehende Teilung der 1862 unter der Regierung von König Wilhelm I. geschaffenen Sammlung für vaterländische Kunst- und Altertumsdenkmale war damit beendet. Dem Museum wurden außerdem die vormals selbständigen »besonderen Sammlungen« der römischen, mittelalterlichen und neueren Steindenkmäler, die Antikensammlung, die Münzen- und Medaillensammlung und die Volkskundesammlung angegliedert. Zum Teil gingen diese Sammlungen noch auf das unter Herzog Friedrich I. um 1600 angelegte Kunst- und Altertumskabinett zurück, das als Herzogliche Kunstkammer 1648 im Alten Lusthaus untergebracht war.

Die Vielfalt der Inhalte bestimmte das museale Konzept für den Wiederaufbau, gegliedert in Schau- und Studiensammlung, Magazine, Werkstätten und Verwaltung. In der Besatzungszeit und vor der Währungsreform waren größere Instandsetzungen kaum möglich. Insoweit bemühte man sich zunächst um die Herrichtung des Südflügels; schon am 3. Februar 1946 konnte die Schloßkirche wieder benutzt werden. Erst von 1947 an waren finanzielle und materielle Voraussetzungen für den eigentlichen Wiederaufbau in bescheidenem Umfang vorhanden. Dafür zuständig war die im Aufbau begriffene staatliche Hochbauverwaltung; Planung und Durchführung lagen in den Händen des Staatlichen Hochbauamts I Stuttgart.

Die drei Arkadenflügel waren relativ einfach wiederherzustellen. Bei den Außenfassaden waren nur geringfügige Ergänzungen erforderlich, und für die kräftig gegliederte Dachlandschaft gab es ausreichende Unterlagen. Beim Südflügel wurde die unglückliche

Aufstockung des Daches wie schon nach der Korrektur vor dem Zweiten Weltkrieg nicht mehr gebaut. Im Hof läuft die Dachtraufe einheitlich durch und gibt den Arkaden einen klaren Abschluß; der Uhrturm des Blasius Berwart kommt so besser zur Wirkung. Auch an der Außenseite ist der Zusammenhang des »Christophbaues« wieder ablesbar, die Dominanz des Ostflügels und der Rundtürme verdeutlicht.

Die Arkadenerneuerung hatte bei den Architekten Diskussionen ausgelöst, ob diese mit historischer Genauigkeit erfolgen sollte oder ob sie angesichts des Aufwandes und einer Verdeutlichung des Zeitbezuges besser in vereinfachter Form auszuführen wäre. (Eine solche Lösung ist an den von Bildhauer Mettel gestalteten Kapitälen der Säulenreihe des Kunstgebäudes zu sehen.) Da die Arkaden am Südflügel erhalten geblieben waren, wurde wegen der einheitlichen Wirkung zugunsten der historischen Rekonstruktion entschieden. Das innere Gefüge mit seiner durchgehenden Folge der zwischen die Außenwände gespannten Räume und ihrer Erschließung aus den Arkadenumgängen blieb auch für die museale Nutzung sinnvoll. Historische Details wurden dort nicht mehr nachempfunden; aus Brandschutzgründen wurden außerdem nunmehr Massivdecken aus Stahlbeton gefertigt.

Beim Südflügel war nur das Dach vollständig zu erneuern; schon am 18. Februar 1948 konnte Richtfest gefeiert werden. Bereits im April 1948 fand in behelfsmäßig ausgebauten Räumen des Obergeschosses eine Ausstellung statt. Ein Jahr später war ein Teil der mittelalterlichen Sammlung aufgestellt und am 22. April 1949 feierlich eröffnet worden. Ende des gleichen Jahres konnten weitere Räume im Obergeschoß des Planieflügels für Teile der vor- und frühgeschichtlichen

Schloßkirche 1992.

Archivbau 1992.

Sammlung genutzt werden, jedoch ohne Zugang über die noch fehlenden Arkaden. Aus heutigem Sicherheitsdenken unvorstellbar: Die Ausstellungsräume waren während der Bauarbeiten lange Zeit nur über eine provisorische Holztreppe vom Hof aus zu erreichen, wo sich die Bauhütte mit den Steinmetzen befand!

Die historisch getreue Nachbildung der Arkaden des West- und Nordflügels erforderte eine erhebliche Zeitspanne. Insgesamt hat es zehn Jahre gedauert, bis die Arbeiten an den Arkadenflügeln 1958 abgeschlossen werden konnten und das vertraute Erscheinungsbild zurückgewonnen war. In jenem Jahr wurden auch die vor- und frühgeschichtlichen Sammlungen in zehn Säulen neu präsentiert; ab 1956 konnten die wertvollsten Stücke der kunst- und kulturgeschichtlichen Sammlungen in zeitlicher Ordnung von der Romanik bis zum Spätbarock im ersten Obergeschoß gezeigt werden. Nach der musealen Ausstattung des Ostflügels und durch neue Funde sind im Lauf der Jahre Veränderungen erfolgt. Spektakulärster Zugang ist der Schatz aus dem Grab des »Fürsten von Hochdorf«.

Der Wiederaufbau des mächtigen Ostflügels mit der Dürnitz konnte erst von 1956 an betrieben werden. Mit der Planung wurde wiederum der schon nach dem Brand von 1931 eingeschaltete Professor Paul Schmitthenner beauftragt. In diesem Architekten sah die Bauverwaltung den Garanten für eine dem Bauwerk angemessene und werkgerechte Ausführung, obwohl seine damalige Umgestaltung auf Kritik gestoßen war.

Für die Nutzung bestanden generelle Vorstellungen insoweit, als die drei Hauptgeschosse ständige Ausstellungen aufnehmen sollten, während in den nunmehr massiv gebauten Dachebenen Magazine und Werkstätten unterzubringen waren. Das erforderte großräumige Zusammenhänge; die Rückkehr zur historischen Kleinteiligkeit schloß sich somit aus.

Durch die Kriegszerstörung waren die historischen Schichten und das lebendige Spiel der Fassaden vollends verlorengegangen. Deren Rückgewinnung wäre nicht möglich gewesen und hätte überdies keinen Bezug zur durchgehenden inneren Struktur des Museums gehabt. Schmitthenner hatte schon beim Wiederaufbau nach dem Schloßbrand 1931 die Fenstereinteilung in den Obergeschossen neu geordnet und sich nur an die Historie angelehnt. Der neuen Zweckbestimmung folgend verwendete er nun durchgehend gekuppelte, große Fenster und verstärkte den Kontrast zu den hohen, gotisierenden Fenstern des Erdgeschosses. Diese Bereinigung ist sehr wohl verständlich. Das Erscheinungsbild wirkt zur Planie und zum Karlsplatz hin aber recht akademisch und hat durch das flache Relief der Fenster viel von seiner ursprünglichen Lebendigkeit eingebüßt.

Wer heute um das Bauwerk geht, wird sehr schnell den Unterschied zwischen den historischen Mauer-

werksteilen und dem geplanten, mit maschineller Hilfe hergestellten Natursteinmauerwerk feststellen – Folgen einer industrialisierten Welt, die es nicht mehr besser kann. Die Schildmauer hätte indes nicht zu einer Gartenmauer verniedlicht werden müssen, und der Erker an der Planie hätte ohne das Gucklochfenster seinen Sinn als vorgeschobener Ausblick behalten können.

Der Dachkörper wurde beruhigt, die Aufbauten wurden auf die historischen Erker und Kleeblattgiebel beschränkt. Nur noch kleine Schleppgauben durchbrechen die großen Ziegelflächen. Zum Innenhof blieb die Korrektur des Vorbaus mit der Reittreppe erhalten: Das Walmdach war schon 1935 in Gesimshöhe durch eine Terrasse mit Balustrade ersetzt worden, und der ehemals gedoppelte Zwerchgiebel über dem Küchenvorbau wurde nur einfach wiederhergestellt. Der mit 20/25 x 45 Meter nicht allzu große Hof wird dadurch weniger bedrängt.

Die innere Struktur wird, bedingt durch das zweischiffige Kellergewölbe, von der in Längsrichtung mittig verlaufenden Stützenreihe geprägt. Der Wechsel von den althergebrachten Baustoffen Stein und Holz zu Stahlbeton hatte einschneidende Änderungen zur Folge. Schmitthenner schöpfte die konstruktiven Möglichkeiten aus, verringerte die Zahl der Stützen auf sieben, gewann größere Stützweiten und erzielte mehr Bewegungsraum und Weiträumigkeit.

Im Erdgeschoß sollte die Dürnitz wieder als durchgehende, ungeteilte Halle entstehen. Die Reihe der quadratischen Stützen leitet übergangslos in den bogenförmig angesetzten Unterzug über, so daß eine homogene, eher teilende Wirkung entsteht. Die gewollte Ähnlichkeit mit historischen Erscheinungsbildern steht in eigenartiger Diskrepanz zur modernen Baukonstruktion. Zu edel für den Charakter des Bauwerks ist auch die Perfektion der steinsichtigen inneren Wandschalen, zu manieristisch sind die Fenstereinfassungen aus Travertin und das kleine Treppchen am Aufzugschacht.

Bei den Obergeschossen ließen sich die Vorstellungen des Architekten und diejenigen des Museums hin-

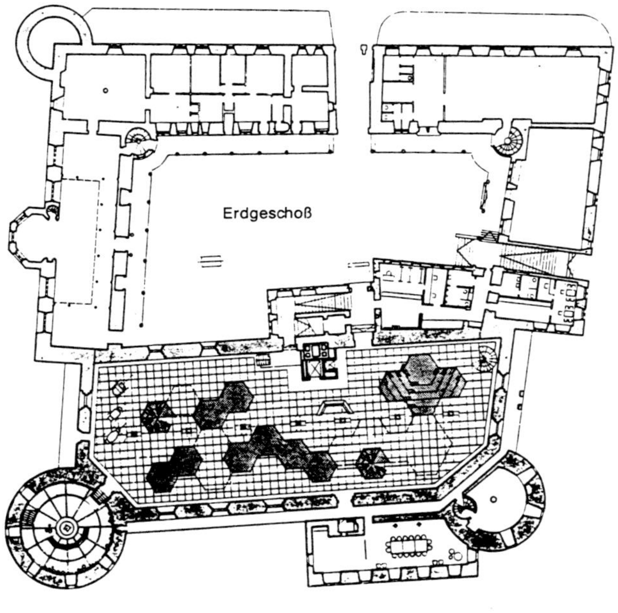

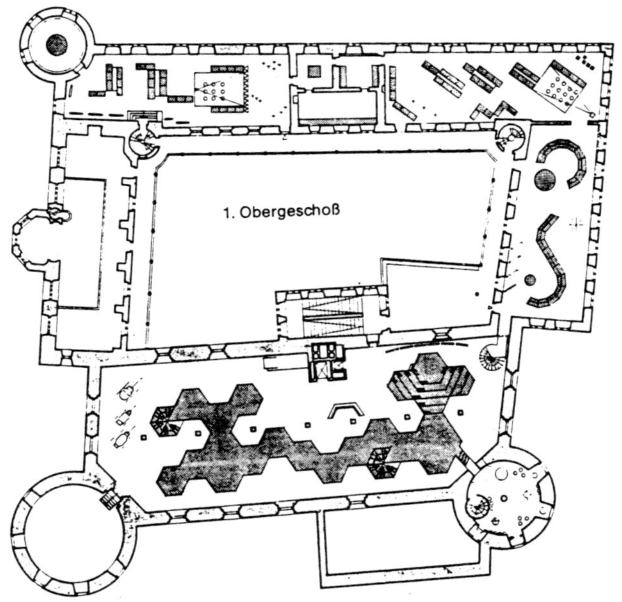

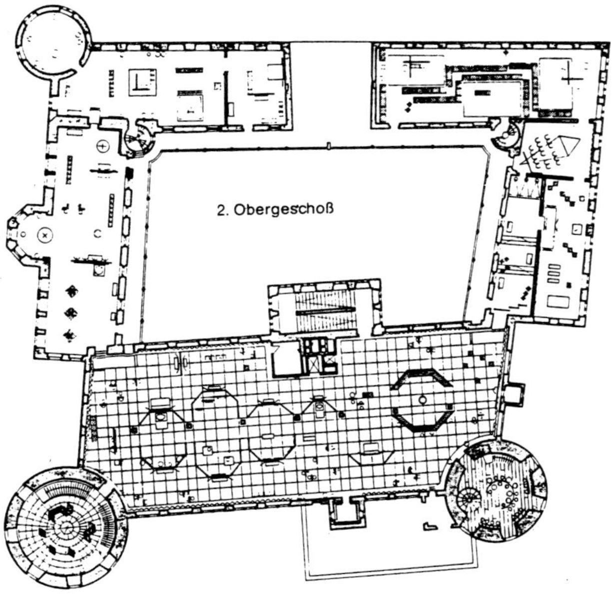

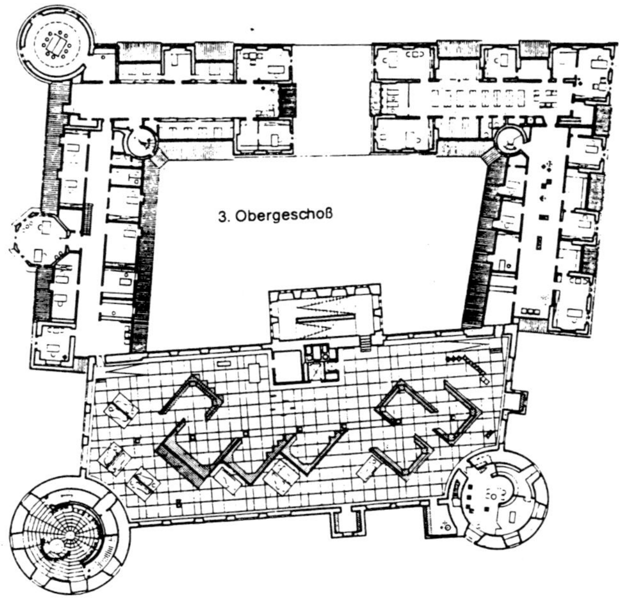

sichtlich der Raumeinteilung und der Oberflächengestaltung nicht in Einklang bringen. Schmitthenner zog sich aus der weiteren Planung zurück; sie wurde vom Staatlichen Hochbauamt übernommen.

Bauverwaltung und Museum bildeten danach eine Arbeitsgruppe, die gemeinsam das Ausstellungskonzept und den weiteren Ausbau aufeinander abstimmte. Die wichtigste Entscheidung war, die beiden Vollgeschosse über der Dürnitz ebenfalls als durchgehende Hallen zu belassen und notwendige Trennwände möbelartig einzustellen. Diese basieren grundsätzlich auf Sechseckformen oder sind aus dem rechten Winkel abgedreht. Der Kontrast zwischen historisch fixierter Außenschale und modernem Einbau verdeutlicht das Spannungsverhältnis von alter Hülle und neuer Nutzung. Die Themenbereiche konnten so sinnvoll gegliedert und die schwierige Mischung von Tages- und Kunstlicht in den etwa 20 Meter tiefen Räumen besser bewältigt werden.

Die hohe Dürnitz bildet den Empfangsraum des Museums und ist gleichzeitig Ausstellungsbereich für eine Auswahl von hochwertigem Kunsthandwerk – Texti-

Kronschatz im 3. Obergeschoß des Südostturmes.

lien, Kostüme, Hausgerät. Mit Hilfe einer leichten Metallkonstruktion auf sechseckigem Raster wurde für die kleinteiligen Gegenstände eine zweite Ebene geschaffen. Der Einbau beläßt die Dominanz der Halle und gibt dem Ganzen ein menschliches Maß. Das amphitheatralische Informationszentrum drängt dagegen zu massig in den Raum. Sehr ungünstig wirkt sich vor allem die wegen der empfindlichen Kostüme neuerdings erfolgte Abschirmung des Tageslichts auf die Stimmung des Raumes aus.

Weiße Wände und Decken und kaum farbige Böden bestimmen den neutralen Charakter der Obergeschoßräume. Im ersten Obergeschoß ist die »Bildwelt kirchlicher Kunst« mit Altären, Skulpturen, Gerätschaften und Glasbildern ausgestellt. Der Raumeindruck wird wesentlich geprägt von einer Innenzone, die als Abfolge oktogonaler Räume fassender Hintergrund für Einzelplastiken ist und zugleich entlang der Außenseiten als Stellfläche dient. Das zweite Obergeschoß enthält drei unterschiedliche Sammlungsbereiche: Münzkabinett, Meßinstrumente und Uhren, Musikinstrumente. U-förmige Vitrinen mit niederen Glasausschnitten in dem warmtonigen Mahagoniholz sind zu überschaubaren Themenbereichen geordnet und geben einen stimmigen und kostbaren Hintergrund. Fließende Übergänge und freigehaltene Außenseiten bewahren das Erlebnis des Gesamtraums.

Der Nordostturm wird in zwei Ebenen für die Skulpturen der Studiensammlung genutzt. Im großen Südostturm von 1687 sind die Schätze der herzoglichen Kunstkammer und der Kronschatz ausgestellt: auf der untersten Ebene die Waffen und Herzogsbilder in ru-

Bildwelt kirchlicher Kunst im 1. Obergeschoß.

stikal gestalteter Schale mit halbrundem Einbau aus Betonformsteinen samt Weltkugel in der Mitte, darüber die Kleinbronzen auf feingliedrigen Mahagonitischen und Vitrinen vor der rot gestrichenen Außenwand, im 2. Obergeschoß die Zimelien in zwei Halbkreisen schmaler Vitrinen. Nur aus dem Zimelienraum ist im 3. Obergeschoß der Kronschatz zugänglich. Seine wertvollen Stücke in Dreieckvitrinen aus Sicherheitsglas bilden den krönenden Abschluß. Auf den hellen Wänden geben große Bildnisse der Könige den sprechenden Rahmen.

Bis 1956 lag der Ostflügel noch in Trümmern. Erst danach konnten die Geldmittel für den Wiederaufbau bereitgestellt werden. 1957 wurde zunächst zögerlich begonnen. Die Übergabe des fertig eingerichteten Museums an die Öffentlichkeit erfolgte am 26. Mai 1971. Dazwischen lagen bis 1968 rund elf Jahre Bauzeit; drei Jahre Einrichtungszeit folgten in Verbindung mit dem restlichen Ausbau.

Noch bis 1960 dauerten die Überlegungen für die Fenster in den Fassaden. Am 12. Februar 1965 konnte Richtfest gefeiert werden, und im Sommer 1967 wurden die zeitlich vorgezogenen Werkstätten im Dachbereich in Betrieb genommen. Von diesem Jahr an war die gemeinsame Arbeitsgruppe tätig.

Das Alte Schloß ist aus den Kriegszerstörungen wieder auferstanden. Wenn es auch bei den erneuerten Teilen nicht original rekonstruiert wurde, bietet sein Erscheinungsbild trotz der Veränderungen im Ganzen den vertrauten Anblick aus vergangenen Tagen und ist ein nicht wegzudenkender Teil der Stadt und der Landesgeschichte. Die Gestaltung des Inneren steht ganz in der geistigen Haltung der Nachkriegszeit. Auch das ist schon Geschichte.

Neues Schloß und Landtag

Die Gesamtsituation

Das Land Baden-Württemberg ist am 25. April 1952 aus den in der Zeit nach 1945 als Folge der alliierten Besetzung entstandenen Ländern Württemberg-Baden, Südbaden und Südwürttemberg-Hohenzollern gebildet worden. Dieser Zeitpunkt warf zwangsläufig die Frage nach einer zweckmäßigen und qualitätsvollen Unterbringung des Landtags auf. Sie stand mit den Entscheidungen zum Wiederaufbau des Neuen Schlosses in engstem Zusammenhang und hat dessen Konzeption wesentlich beeinflußt.

Ein Wiederaufbau des völlig zerstörten Landtagsquartiers an der Kronprinz-/Kanzleistraße wäre den planerischen Überlegungen der Stadt zuwidergelaufen und hätte auch von der Lage her dem Anspruch des neuen Staates nicht entsprochen. Der 1952 von Professor Döcker veröffentlichte Vorschlag, die Ruine des Kunstgebäudes am Schloßplatz zu schleifen sowie vom Neuen Schloß nur den Gartenflügel zu erhalten, um sowohl die Stadt besser zu durchgrünen als auch für den Landtag einen repräsentativen Bauplatz zu gewinnen, fand bei den Abgeordneten zunächst eine positive Aufnahme. Angesichts des heftigen Echos in der Bürgerschaft hatte der Gedanke Döckers jedoch zunehmend auch dort keine Chance der Verwirklichung.

Bei der Landesregierung und den Staatlichen Verwaltungen war der Wiederaufbau des Neuen Schlosses nie umstritten. Vorrangig war aber zunächst die Wiederherstellung von Gebäuden, die mit geringerem Aufwand für die Funktion der Verwaltung genutzt werden konnten. Immerhin wurde das Staatliche Hochbauamt I in Stuttgart schon 1949, kurz nach der Währungsreform beauftragt, die Ruine auszuräumen und zu sichern. Etwa 10000 cbm Trümmerschutt mußten entfernt werden; die erhaltenen Kellergewölbe und die Mauerkronen erhielten Zementaufträge mit Schutzanstrich, die ausgebrannten Mauerteile der Fassaden wurden durch Vermauerungen stabilisiert. Dazuhin sind wertvolle und für einen Wiederaufbau wichtige Bronze- und Ornamentteile geborgen und verwahrt worden.

Vorrangig stellte sich die Frage, welchem Nutzungszweck das Schloß dienen könnte. Bei der Zerstörung war fast die gesamte Oberflächendekoration der Innenräume verlorengegangen. Die Rekonstruktion der nach 1919 in ein Schloßmuseum umgewandelten Re-

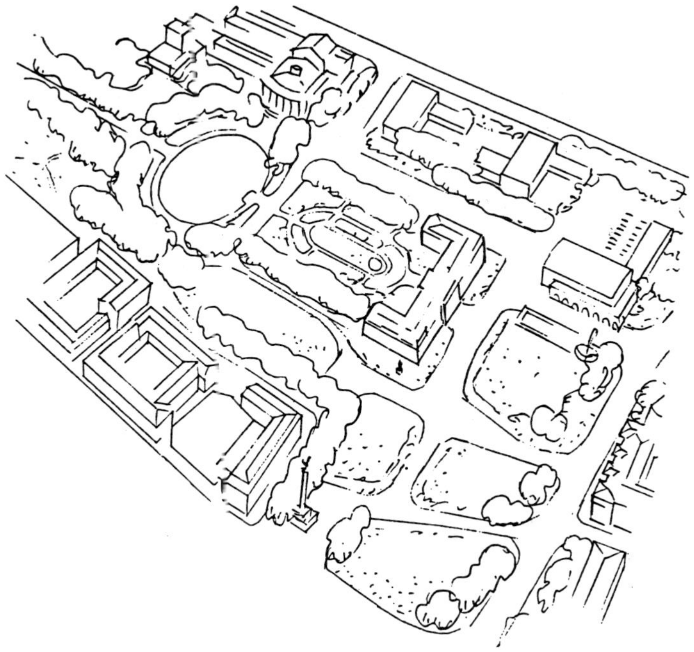

Richard Döcker, Vorschlag für die Neugestaltung des Schloßplatzes, 1952.

präsentationsräume der Beletage war aus damaliger Sicht nicht vorstellbar; die Wiedereinrichtung eines Armeemuseums schied aus naheliegenden Gründen aus, und das Gemisch von Museum, Verwaltung und Wohnungen im Dachgeschoß war sowieso nicht gut gewesen. Ziel des Wiederaufbaus war deshalb in erster Linie die Rückgewinnung der Außenform mit den historischen Fassaden.

Vom Staatlichen Bezirksbauamt waren planerische Überlegungen zur Unterbringung von Ministerien angestellt worden. Die Bäderstadt Stuttgart mit dem Neuen Schloß als Bäderhotel und dem Schloßgarten als Kurpark wurde von Eugen Mertz zur Diskussion gestellt. Oberbürgermeister Klett schlug gar Stuttgart als Bundeshauptstadt vor und bot dem parlamentarischen Rat im Januar 1949 dafür praktisch alle staatlichen Gebäude um den Schloßplatz an. Das Neue Schloß stellte er sich als Sitz des Bundestages, des Bundespräsidenten und der Bundesregierung vor und war der Meinung, daß die Nutzfläche durch größtmöglichen Ausbau und den Einbau von Zwischendecken auf etwa 20000 Quadratmeter mehr als verdoppelt werden könne. Eine Kommission besuchte Stuttgart im Februar 1949; die Entscheidung fiel im März für Bonn.

Näherliegend war die Unterbringung des Landtages im Schloß. Bei den Parlamentariern waren schon ab 1950 verschiedene Standorte erwogen und dem Neuen Schloß ein gewisser Vorzug gegeben worden. Diese Überlegung wurde vor allem von Professor Paul Bonatz aufgenommen, der im Oktober 1952 mit eigenen Vorstellungen für das Umfeld des Schlosses auf den Plan trat. Zur Schlüsselfrage wurde der Plenarsaal; er war wegen seiner Größe und Struktur im Gefüge des Schlosses nicht unterzubringen. Bonatz schlug dafür im Akademiegarten einen Anbau in der Mittelachse des Schlosses vor.

Die endgültige Lösung wurde 1954/55 über einen Architektenwettbewerb gesucht. Dabei wurde der Einbau in die Schloßruine gewünscht, den Teilnehmern jedoch die Erstellung eines Neubaus auf dem Gelände des Interimstheaterplatzes freigestellt. Von den abgegebenen 67 Entwürfen bezogen 41 das Schloß in das Landtagsprojekt ein. Der Wettbewerbsbeitrag von Bonatz zeigte, daß die Erfüllung des Raumprogramms einen wesentlich größeren Plenarsaalanbau an das Schloß erfordert hätte als im Vorschlag von 1952 skizziert. In der Folgezeit entwickelte sich eine fast ideologische Auseinandersetzung über die einzuschlagende Richtung.

Die Landesregierung berief zur Entscheidungshilfe eine »Landtagsbaukommission« aus acht Persönlichkeiten, die sich sowohl mit den Wettbewerbsarbeiten auseinandersetzte als auch die Standortalternativen – Akademiegelände, Interimstheaterplatz (zwischen Akademie und Staatstheater) und Rosensteinpark – aus städtebaulicher und funktionaler Sicht bewertete. Außerdem wurden die denkmalpflegerischen Aspekte einer Inanspruchnahme des Schlosses mit dem Plenarsaalanbau behandelt. In dem von sieben Mitgliedern am 15. Dezember 1955 einvernehmlich erstatteten Bericht wurde u. a. festgestellt:

»...Bei einer Entscheidung des Parlaments im Sinne eines Einbaues sollte darüber von vornherein Klarheit herrschen, daß eine Einschränkung in der freien räumlichen Entfaltungsmöglichkeit und in der Übersichtlichkeit zwangsläufig in Kauf genommen werden müßte. Gleichzeitig wären hiermit Eingriffe in den historischen Bestand des Schlosses verbunden, die seine Erscheinung im Äußeren und im Inneren verändern. Inwieweit im einzelnen diese Einschränkungen erträglich sein werden oder belastend, vermag die Kommission im voraus nicht festzustellen, da ein baureifer Entwurf, der die letzten Möglichkeiten auswertet und baukünstlerisch befriedigt, nicht vorliegt ...

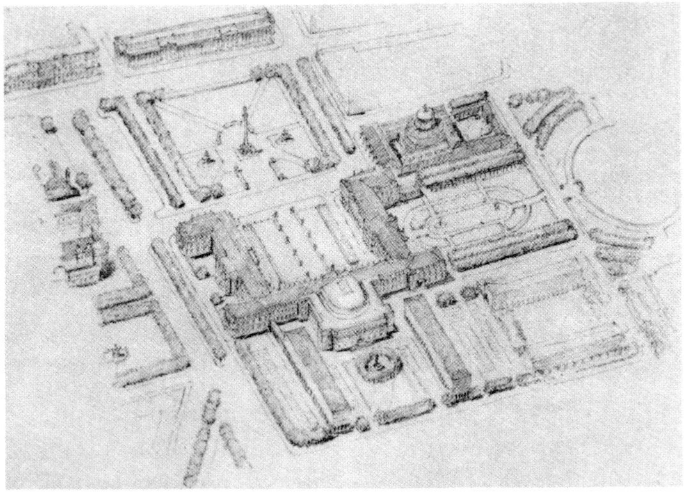

Landtagswettbewerb 1954/55, Vorschlag Bonatz.

...Eine Neubaulösung (auf dem Interimstheaterplatz) gibt die Möglichkeit, das Baudenkmal in der historisch reinen Form wieder in das Leben zu rufen. Die sehr noblen inneren Raumfolgen erhielten in diesem Falle ihren alten Sinngehalt wieder.

Für die Erfordernisse eines Landtages würde, wie die Untersuchungen erwiesen haben, in einem Neubau bei aller Repräsentation die zweckmäßigste Form gefunden werden können. In diesem Falle würde der Landtag als eine Einrichtung unserer Zeit in den Formen dieser Zeit erstehen.«

Während der Beratungen in den Landtagsgremien fand am 4. Oktober 1956 eine Anhörung der Landtagsbaukommission und der Preisträger des Wettbewerbs vor dem Ältestenrat und dem Vorstand des Landtags statt. Im Vorfeld dazu hatte das Finanzministerium eine Alternativlösung für den Plenarsaal auf dem Interimstheaterplatz entwickelt. Die Verbindung mit dem Schloß sollte durch einen nabelschnurartigen Flur hergestellt werden. Dieser Vorschlag wurde schnell verworfen.

In der Erörterung mit den Sachverständigen wurden auch die Nutzungsmöglichkeiten des Schlosses für die nicht vom Landtag in Anspruch genommenen Räume oder bei einem völligen Neubau des Landtags diskutiert. Zur Debatte standen der Einbau der Landesbibliothek mit einem unterirdischen Speicher im Schloßhof, die Unterbringung des Hauptstaatsarchivs und Museumsräume für die Stadt. Bonatz sagte zu einem der Vorschläge, ihn überkomme ein Schauder, wenn er sich vorstelle, daß das Landesarchiv in den schönen, an den Rosengarten anschließenden Teil hineinkomme.

Nach der Sitzung mit den Sachverständigen kam das Gremium gegen eine Stimme zu der Auffassung, daß der Einbau wie der Anbau den Charakter der ehemaligen Schloßanlage empfindlich beeinträchtigen würde und ein Neubau des Landtags vorzuziehen sei. Das Schloß habe jedoch ein Anrecht auf rasche Wiederherstellung.

In dem Antrag des Ältestenrats und des Vorstands vom 23. November 1956 wurde ein dementsprechendes Junktim hergestellt.

Angesichts der Möglichkeit einer dem Charakter des Schlosses angemessenen Verwendung wurde die Staatsregierung ersucht, die Wiederaufbauarbeiten beim Schloß zu intensivieren und die erforderlichen Mittel in die Haushaltsplanentwürfe einzusetzen. Auf dem Interimstheaterplatz sollte ein Neubau für Zwecke des Landtags errichtet und dafür ein beschränkter Wettbewerb unter den Preisträgern des ersten Ausschreibens veranstaltet werden.

Die Befürworter des Einbaus in das Schloß – der Abgeordnete Gleichauf und 42 Kollegen – stellten noch am 4. Dezember 1956 einen Gegenantrag. Am 5. Dezember wurde jedoch der Antrag des Ältestenrats vom 23. November angenommen: die Würfel für den Neubau waren gefallen.

Der Neubau des Landtags

Der für den Neubau ausgeschriebene Wettbewerb wurde am 8. Oktober 1957 entschieden. Das Preisgericht unter der Leitung von Professor Hillebrecht aus Hannover empfahl den mit dem 1. Preis ausgezeichneten Entwurf des Mainzer Architekten Kurt Viertel zur weiteren Bearbeitung. Nach dem Vorentwurf übernahm die Staatliche Hochbauverwaltung die weitere Planung unter der Leitung von Professor Horst Linde. Eine Neubauleitung wurde mit Dipl.-Ing. Heinle an der Spitze gebildet; der Innenausbau lag in den Händen von Frau Professor Herta Maria Witzemann; die gärtnerischen Anlagen gestaltete Professor Walter Rossow.

Am 15. September 1958 stimmte die Baukommission des Landtags den Plänen zu. Zwei Monate später erfolgte die Vergabe der Rohbauarbeiten für die Tiefgarage; hierbei wurde zum ersten Mal ein Bezug zu den Terminen der Bundesgartenschau 1961 hergestellt. Bei der Grundsteinlegung am 24. Juni 1959 schloß der damalige Ministerpräsident Kurt Georg Kiesinger seine Rede mit dem Satz:

1. OG

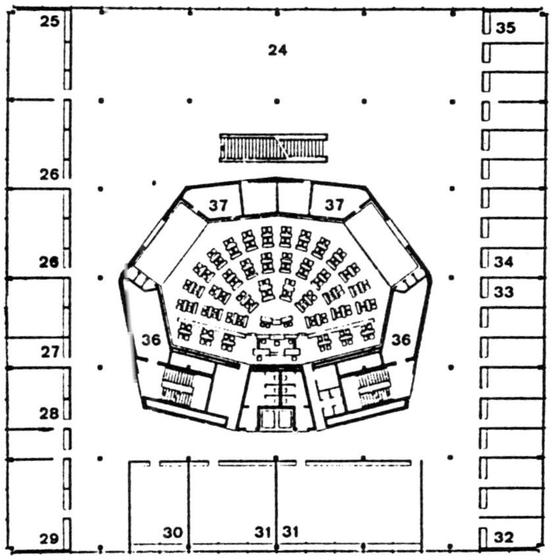

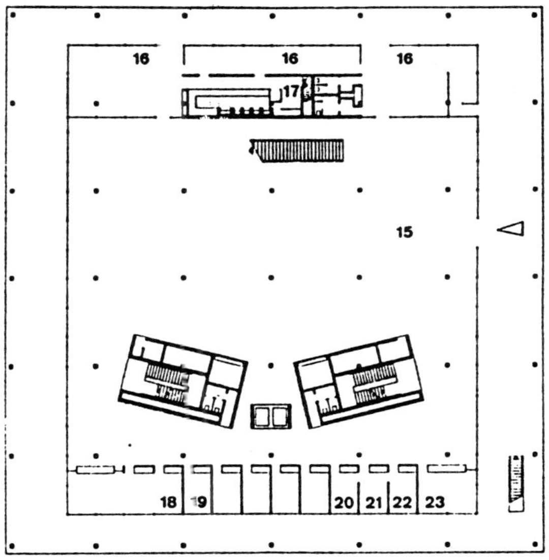

EG

Landtagsgebäude 1961.

Erdgeschoß
15 Halle
16 Restaurant
17 Anrichte
18 Presseraum
19 Abgeordneten-Sprechzimmer
20 Betriebsingenieur
21 Fernschreiber
22 Telefonzentrale
23 Chauffeur-Aufenthaltsraum
Hauptgeschoß (1. OG)
24 Foyer
25 Bibliothek, Leseraum
26 Archiv
27 Vizepräsident
28 Direktor
29 Präsident
30 Ministerrat
31 Sitzungssaal
32 Ausschußvorsitzende
33 Kasse
34 Stenografen
35 Anrichte
36 Pressekabinen
37 Funk, Fernsehen

»Der alte Halbmondsaal ging im Feuer des letzten Krieges unter; möge der neue Bau, im Frieden vollendet und bewahrt, vielen kommenden Geschlechtern Hort und Heimat demokratischer Freiheit sein.«

Ende November 1960 waren die Rohbauarbeiten bei Landtag und Tiefgarage abgeschlossen, die Fassade mit der Verglasung war fertiggestellt, der Innenausbau im vollen Gang.

Das Gebäude konnte fristgemäß zum 15. Mai 1961 übergeben werden. Die festliche Einweihung erfolgte am 5./6. Juni 1961 in Anwesenheit des Bundespräsidenten Heinrich Lübke.

Mit dem Bau des Landtagsgebäudes war die Freimachung der zum Teil mit Baracken besetzten und von Polizei und Gewerbebetrieben genutzten Umgebung verbunden. Schmerzlich, aber bereits durch die Verbreiterung der Neckarstraße bedingt, war der Verlust der von Salucci 1839 gebauten Königlichen Reithalle. Dadurch hat der Neubau jedoch ein Umfeld erhalten, das für die Position zwischen dem Neuen Schloß und dem Großen Haus der Württembergischen Staatstheater eine enorme Aufwertung bedeutete. Das dreigeschossige Bauwerk ist aus dem anschließenden Gelände leicht herausgehoben und behauptet den repräsentativen Anspruch des Parlaments gegenüber den monumentalen Nachbarn. Über dem Erdgeschoß mit dem durch weiße Betonstützen gegliederten Umgang lagern die Obergeschosse, deren Einheitlichkeit von den in einem Skelett aus dunkler Bronze großflächig verglasten Fassaden bewirkt wird.

Der Plenarsaal als Zentrum parlamentarischer Auseinandersetzungen liegt inmitten des quadratischen Grundrisses. Seine Form prägt die Struktur des Hauses und bindet die beiden Obergeschosse zusammen. Zum Schloßgarten öffnet sich ein großzügiges Foyer; auf der Gegenseite liegen die Sitzungssäle, die wegen des Verkehrslärms verstärkten Schallschutz erhielten. In Bürospangen auf der Nord- und Südseite wurden die Arbeitsräume angeordnet. So entstand ein Haus der kurzen Wege.

Im Erdgeschoß sollte die großzügige, auf der Eingangsseite gegenüber der Vorfahrt zum Staatstheater und nach Süden zum Akademiegarten hin verglaste und damit durchsichtige Eingangshalle Offenheit und Bürgernähe demonstrieren.

Entwurf, Bauweise und verwendete Materialien haben am gewählten Standort eines der in Anspruch und Architektur überzeugendsten Beispiele von Parlamentsneubauten in der Nachkriegszeit entstehen lassen.

Wiederaufbau des Neuen Schlosses

Die Nutzung des Neuen Schlosses war bei der Entscheidung für den Neubau des Landtags noch nicht geklärt. Der Ministerrat beauftragte das Finanzministerium am 10. Dezember 1956, baldmöglichst ein Raumprogramm zu erarbeiten; sämtliche Ministerien sollten dazu Wünsche äußern können. Mit der Ernennung des von der Oberfinanzdirektion Freiburg kommenden Baudirektors Horst Linde zum neuen Leiter der Bauabteilung des Finanzministeriums kam System in die divergierenden Vorstellungen. Am 19. Juni 1957 wurden dem Ministerrat drei Belegungsalternativen vorgestellt, die kritisch bewertet wurden. Eine wichtige Forderung war, daß zwischen der Fassadengliederung und der inneren Struktur des Gebäudes, d.h. der Erschließung, der Raumzuordnung und Aufteilung, ein spürbarer Zusammenhang bestehen sollte. Deshalb wurden die Mittelpavillons der einzelnen Flügel mit den Eingängen als Mittelpunkte der künftigen Nutzungsbereiche angestrebt.

Zustimmung fand der Vorschlag, den Mittelteil im Hauptflügel zu rekonstruieren und für repräsentative Zwecke des Landtags und der Regierung zu verwenden, den Weißen Saal im Kopf des Planieflügels ebenfalls wiederherzustellen und für Veranstaltungen der Allgemeinheit zu nutzen, in den beiden Seitenflügeln das Kultus- und das Finanzministerium unterzubringen, weil deren Bürostruktur eine innere Angleichung an die Reihung der Fensterachsen »architektonisch wohl zu rechtfertigen scheint«.

Mit der weiteren Planung wurden die Professoren Dr. Rösiger (Gesamtplanung und Ausbau für die Ministerien) und Lempp (Rekonstruktion der historischen Räume) beauftragt; für Teile des Innenausbaus und die Innenausstattung trat später die Innenarchitektin Frau Professor Witzemann dazu. Die Gesamtleitung blieb bei der Hochbauverwaltung unter Leitung von Horst Linde; für die Durchführung zeichnete das Staatliche Hochbauamt I Stuttgart unter Baudirektor Drissler verantwortlich.

Es war ein wichtiges Anliegen, das im Bewußtsein der Bürger durch Tradition und formalen Reichtum zum Herzstück gewordene Schloß aus seinem »Inseldasein inmitten der städtischen Umwelt« zu lösen, denn »es schien so, als lebte dort noch der König, fern, zurückgezogen; das Schloß war umweht von musealer Luft«.

Grundriß Erdgeschoß.

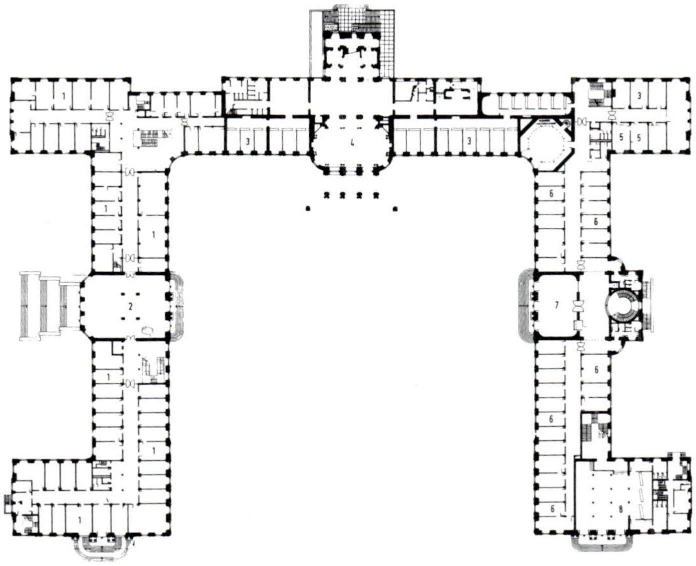

Grundriß 1. Obergeschoß

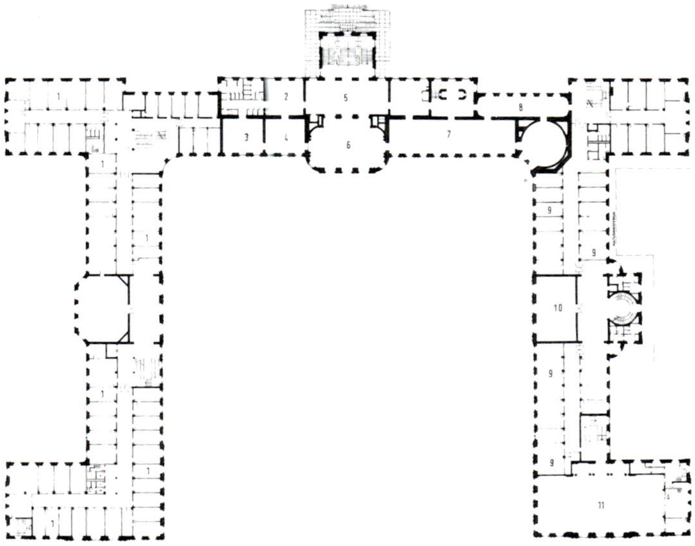

Akademiegarten: Neues Schloß und Landtag.

Die Trennung zwischen Ehrenhof und Schloßplatz sollte deshalb aufgegeben werden; dazu hatte Professor Walter Rossow aus Berlin einen Plan vorgelegt, der in den Ehrenhof verbindendes Grün hineinführte. Diese Idee wurde bis zur noch bestehenden Straße vor dem Schloß verwirklicht. Um den Schloßhof und die Schloßgärten bzw. Theateranlagen für die Öffentlichkeit besser in Beziehung zu setzen, wurde in der Achse des Rosengartenflügels ein freier Durchgang geschaffen. Das war wegen des Durchzugs leider nicht lange so.

Im Zusammenhang mit den Entscheidungen zum Landtag wurde auf eine Bebauung des Akademiegeländes verzichtet und mit dem neuen Akademiegarten um den Thouret-Brunnen und die Platanen von 1814 ein Stück Grünfläche inmitten der Stadt zurückgewonnen. Eine klare Fassung an Planie und Neckarstraße scheiterte an der Verkehrsführung. Die bisher eingebaute Rückseite des Schlosses wurde nun freistehende Fassade. Zur Aufwertung wurde dem Mittelteil des Hauptbaus statt der durchlaufenden Mansarde ein volles Attikageschoß aufgesetzt. Außerdem ist um das Haupttreppenhaus eine Terrasse mit Freitreppe vorgelegt worden, um den Bau auch auf diese Seite zu öffnen.

Der Mittelteil wurde als »Gute Stube des Landes« in der alten Form rekonstruiert. Dabei konnte die von Philippe de la Guêpière stammende Hauptachse vom Eingang über das Vestibül, das Haupttreppenhaus mit der dreiläufigen Treppe, den Gardesaal und den Marmorsaal an Hand alter Reste und Aufnahmen bis auf die Deckenbilder wiederhergestellt werden. Insbesondere hatten Teile der Marmorverkleidung, Bronzekapitäle, Basen und Konsolen die Zerstörung überstanden und konnten nachgefertigt werden. Es gelang auch, den geflammten Böttinger Marmor für die Wände zu beschaffen, der sich aus vulkanischem Durchschlagschlot und Jurakalk gebildet hatte, und Tropfsteine aus Albhöhlen in Furniertechnik einzusetzen. An geretteten Originalteilen sind das Marmorrelief Karl Eugens

Neues Schloß:
Haupttreppenhaus; Detail im Marmorsaal.

Neues Schloß: Marmorsaal;
Herzog Karl Eugen, Flachrelief von P.F. Lejeune, 1765.

Vorzimmer nach Thouret mit Originalmöbeln aus dem Roten Marmorsaal.

Deckengemälde von N. Guibal.

von Lejeune und die silbernen Lüster im Marmorsaal sowie der Lüster im Treppenhaus wieder vorhanden.

Nördlich des Marmorsaales wurden nach vorhandenen Entwurfszeichnungen Rettys und nach Studien im Ansbacher Schloß zwei Räume schöpferisch rekonstruiert, die schon beim Brand 1762 zerstört worden waren. Sie geben einen schwachen Hinweis zur Stuckarbeit des Spätbarocks. Zwischen diesen Räumen und dem Gardesaal konnte ein Vorraum samt der Einrichtung aus der Hand Thourets nachgeschaffen werden.

Auf der anderen Seite wurden zwei ursprünglich von Salucci für König Wilhelm I. gestaltete und von Hofbaumeister Gabriel umgebaute Räume zu einem großen Speisesaal zusammengezogen. Dessen Proportion stimmt mit dem schwachen Relief der Pilasterarchitektur, der Kapitäle und dem darüberliegenden Gesimsband nicht ganz zusammen. Der in moderner Form gestaltete ehemalige Thronsaal bildet den Übergang zur Äneasgalerie auf der Ostseite. Sein Deckenfresko aus dem Jahr 1757 von Matthäus Günther war 1936 restauriert und farbig dokumentiert worden; auch Handskizzen des Künstlers waren vorhanden. Deshalb wurde die Rekonstruktion gewagt und der Kunstmaler Manninger aus Augsburg mit der Ausführung beauftragt. Die Wanddekorationen konnten nur an den Schmalseiten wiederhergestellt werden; sie ergeben aber mit der Decke eine gute Vorstellung von der früheren Wirkung.

Die Rekonstruktion des Weißen Saales am Kopfende des Planieflügels in historischer Form war auf Grund seiner Bestimmung für öffentliche Veranstaltungen ein geschichtlich wichtiges Bindeglied zur Bevölkerung. Da genügend Stuckreste vorhanden waren und die räumliche Struktur Guêpières mit der Säulenordnung, dem Gesimsaufbau und der Deckengliederung von großer Klarheit war, konnte der Saal selbst mit den notwendigen Veränderungen im Bühnenbereich wieder sein historisches Aussehen erhalten. Auch hier war jedoch die Ausmalung Gegenbaurs nicht zurückzugewinnen. Auf den Hauptzugang vom Schloßplatz her folgt für den 400–500 Besucher fassenden Saal im Erdgeschoß ein großes, zeitgemäß gestaltetes Foyer mit Garderoben, von dem eine breite Treppe in das Obergeschoß führt. Dort ist ein Schriftband eingelassen, das auf die Spenden der Bürger zum Wiederaufbau hinweist.

Bei der Konzeption für den Wiederaufbau des Neuen Schlosses war vorgesehen gewesen, die an das Vestibül des Haupteingangs anschließenden Räume für Darstellungen aus der Landesgeschichte zu verwenden und den Mitteltrakt der Öffentlichkeit zugänglich zu machen. Dies ist leider unterblieben, weil dort Raumforderungen erfüllt werden mußten, die der Landtag kurz nach dem Bezug des Neubaus stellte.

Die früheren Generationen hatten jeweils entsprechend ihren Bedürfnissen und im Geschmack der Zeit »nach der neuesten Mode« umgebaut. Das galt selbstverständlich erst recht in einer Zeit, die nach dem

Äneasgalerie.

fürchterlichen Erbe des Totalitarismus ein neues Verständnis zum Staat gewinnen und dies auch in der Architektur ausdrücken wollte.

Horst Linde schrieb angesichts dieser Einstellung: »Die beiden Seitenflügel, in denen jeweils Kultus- und Finanzministerium ... untergebracht sind, zeigen im inneren konstruktiven Aufbau und in der Durchbildung der Teilelemente folgerichtig die Formensprache unserer Zeit. Dabei zeigt sich in aller Deutlichkeit, daß der geistige Ansatz entscheidend ist für eine bauliche Synthese von Neu und Alt, nicht aber ein ästhetisch formaler Kompromiß, der der Kraft historischer Architektur niemals gerecht werden kann.«

Der innere Aufbau sollte das Maß des Schloßgefüges wahren; Eingänge, Treppen und große Sitzungssäle wurden darauf abgestimmt. Das auf die Fensterteilung bezogene Büroraster mit einem breiten Mittelflur gab den konstruktiven Aufbau des Stahlbetonskeletts vor. Die Unterteilung der Wände in geschlossene Flächen bis über Türhöhe und großzügige Verglasungen der Oberteile gab den großen Geschoßhöhen gleichzeitig menschlichen Maßstab, räumliche Weite und Offenheit. Der so entstandene Durchblick ließ etwas von den Raumfolgen der Enfiladen erspüren; der Charakter des Schlosses scheint im »Atem des Hauses« auf eine neue Weise interpretiert.

Äneasgalerie. Deckengemälde (Ausschnitt).

Fast dreizehn Jahre nach dem Ende des Krieges stimmte der Ministerrat Ende Januar 1958 den Plänen zu, und am 7. Februar 1958 billigte der Finanzausschuß des Landtags einstimmig den Wiederaufbau in der vorgeschlagenen Form.

Bei den vorbereitenden Untersuchungen stellte sich erfreulicherweise heraus, daß die aus wohlgefugten, bis 2,80 Meter breiten Sandsteinfundamenten hergestellte Gründung in sehr gutem Zustand war, ein Beweis für die sorgfältige Bauausführung zur Zeit Rettys.

Drei Monate nach der Genehmigung waren die Steinhauerarbeiten vergeben; der Zuschlag für die Rohbauarbeiten wurde am 28. Oktober 1958 erteilt. 14000 cbm Schutt mußten noch abgefahren werden; die Beseitigung des Luftschutzbefehlsbunkers aus härtestem Stahlbeton im Planieflügel bereitete wegen der Schonung angrenzender Außenwände größte Mühe.

Die Geschoßdecken, das Mansarddach und die Kuppel sind aus Gründen der Brandsicherheit als massive Stahlbetonkonstruktion ausgeführt worden. Trotz des enormen Ausmaßes mit 165000 cbm umbauten Raumes und 5260 Quadratmeter Grundfläche konnte das Richtfest bereits am 6. November 1959 gefeiert werden. Die Fassaden wurden wieder in Sandstein ergänzt oder erneuert, während die auf dem Gesimskranz der Attika zu ersetzenden Figuren und Embleme in Steinguß hergestellt worden sind.

Im August 1961 konnte der Gartenflügel vom Finanzministerium und im September der Planieflügel vom Kultusministerium bezogen werden. Im Laufe

Eingangshalle Finanzministerium.

Foyer 1. Obergeschoß Finanzministerium.

dieses Jahres wurde mit dem Innenausbau der historisch zu rekonstruierenden Räume begonnen. Er fand mit der festlichen Einweihung am 21. März 1964 nach nur fünfeinhalb Jahren seinen Abschluß.

Heute wird vielfach bedauert, daß beim Wiederaufbau des Neuen Schlosses die historischen Räume nicht viel weitgehender rekonstruiert worden sind. Abgesehen von den Kosten, die damals nicht aufgebracht werden konnten, und abgesehen davon, daß die Rückgewinnung der Repräsentationsräume des Königs nur der musealen Erinnerung gedient hätte, wäre dies mit der Aufbruchstimmung jener Jahre nicht vereinbar gewesen. Daraus ist eine Symbiose von historischem Bestand und zeitgemäßer Zufügung entstanden, welche die geistige Einstellung der Zeit nach dem Zweiten Weltkrieg beispielhaft widerspiegelt.

Die Erneuerung der Schloßgärten

Bundesgartenschauen als Triebfeder

Die Staatlichen Anlagen befanden sich bei Kriegsende in einem desolaten Zustand. Daran trugen Kriegszerstörungen nicht allein die Schuld; schon nach dem Ersten Weltkrieg war der Pflegeaufwand aus Kostengründen an die untere Grenze gedrückt worden, und beim Baumbestand – vor allem den Kastanien – war eine gewisse Überalterung nicht zu übersehen. Die Auffrischung der innerstädtischen Grünbereiche war angesichts der Fortschritte des Wiederaufbaus 15 Jahre nach dem Krieg überfällig.

Die volkstümlichen Bezeichnungen Obere, Mittlere und Untere Anlagen wurden in Oberer, Mittlerer und Unterer Schloßgarten abgeändert, um den Zusammenhang mit dem Schloß zu verdeutlichen.

Der Obere und der Mittlere Schloßgarten
Die Bundesgartenschau 1961

Ende der fünfziger Jahre waren die Ruinen im Umfeld der Schloßgärten weitgehend beseitigt, große Veränderungen waren im Gange. Beim Wiederaufbau des Neuen Schlosses wurde im Gartenflügel ein Durchgang vom Schloßhof zum Schloßgarten geschaffen und so eine neue Beziehung geknüpft; der Landtagsneubau auf dem Interimstheaterplatz bildete einen neuen Schwerpunkt neben dem Großen Haus der Württembergischen Staatstheater; das Kleine Haus entstand nach Plänen von Hans Volkart in einer oktogonalen, vermittelnden Form; das von Paul Bonatz und Günther Wilhelm wiedererrichtete Kunstgebäude erhielt durch Wilhelm einen kubischen Anbau; anstelle des Marstalls wurde ein massiges Kaufzentrum mit Durchgängen vom Park zur Königstraße gebaut und als signifikantes Zeichen am Bahnhofplatz durch einen hohen Hotelbau ergänzt.

Schließlich hatte die Verkehrsplanung ihre Spuren hinterlassen: Erfreulicherweise wurde die Schloßgartenstraße aufgegeben, dafür mußte aber die Querspange Schillerstraße samt dem an der Cannstatter Straße hineingezwängten Omnibusbahnhof verarbeitet werden.

Seitens der Stadt wurde die Möglichkeit gesehen, den Schloßgarten im Rahmen einer Bundesgartenschau neu zu gestalten. Sie versicherte sich der Mitwirkung des Landes für einen ersten Schritt 1961, der den Bereich zwischen dem Neuen Schloß und der Heilmannstraße umfassen sollte, also den historischen Schloßgarten des Königs Friedrich. Die Stadt lobte im Frühjahr 1958 einen Wettbewerb aus, zu dem zwar sehr unterschiedliche Entwürfe eingereicht wurden, der aber keine überzeugenden Vorschläge erbrachte. Dies hing wohl mit der Aufgabenstellung und mit der Unsicherheit jener Zeit beim Einsatz gestalterischer Mittel in historischen Grünbereichen zusammen.

Im Oberen Schloßgarten gaben alle Teilnehmer den Ovalsee auf und suchten meist eine bessere Beziehung zum Schloß, jedoch ohne den angemessenen Maßstab. Die Gestaltung der östlich anschließenden Bereiche blieb vielfach ungelöst. Klar war, daß man – Auslober und Teilnehmer – eine moderne Lösung wollte.

Das Gartenbauamt unter der Leitung von Dr. Kaufmann entwickelte daraufhin einen eigenen Gestaltungsplan, dessen Markenzeichen der vieldiskutierte Elf-Ecken-See gewesen ist. Die vorgeschlagene Wasserfläche war großzügig bemessen und konnte nach dem Verzicht auf die Schloßgartenstraße durch ihre Formgebung zum Neuen Schloß wieder einen sichtbaren

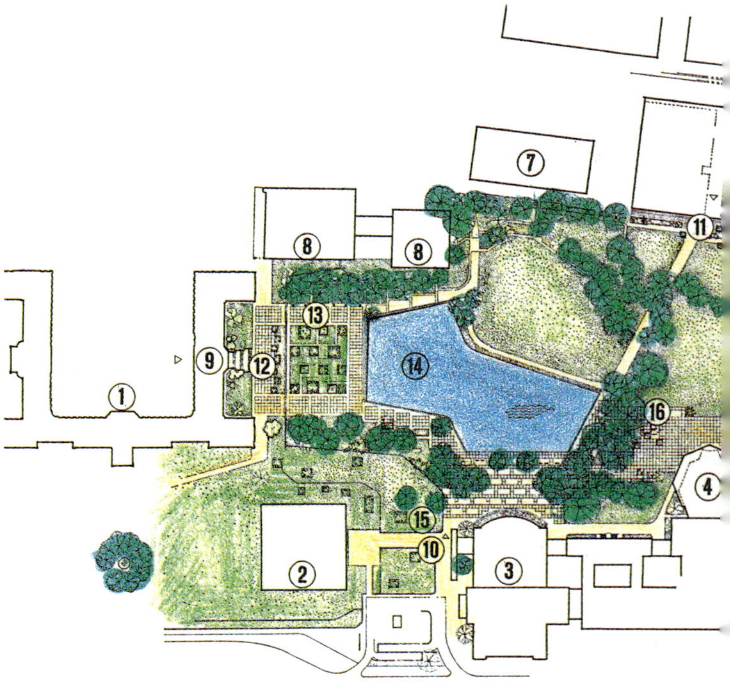

Neugestaltung des Oberen und Mittleren Schloßgartens zur Bundesgartenschau 1961.

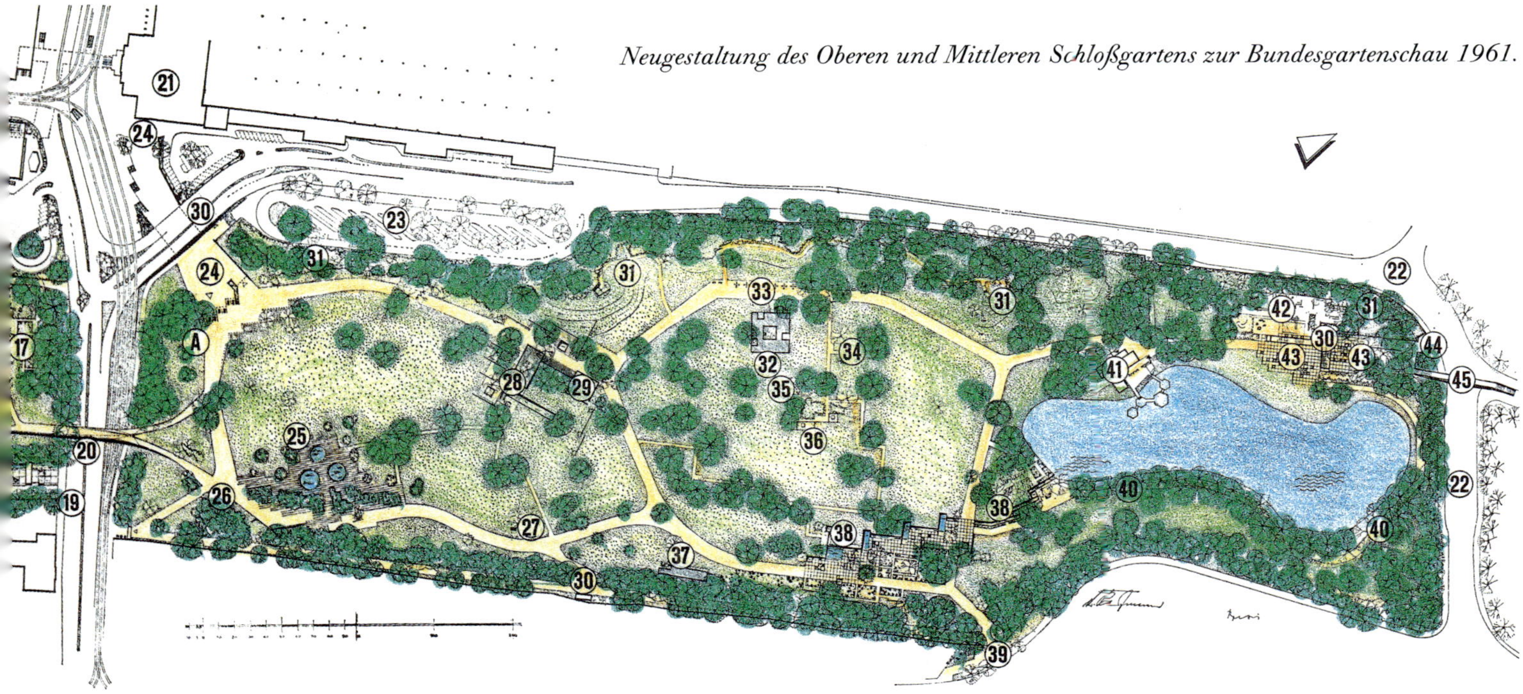

Akademiegarten mit Thouret-Brunnen.

Rosengarten mit Staatstheater Großes Haus.

Fußgängerbrücke über die Schillerstraße.

Zusammenhang herstellen, aber auch die alte Verknüpfung zum Großen Haus der Württembergischen Staatstheater beibehalten. Das Wasser sollte den Diagonalweg zwischen Schloßgartenhotel und Großem Haus überspringen und das Kleine Haus in das Gestaltungskonzept einbinden. Die Schonung des Baumbestandes war vorgegeben und in Maßen berücksichtigt; dabei war klar, daß sich die Kastanien nicht mehr allzu lange halten ließen und im Rahmen des Gestaltungsplanes künftig ersetzt werden mußten.

Der Gemeinderat hat diesen Plan am 15. Dezember 1958 »grundsätzlich gutgeheißen« und die Verwaltung beauftragt, die Zustimmung des Landes herbeizuführen. In Bürgerschaft und Presse war jedoch eine heftige Debatte entbrannt; die Opferung des ovalen Theatersees war für viele Stuttgarter unvorstellbar.

Vor diesem Hintergrund holte der Ministerrat für seine Entscheidung von Professor Walter Rossow, Berlin, ein Gutachten zum Gestaltungsplan ein, das im April 1959 vorlag. Rossow hat wegen des Bezugs zum Schloß die Seeform im wesentlichen beibehalten, insgesamt aber eine erhebliche Vereinfachung vorgeschlagen und die Konturen deutlicher heraustreten lassen. Der See schrumpfte auf sieben Ecken zum »Schloß-Theatersee« mit klarerer Ausrichtung auf beide Gebäude, aber der stärkeren Betonung zum Schloß. Auf die Wasserfläche beim Kleinen Haus sollte ganz verzichtet werden. Die Empfehlungen von Professor Rossow haben am 27. April 1959 das grundsätzliche Einverständnis des Ministerrats gefunden und sind danach von beiden Seiten als Grundlage für die Weiterentwicklung betrachtet worden.

Ohne die Schloßgartenstraße konnte wieder ein größerer Zusammenhang erreicht werden, der das Große Haus, den Landtag, das Neue Schloß und die Seitenfront des Kunstgebäudes sehr schön zusammenbindet. Rosenbeete stellen vor dem Neuen Schloß den symbolischen Bezug zur Historie her und bilden einen guten Übergang zum Wasser und in den Park, der nun durch das Schloß, vom Schloßplatz und vom Akademiegarten her über eine verbindende Querspange zugänglich ist. Die vom Schloß ausgehenden Kastanienalleen blieben allerdings Stummel und verlieren sich am See; ähnlich enden die wieder aufgestellten Marmorkopien der antiken Statuen beiläufig. Die verbliebenen Teile des ehemaligen Baumrondells trennen auf der einen Seite die beiden Theater weiterhin voneinander, auf der anderen Seite wurden sie zur Baumgruppe im Rasen. Die Mittelallee wurde aufgelöst; flaches Seeufer und Rasenflächen sollten auf der Westseite den Übergang von

Wassergarten von Fitz.

der geometrischen Ordnung zur offenen Gestaltung bewirken. So ist ein eigenartiger Kontrast zum kommerziellen Bereich an der Königstraße zustande gekommen.

Entlang der Schillerstraße ist bewußt eine räumliche Grenze gezogen worden. Eine Verklammerung mit dem Mittleren Schloßgarten besteht nur durch das Grün der Bäume; der Obere Schloßgarten ist insoweit zu einem allein auf sich bezogenen innerstädtischen Grünraum geschrumpft. Ein großer Gewinn ist dagegen die Öffnung zur Konrad-Adenauer-Straße. Neben der mächtigen Westfront des Großen Hauses steht lagerhaft der Landtag, eingebettet in den neu gewonnenen Grünraum, der nahtlos in den durch das Baumrondell und den Thouret-Brunnen zentrierten Akademiegarten übergeht.

Auch die Kunst unserer Zeit hat ihren Platz erhalten. Vor dem Kleinen Haus steht eine Stahlplastik des Österreichers Wander Bertoni, deren dynamische Bewegtheit und glänzende Oberfläche gut mit dem Theater korrespondiert. Ähnliche Schwierigkeiten wie bei König Wilhelm mit den nackten Venusstatuen gab es bei der »Liegenden« von Henry Moore, deren Verfremdung körperlicher Realität – kleiner Kopf auf großem Körper – das Mißbehagen vor allem von Frauen hervorrief. Schlimmer aber war, daß diese Gewandstudie dem Landtag das Hinterteil zustreckte: Sie mußte wandern und hat auf der Terrasse der Neuen Staatsgalerie

endlich ihre Ruhe und einen angemessenen Platz gefunden.

Die Umgestaltung des Mittleren Schloßgartens hat kaum zu Diskussionen geführt, obwohl dort die Veränderungen nicht weniger gewichtig waren als im Umfeld des Schlosses. Sie blieb zwischen der oberen Cannstatter Straße und der Reitallee auf die historischen Grenzen beschränkt; die Insellage zwischen stark befahrenen Verkehrsstraßen und der bebauten Rückseite der Neckarstraße hatte einen Parkbereich zur Folge, der nur noch über Brücken oder Unterführungen mit der Stadt verbunden werden konnte. Die Hängebrücke von Professor Leonhard wie der Eingang zum U-Bahnhof Staatsgalerie sind dafür geglückte Beispiele; im Gegensatz dazu steht der straßenartige Charakter der Unterführung aus der Klettpassage am Bahnhof, wo der Omnibusbahnhof zusätzlich stört. (Nach den damaligen Planungen sollte er längerfristig aufgegeben und die Fläche wieder dem Park zugeschlagen werden.)

Aus der Abschnürung ist eine Parklandschaft entstanden, deren Reiz in der bewußten Hinwendung nach innen liegt. Durch die Auflösung der Mittelachse und die Auslichtung des Baumbestandes ist ein Binnenraum mit weitem Atem gewonnen worden, der neben seiner Verbindungsfunktion vor allem der Freizeiterholung für die vielen Beschäftigten dienen soll. Dafür sind Ruhe- und Spielmöglichkeiten eingestreut.

Am Zugang von der Brücke steht das von Paul Müller 1881 geschaffene Denkmal des im Schoß eines Untertanen liegenden Grafen Eberhard, eine Erinnerung an die Vergangenheit. Daneben öffnet sich der Landespavillon mit seinem Zirkuszelt zum Park hin, flankiert den Zugang zum U-Bahnhof und wird kontrastiert von dem gläsern schönen und auf sich bezogenen Bau des Planetariums, der leider den Reitweg abgeschnitten hat.

Die schöne Brunnenanlage des Bildhauers Fitz, die Ruinenteile des großen Lusthauses, die Wasserbecken mit dem Original des Flußgottes Rems bilden danach die Intervalle am Rundweg entlang der Ostseite. Auf der Gegenseite drängt die Milchbar zu sehr in den Weg und stört den Vorrang des Grüns. Fast beiläufig gelangt man zum Großen See am unteren Ende. Er ist Abschluß und Steigerung zugleich, mit dem später errichteten Café als Ruhepunkt. Um den See aber prägen die alten Baumgruppen mit den mächtigen Platanen das Bild entscheidend mit und lassen etwas vom früheren Charakter spüren.

Es ist schade, daß die geistige Einstellung der Planer um 1960 achsiale Beziehungen als undemokratisch angesehen und tunlichst beseitigt hat. In der Konsequenz sind 1961 aus dem Schloßgarten Thourets zwei in sich selbständig gestaltete Bereiche nur durch eine Nabelschnur verbunden worden. Es fehlte die zusammenfassende Idee, wie sie dem Willen von König Friedrich I. und der Gestaltungsabsicht seines Hofbaumeisters zugrunde lag und vom Neuen Schloß bis zur Retraitestraße und letztlich bis zum Kahlenstein führte. Sie war nicht gefordert, im Gegenteil.

Der Untere Schloßgarten
Die Bundesgartenschau 1977

Ein wichtiges Ziel der von der Stadt Stuttgart ausgerichteten Bundesgartenschau 1977 war die Sanierung und Erneuerung des Unteren Schloßgartens bis zum Neckar. Land und Stadt haben dies gemeinsam angestrebt und die Kosten für die Gestaltung der Daueranlagen (unterschiedlich) geteilt.

In den fünfzehn Jahren seit der Neugestaltung des Oberen und des Mittleren Schloßgartens war im Bewußtsein der Bürger wie der Gestalter ein erheblicher Wandel eingetreten. Nicht mehr das Neue um jeden Preis wurde angestrebt, sondern es wurde nach dem zu Bewahrenden gefragt und die Forderung nach dem Gleichklang von Alt und Neu erhoben. Das war Thema des 1973 ausgelobten Wettbewerbs, für den hinsichtlich des Verkehrsausbaus punktuell günstige Voraussetzungen geschaffen worden waren. Die Kreuzung und Verflechtung der Bundesstraßen 10 und 14 mit Hochstraße und Verkehrsei am Schwanenplatz war schon länger aufgegeben worden; nun wurde sogar die B 14 abgesenkt und, soweit vom Mineralwasserhorizont her möglich, in einen Tunnel verlegt – mit der Chance, den Unteren Schloßgarten mit dem Mineralbad Leuze und dem Park der Villa Berg zu verbinden. Die Längsrichtung der Schloßgärten konnte damit am Ende mit einem Querbezug vom Rosensteinpark über die Talaue weg zum Park der Villa Berg verknüpft werden und vor dem Neckar wurde ein relativ weiter Raum gewonnen.

Die Cannstatter Straße wurde allerdings sechsspurig ausgebaut und der Nesenbach dafür überdeckt. Eingriffe in den Park wurden dadurch zwar vermieden; die Belastung durch Lärm und Abgase stieg jedoch, und eine direkte bauliche Nachbarschaft war ausgeschlossen. Zur Verbesserung wurde eine von der Firma Züblin entwickelte Lärmschutzwand aus Kreissegmenten gebaut, die sich lebendig in den Parkrand einfügen ließ und durch ihre plastische Form wenig stört. Die

Neckartalstraße verlief weiterhin vor dem Fluß, Stadtbahngleise und Wendeschleife blockierten die Entfaltung.

Der über 160 Jahre alten Platanenallee entlang des Bahndamms war im übrigen von Sachverständigen bei richtiger Pflege eine Lebenserwartung von weiteren 80 Jahren bescheinigt worden, ebenso den meisten anderen Bäumen im Park.

In der Sitzung des Preisgerichts Ende Dezember 1973 wurde die Arbeit der Professoren Max Bächer, Hans Luz und Bernhard Winkler mit einem ersten Preis ausgezeichnet. Sie erhielten den Auftrag für die Gesamtplanung; Teilbereiche wurden in diesem Rahmen an weitere Wettbewerbssieger vergeben.

Kennzeichnend waren der behutsame Umgang mit der historischen Substanz und das Herausarbeiten ihrer Wesenheit, die qualitätvoll geschaffenen Wegeverbindungen, die geschickt eingefügten Aktivzonen, nicht zuletzt aber das phantasievolle Überspielen der zum Neckar hin dominierenden Verkehrseinrichtungen.

Der Charakter des Parks ist zwischen Heilmannstraße und Schwanenplatz fast unverändert geblieben: der Wechsel vom Rückgrat der schnurgeraden Allee am Bahndamm zu den bewegten Baumgruppen im Verlauf des alten-neuen Schlangenweges mit den Wiesenflächen dazwischen prägt das Bild. Die grüne Brücke, bepflanzte Verbindung aus dem Mittleren Schloßgarten, leitet über einen blumenbestandenen Hügel in den Park hinein und läßt trotz des schmalen Raums über die großzügige Wirkung des weiten Wiesengrundes staunen. Daneben bildet ein Rondell den Übergang zur Platanenallee, an deren Beginn die Figurengruppe der Rossebändiger steht. Die Diskrepanz ist nicht zu übersehen; der ehemalige Auftakt zum Park ist zwar angebunden, hat aber seine eigentliche Funktion verloren.

In der Allee erschließt sich das ganze Ausmaß und die Kraft dieses bis zum Rosensteinpark fast 1,5 Kilometer langen Baldachins, der sich bis zum Knick nur an den Querwegen und beim Schwefelbrünnele etwas zum Park öffnet. Dichte Bepflanzung begleitet und verdeckt die Lärmschutzwand auf der anderen Seite, wo die Freiflächen bis zum Schlangenweg für Spiel und Sport genutzt sind. Die notwendigen Bauten sind auf einheitlicher Grundlage als quadratische Holzhäuser

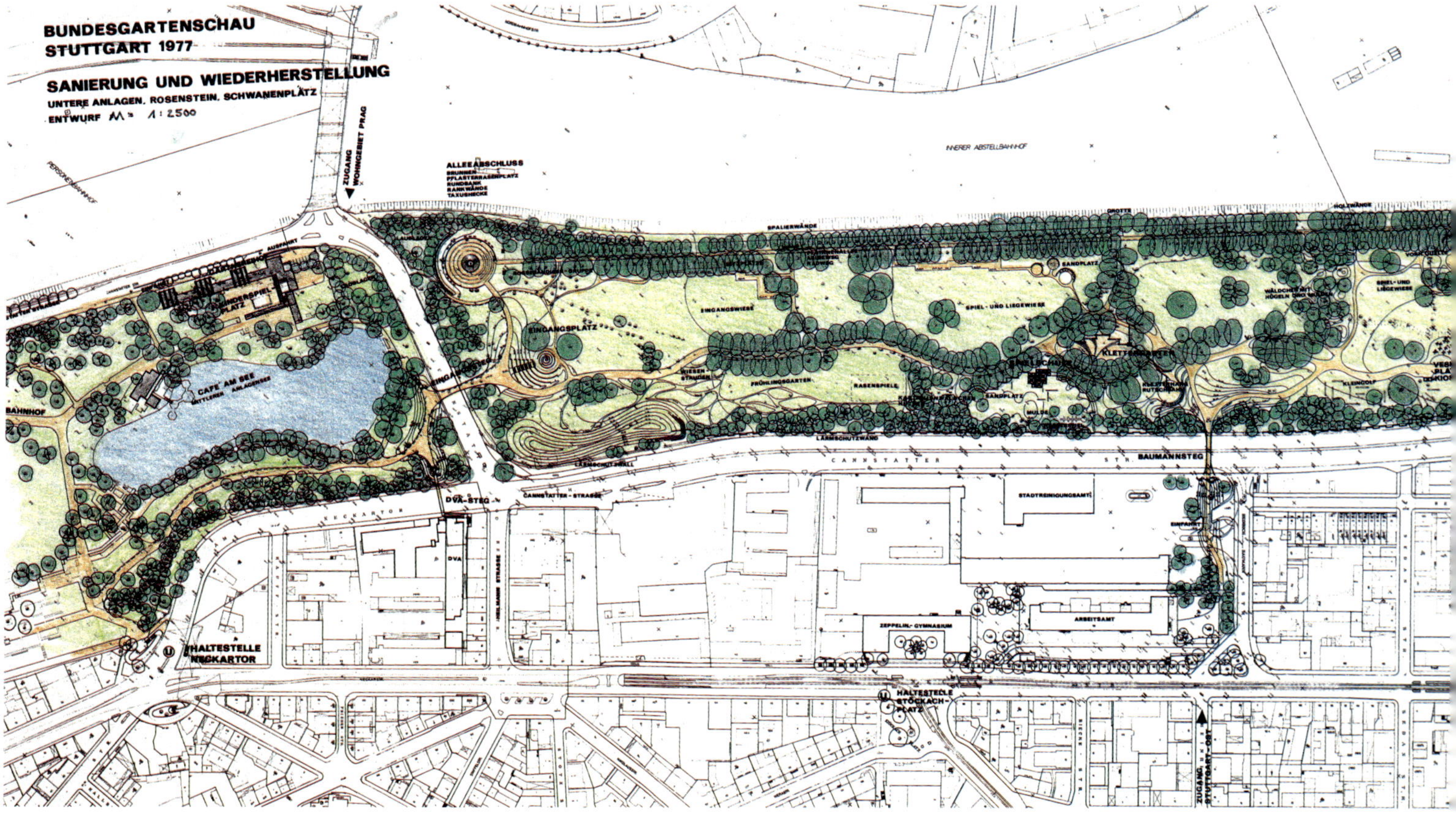

Rondell mit Rossebändigern.

Platanenallee.

Unterer Schloßgarten. Erneuerung zur Bundesgartenschau 1977.

mit Zeltdächern geplant und werden nach Bedarf zusammengesetzt; damit sind sie durchgängiges Thema. An der Heinrich-Baumann-Straße verbindet eine geschwungene Fußgängerbrücke mit den Wohngebieten jenseits der Cannstatter und Neckarstraße. Spielschule und Klettergarten sind dort gut in die Baumgruppen eingefügt.

Ein wegbegleitender Bachlauf führt, teilweise in Biotopform, teilweise künstlerisch mäandriert, vom »Quellteich« über den Schwefelsee bis zu der neuen Seengruppe, die den Erlebnisraum an der tiefsten Stelle beendet. Dahinter verbirgt eine Hügellandschaft den Mastenwald der Straßenbahnstrecken und überspielen die »Berger Sprudler« den wenig schönen Übergang zum Neckar. In dieses Bild passen die beiden unterschiedlichen, luftig gestalteten Brücken vom Rosensteinpark zum Mineralbad Leuze, so daß sich technische Notwendigkeit und künstlerische Gestaltung überlagern.

Die wesentlichste Ergänzung ist aber durch die Überdeckung des Tunnels der Bundesstraße 14 bewirkt worden. Durch die geschickte Höhenmodellierung ist eine breite Grünverbindung zum Park der Villa Berg entstanden, die der Talaue dort eine gewisse Weiträumigkeit gibt. Schloß Rosenstein und Villa Berg sind nun fußläufig verbunden, gut eingefügte Aussichtsplätze eröffnen neue und überraschende Blickbeziehungen. Die Straßenbahnhaltestelle mit angehängtem Café liegt zentral am Park und bei den Mineralbädern, ungestört vom Autoverkehr. Das Gespinst der Stahlrohrkonstruktion ist dem Park angemessen, es wirkt leicht und betont trotzdem seinen Standort durch die ausgreifende Silhouette. Einen künstlerischen Kontrast bilden in der Nähe die fünf Schranken von Rainer Ruthenbeck, ein Symbol für die Bedrängnis der Menschen.

Bei den Unteren Anlagen ist es gelungen, die prägenden historischen Elemente in ihrer Eigenart zu bewahren und am schon immer unbewältigten Ende durch die räumlich ungestörte Verbindung mit dem Rosensteinpark und dem Park der Villa Berg eine neue Qualität hinzuzufügen. Dazu hat das Zusammenspiel aller beigetragen, der Verantwortlichen bei Stadt und Land wie der Architekten, Landschaftsplaner, Ingenieure und Verkehrsplaner, nicht zuletzt aber der eingetretene Wertewandel im Verhältnis zur Natur.

Rosenstein und Wilhelma
Erholungsraum und naturkundlicher Erlebnisbereich

Schloß Rosenstein
Der Wiederaufbau für das Naturkundemuseum

Bei den Luftangriffen im September 1944 war das Schloß bis auf die Grundmauern zerstört worden. Die Außenwände und die Fassaden der Innenhöfe standen, wenn auch infolge der Hitzeentwicklung erheblich beschädigt. Von den Sandsteinfiguren waren große Teile abgeplatzt; einer der beiden Bronzelöwen am Eingang blieb erhalten, verschwand aber nach 1948/49 im Schmelztiegel bzw. wurde in Frankreich vermutet. Die reiche Ausgestaltung des Inneren war bis auf die Raumschale des Festsaals im Zentrum mit den Reliefs der Jahreszeiten im ländlichen Jahr von Konrad Weitbrecht nicht mehr vorhanden.

Die Sicherung der Ruine wurde als vordringliche Aufgabe behandelt. Noch vor der Währungsreform war es gelungen, über dem Festsaal wieder die originäre Holzkonstruktion des Daches zu errichten und abzudecken. Der weitere Wiederaufbau sollte jedoch mit einer sinnvollen neuen Nutzung verknüpft werden. Eine Rückgewinnung des historischen Zustands mußte nicht nur aus finanziellen Gründen unterbleiben. Für die Rekonstruktion der Ausmalung notwendige Unterlagen waren nicht vorhanden; einer zweifelhaften Kopie hätte auch die inhaltliche Berechtigung gefehlt.

Nachdem das Gebäude der Naturaliensammlung in der Neckarstraße total zerstört worden war, wurde der Wiederaufbau von Schloß Rosenstein mit der Unterbringung dieser Einrichtung verknüpft. Deren Sammlungsbestände waren zu großen Teilen gerettet worden und lagerten in Ludwigsburger Kasernenarealen.

Vom Oktober 1948 stammt eine Planung des Finanzministeriums, die im nördlichen Seitenflügel des Schlosses Räume für die zoologische, im südlichen für die paläontologische Sammlung vorsah. Beide Innenhöfe sollten zur Aufstellung von Großexponaten überdeckt werden. Diese Planung fand am 29. Januar 1952 die baurechtliche Zustimmung. Im Rosensteinschloß konnte aber nur eine geringere Nutzfläche gewonnen werden als im zerstörten Haus vorhanden war; zudem war wegen Raummangels schon 1938 auf dem Grundstück der Klavierfabrik Schiedmayer an der Neckarstraße ein Neubau geplant worden, der wegen des Krieges nicht weiterverfolgt wurde. Die Museumsleitung entschied daher, im Schloß wegen der besonderen Empfindlichkeit des Sammlungsgutes vorrangig die zoologische Abteilung unterzubringen und von den Fossilien nur wenige Teile zu zeigen. Die wesentlichen Bestände der weltberühmten paläontologischen Sammlung blieben weiterhin in Kisten verpackt.

In der Zwischenzeit, am 21. März 1950, war die aus dem einstigen »Königlichen Naturalienkabinett« hervorgegangene Württembergische Naturaliensammlung in »Staatliches Museum für Naturkunde« umbenannt worden.

Die Bauarbeiten wurden Ende des Jahres 1950 eingeleitet. Aus Finanzierungsgründen wurden ab 1951 zwei Bauabschnitte gebildet, mit dem Nordflügel wurde begonnen. Er war Anfang 1952 unter Dach und konnte 1954 dem Museum zur Ausstattung übergeben werden. Am 10. Januar 1956 wurden seine Schausäle eröffnet. Vor Wintereinbruch 1955/56 war auch der Rohbau des Südflügels erstellt und gegen Witterungseinflüsse geschützt. Bei der Jahresversammlung der Gesellschaft der Freunde und Mitarbeiter des Staatlichen Museums für Naturkunde am 28. April 1960 wurden mit geringer Ausnahme die restlichen Schausäle eröffnet, darunter je ein Saal für Geologie und Paläontologie.

Der Baukörper, seine Dächer und Fassaden sind mit allen Einzelheiten – Figurenschmuck, Löwenpaar, Kandelaber – in der historischen Form wiederhergestellt worden. Das Erscheinungsbild des Schlosses entspricht somit im wesentlichen dem ursprünglichen Zustand und ist prägender Schwerpunkt des Parks geblieben.

Im Inneren konnten nur die Räume der Mittelachse weitgehend restauriert werden. Zwar waren die Ausmalungen nicht wiederherstellbar; trotzdem gibt der Festsaal mit seiner von Säulen getragenen, etwas verändert kassettierten Tonnendecke einen Eindruck von der architektonischen Qualität, und vermittelt die Zartheit der von Konrad Weitbrecht in Gesimshöhe geschaffenen Reliefs mit Darstellung der vier Jahreszeiten auf dem Lande etwas vom ursprünglichen Charakter, der auch in dem kühlen Weiß – vielleicht sogar besser –

zum Ausdruck kommt und sich in dem zum Neckartal geöffneten Speisesaal widerspiegelt.

Bei den U-förmig um die beiden Innenhöfe gelegten Flügelbauten ist zwar die Grundstruktur der Raumeinteilung beibehalten worden, die museale Nutzung verlangte jedoch großräumigere Zuschnitte. Die Raumhöhen wurden verringert, um zusätzlich nutzbare Dachräume hinter der Attika für Arbeitsräume und Magazine zu gewinnen. Diese Änderungen hatten vor allem entlang der Außenfassaden eine gewisse Gleichförmigkeit zur Folge, zumal die Räume zugunsten der Ausstellung ohne gestalterischen Aufwand neutral gehalten waren. Die fehlende räumliche Spannung wirkte sich besonders an den vier Eckpunkten aus, die ihren Bezug zur eingezogenen Loggia und zum vorgesetzten Portikus verloren.

Zusätzlich wurde nur der nördliche Innenhof massiv überdeckt, um einen großen und höheren Ausstellungsraum zu gewinnen. Rundsäulen trugen ein zentrales Oberlicht, das eine fast sakrale Wirkung des Raumes ergab. Der südliche Innenhof wurde in seiner alten Form mit der kreisrunden Brunnenschale wiederhergestellt.

Das Museum signalisierte seinen Inhalt durch eine im Festsaal aufgestellte Gruppe von präparierten Dickhäutern, die von dem zunächst allein aufgestellten afrikanischen Elefantenbullen überragt wurde. Im überdachten Lichthof dominierte das Modell eines Seiwals als Beispiel der größten Säugetierarten. Vitrinen, Dioramen und präparierte Einzelstücke vom wirbellosen Tier bis zum Abguß der Schädelpartie des Steinheimer Urmenschen kennzeichneten die Vielfalt der Ausstellung.

Als erstes der im Krieg zerstörten Schlösser ist Schloß Rosenstein mit den damals sehr bescheidenen Mitteln aufgebaut gewesen. Wenn auch die Wiederherstellung der historischen Form wesentlich auf das Äußere beschränkt blieb und sich innen der Charakter völlig veränderte, hat es doch mit dem Einzug des Naturkundemuseums eine sinnvolle öffentliche Verwendung gefunden und ist lebendiges Zentrum des Parks. Bis zum Frühjahr 1993 wird das Schloß einer General-

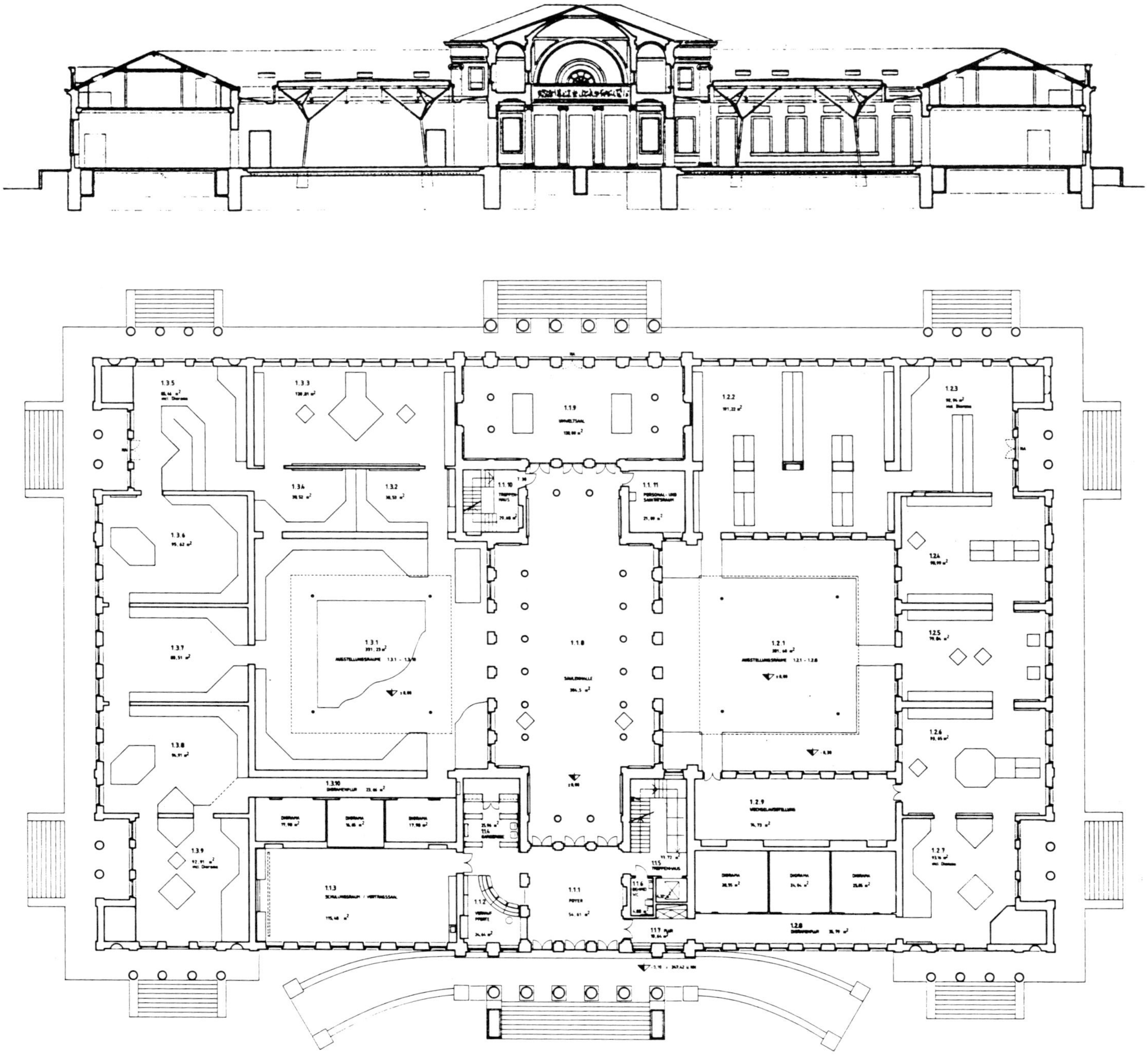

Grundriß und Schnitt des Schlosses. Ausstellungseinbau 1992/93.

überholung unterzogen, wobei die Haustechnik heutigen Anforderungen angepaßt werden muß. Bei dieser Gelegenheit wird der verbliebene historische Kern mit dem Festsaal in der Mittelachse von Ausstellungsstükken befreit, so daß seine kraftvolle Architektur wieder voll zur Geltung kommt. Im Sinne der achsialen Ordnung werden beide Innenhöfe überdeckt und genutzt; die Dächer sind jedoch durch Glasoberlichter von den historischen Außenwänden abgelöst und geben diesen ein Stück der ehemaligen Wirkung zurück. Die museale Nutzung der U-förmigen Seitenflügel ohne große Rücksicht auf die ursprüngliche Struktur bleibt das notwendige Opfer für die lebendige Erhaltung des Schlosses.

Museale Nutzung 1960.

Fassadenausschnitt 1992.

Schloß Rosenstein: Festsaal nach Restaurierung 1992 und Durchblick zum überdeckten Innenhof.

Das Museum am Löwentor

Für die geologisch-paläontologische Abteilung des Staatlichen Museums für Naturkunde wurde bis in die sechziger Jahre ein Neubau am alten Standort in der Stadtmitte angestrebt. Bonatz setzte sich mit diesem Anliegen auseinander und erwog 1952 einen Platz auf dem Akademiegelände, der allerdings die Anforderung nicht erfüllte, daß »darauf ein schönes Museum mit schönen Hallen untergebracht werden könnte«.

In den Gesamtplanungen der Bauverwaltung an der oberen Neckarstraße zwischen der Landesbibliothek und der relativ bescheiden erweiterten Staatsgalerie wurde längere Zeit die Fläche für das ganze Museum berücksichtigt. Angesichts des großen Flächenbedarfs vor allem im Magazinbereich wurde diese Überlegung aufgegeben, zumal neben den dort verbliebenen Einrichtungen ein Neubau für das im 4. Obergeschoß des Großen Hauses der Württembergischen Staatstheater provisorisch eingebaute Kammertheater erstellt werden sollte und außerdem den erheblichen Bedürfnissen des Landtags Rechnung zu tragen war.

Für das Schloß Rosenstein selbst war keine andere und angemessenere Nutzung in Sicht, so daß sich das Land zur Gesamtunterbringung des Museums im Rosensteinpark entschloß. Gleichlaufend zu den Bemühungen im Stadtzentrum wurden schon Anfang 1956 Standortüberlegungen für einen viergeschossigen »Zusatzbau« am Fuß des Steilhangs zum Schwanenplatz angestellt, der zum Glück nicht gebaut wurde. Ein späterer Plan oberhalb der Neckartalstraße hätte bei dem senkrecht in den Hang eingeschnittenen Baukörper angesichts des großen Höhenunterschieds kaum akzeptable Erschwernisse im Besucher- und Betriebsbereich zur Folge gehabt und die Situation empfindlich gestört. Beide Standorte wurden verworfen.

Um 1970 war die Staatliche Hochbauverwaltung zur Auffassung gelangt, daß die Erweiterung des Museums aus städtebaulichen und landschaftsräumlichen Gründen in der Randzone des Parks an der Nordbahnhofstraße erfolgen sollte. Dieser Bereich war von der anschließenden städtischen Bebauung fast abgeschnitten und wenig attraktiv. Der Museumsbau konnte dort als eigenständiges Bauwerk die durch den hohen Bahndamm bedrängte Situation des Parks wie den Zugang von Westen aufwerten, zumal das Löwentor infolge des Verkehrsausbaus der Prag- und Nordbahnhofstraße völlig ins Abseits geraten und fast funktionslos geworden war. Da zu jener Zeit noch mit dem Bau der Bundesstraße 10 parallel zum Bahndamm gerechnet werden mußte, konnte der Komplex außerdem »zur Sicherung des Erholungsbereichs und zum Immissionsschutz gegen die umgebende Verkehrsstraße beitragen«.

Andere Schwerpunkte der Landespolitik, aber auch die Enge des Landeshaushalts bewirkten, daß Finanzminister Gleichauf den Landtag erst am 24. November 1971 über Raumbedarf, Standortüberlegungen und Kosten unterrichtete. Nach Genehmigung der Planungsmittel wurde im Winter 1973/74 landesweit ein Architektenwettbewerb ausgeschrieben. Den ersten Preis erhielt der Entwurf des Architekturbüros Siegel, Wonneberg und Partner, der zur Ausführung empfohlen wurde.

Der Ölschock und die tiefgreifende wirtschaftliche Rezession bewirkten eine Verschiebung der weiteren Planung bis zum Herbst 1977. Zwischenzeitlich hatte die Stadt auf die durch Bebauungsplan gesicherte Vorbehaltsfläche für den Bau der Bundesstraße 10 durch den Park verzichtet und begnügte sich mit einer normalen Stadtstraße, die sowohl zur Beruhigung des Wohngebiets jenseits des Bahndamms beitragen als auch das Paketpostamt anschließen sollte. Der Museumsbau konnte somit ein Stück nach Süden verschoben werden. Vom Park wurde noch eine Fläche von knapp 2 Hektar beansprucht, die zur Hälfte überbaut worden ist. Der Abstand zum Großen Rundgang betrug im Minimum 80 Meter.

Zwei unterschiedlich gestaltete Baukörper mit einem dazwischenliegenden, großzügigen Eingangshof prägen das Erscheinungsbild des Komplexes an der Nordbahnhofstraße. Die Schausammlung im Norden ist als monolithischer, an der Straße geschlossener und sich zum Hof und Park hin öffnender Betonblock gestaltet. Auf der Südseite bilden die ein- bis zweigeschossigen Arbeits- und Forschungsbereiche mit ihrer horizontalen Gliederung und der filigranen Metall-Glas-Holz-Architektur einen starken Kontrast und bewirken durch ihre geringe Höhe und die Terrassierung einen guten Übergang zum Park. Der Eingangshof ist Empfangsraum aus Richtung Stadt und Nordbahnhof; er lädt, verdeutlicht durch die mit Marmor gepflasterte »Zeitspur« und den verfremdeten stählernen Dinosaurier des Schweizers Bernhard Luginbühl, zum Besuch des Museums ein und ist Pforte in den tiefer liegenden Grünraum. Das Museum gibt dieser Stelle eine neue Bedeutung und wurde bebauter Teil des Rosensteinparks.

Trotz der beachtlichen Höhe fügen sich die Bauten auch auf der Parkseite maßstäblich gut ein. Dies ist der

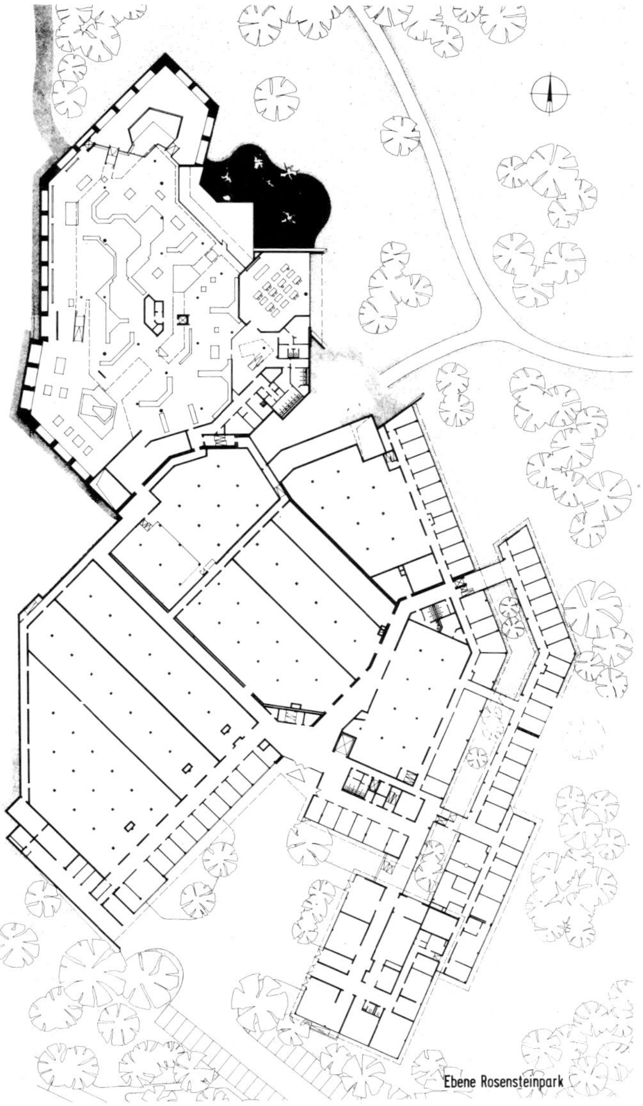

Ausstellung, Magazine und Werkstätten.

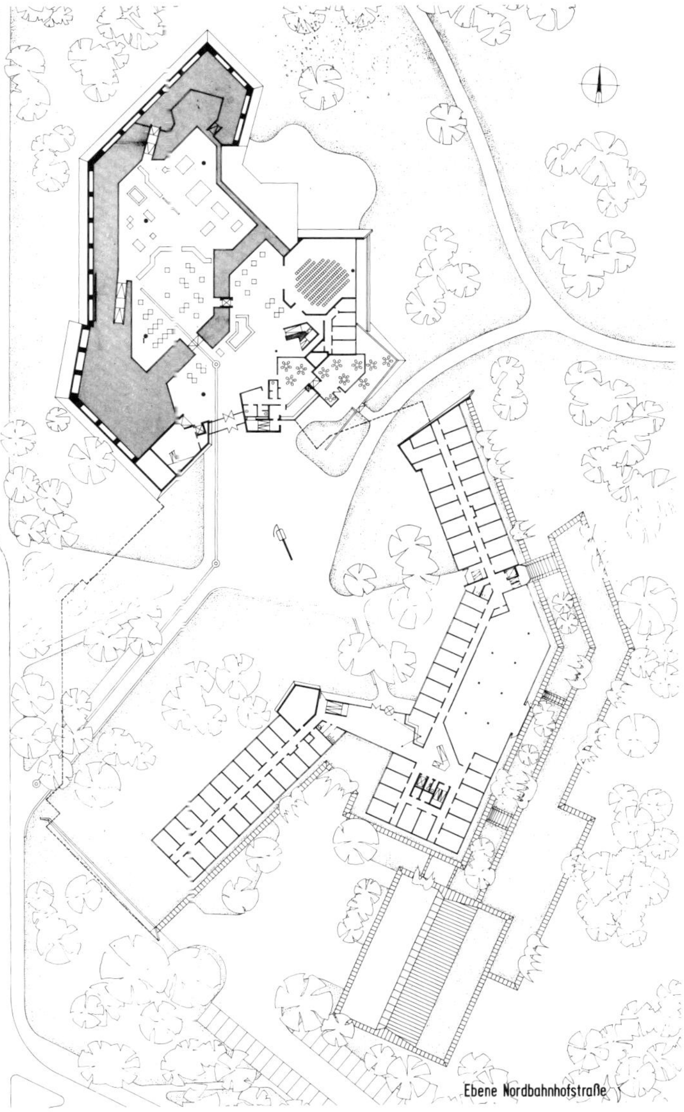

Ausstellung und Verwaltung.

geschickten Ausnutzung des Höhenunterschieds zwischen Park und Straße zu danken; die großen Magazinflächen und Technikräume konnten dadurch weitgehend unter dem begrünten Eingangshof angeordnet werden, so daß nur etwa 60% des Volumens sichtbar sind.

Auch der Block mit dem Schaubereich ist bis 6 Meter unter Straßenniveau eingetieft. Seine geneigten und eingewachsenen Wände mildern die gewalttätige Form. Terrasse und Balkon vor der Cafeteria und dem Vortragssaal betonen die Eingangsebene auf der Parkseite; die Ausstellung erhielt ein großes Schaufenster, vor dem ein Wasserbecken den Museumsbereich abgrenzt und gleichzeitig in die Weite des Parks überleitet. Das Innere mit 3700 qm Ausstellungsfläche bietet sich als einräumige, große Halle dar, deren bis 11 Meter hohe Außenwände erfaßbar sind und großflächige Ausstellungsstücke aufnehmen können. Beispielhaft sei die fossile Seelilie mit 7 Metern Höhe genannt. Die Eingangsebene schiebt sich wie eine Zunge gestuft in den Raum hinein, begleitet von der Zeitschiene, an deren Ende der Mensch steht und die Einführung in die Ausstellung beginnt. Gläserne Vitrinen beherrschen dort das Bild, während auf der unteren Ebene vor allem Großskelette aus der Saurier- und der Eiszeit auf die Besucher wirken. Unter der Eingangsebene werden fast wie in einem Aquarium die flachen Platten mit den Versteinerungen der damals im Meer

Ausstellungshalle.

lebenden Tiere präsentiert; Ichthyosaurier mit bis zu 10 Metern Länge, Echsen und Fische – ein faszinierender Gegensatz zum lebendigen Aquarium in der Wilhelma. Das Tageslicht ist zur Schonung der Ausstellungsstücke stark eingeschränkt und prägt durch sein entlang der geneigten Außenwände einfallendes Streiflicht die Stimmung des Raums hin zum Geheimnisvollen, dem Blick in eine vergangene Welt.

Über drei Geschosse hoch staffeln sich die langgestreckten Arbeits- und Forschungsbereiche aus dem Park nach oben. Breite Dachkrempen betonen die Horizontale; die dunkel gehaltenen Materialien lassen das Bauwerk zurücktreten, was von dem eingeschossig vorgelagerten Baukörper unterstützt wird. Die Bepflanzung der Fassaden und Dächer erleichtert den Übergang zum Park und mildert die vorgeschobene Begrenzung. Im Süden ist ein Werkhof in die gespreizte Anlage eingeschoben. Er bedient Verwaltung, Werkstätten und Magazine und ist unterirdisch mit dem Schaubereich verbunden. Zentrum des Bereichs ist die zweigeschossige Bibliothek, um die sich ein- und zweibündige Bürospangen gruppieren. Die großen Laboratorien und Werkstätten befinden sich im Gebäudekopf auf der Südseite, der dort den Komplex abschließt. Eine fröhliche, parkgemäße Atmosphäre kennzeichnet diesen für die arbeitenden Menschen bestimmten Teil des Museums; sie ist sinnfällig für den humanen Geist seiner Architektur.

Die Wilhelma
Der Weg zum Botanisch-Zoologischen Garten

Bei Kriegsende gab es in der ganzen Wilhelma kaum ein Gebäude ohne Schäden. Die bestimmenden Elemente der maurischen Anlage waren im Kern getroffen. Zwar standen die Umfassungwände der aus Naturstein errichteten Bauten weitgehend; der reichhaltige Innenausbau mit dem orientalisch nachempfundenen Dekor war jedoch unwiederbringlich verloren. Nur im Portikus des zuletzt erstellten Torwachgebäudes befanden sich nennenswerte Stuck- und Farbreste. Die gußeisernen Konstruktionen der Gewächshäuser hatten die Bombenschäden großenteils überstanden. Von dem umfangreichen Pflanzenbestand konnten wegen der Glassplitterschäden allerdings nur etwa zwei Prozent gerettet werden.

Angesichts der geringen finanziellen Mittel konnten die Schäden in den ersten Nachkriegsjahren weitgehend nur provisorisch beseitigt werden. Zudem mangelte es an den technischen Ressourcen. Durchgreifende Reparaturen oder gar der Wiederaufbau unterblieben somit lange Zeit. Die einfach zu verwirklichende Neuverglasung der Gewächshäuser ermöglichte den Wiederbeginn im botanischen Bereich.

Albert Schöchle, seit 1933 Direktor der Staatlichen Anlagen und Gärten, sah die Wilhelma durch den zur Reichsgartenschau 1939 angelegten Höhenpark Killesberg und dessen schnelle Instandsetzung zur ersten Bundesgartenschau 1950 ins Abseits gedrängt. Die Anziehungskraft der maurischen Gebäude bestand nicht mehr. Mit der botanischen Sammlung allein, so bedeutend der Bestand auch wieder sein mochte, war das Publikum nach seiner Meinung nicht zu gewinnen.

So verfiel er auf den Gedanken, durch Sonderausstellungen mit Tieren die Attraktivität zu steigern, was auch zunehmend gelang. Die Wiedereröffnung im Frühjahr 1949 verband Schöchle mit einer Aquarienschau. 1950 wurden eine Vogelschau und eine Ausstellung mit Tieren des deutschen Märchens veranstaltet. Ein Jahr darauf folgten Schlangen, Krokodile und afrikanische Steppentiere, und schließlich wurden 1952 die ersten Elefanten gezeigt.

Diese Aktivitäten gingen überein mit der Reparatur und dem Wiederaufbau der Gewächshäuser im Schau- und Anzuchtbereich; die Instandsetzung des fünfschiffigen, hohen Wintergartens mitten in der Gewächshausreihe war damals ein bedeutender Fortschritt.

Bei den zeitlich begrenzten Tierausstellungen blieb es nicht: In zunehmender Zahl bevölkerten übriggebliebene »Leihgaben« die Nebengebäude und Freiflächen entlang der Randzonen.

Anläßlich der Festveranstaltung zum hundertjährigen Bestehen der Wilhelma meinte Staatsrat Vowinkel vom Finanzministerium, daß sich kein Mensch mehr die Tiere aus der Wilhelma wegdenken könne. Am 1. April 1955 waren in der Bilanz 398 Tierarten mit 1479 Exemplaren verzeichnet. Angesichts der zunehmenden räumlichen Enge und der immer noch knappen Geldmittel wurde die Wilhelma im November 1956 angewiesen, den Tierbestand nicht mehr zu vermehren. In dem Buch »Das Schlitzohr«, dem Selbstbekenntnis Schöchles, ist nachzulesen, mit welch mannigfachen Tricks er den Ausbau der Wilhelma zum Zoo verfolgt hat. »Mücke oder Elefant, Tier ist Tier« war seine Devise.

Manche der Tierarten konnten im historischen Umfeld verträglich untergebracht werden; das galt für Pinguine, Seehunde, verschiedene Vogelarten und sogar die Seelöwen und See-Elefanten. Die meisten der mit eigenen Kräften und Mitteln eingerichteten Gehege hatten jedoch erhebliche Störungen der Freibereiche zur Folge und waren in vielen Teilen auch tiergärtnerisch unannehmbar. Zwischen der Hauptachse und der Pragstraße und entlang des Mauerzugs an der Neckartalstraße wurden die Remisen mit Elefanten, Giraffen und Löwen besetzt, die Bären wurden in zirkuswagengroßen Käfigen eingesperrt. Die wenigen Freiflächen zwischen den Alleen waren eingezäunt und durch Zebras, Antilopen sowie andere Tierarten zu Sandplätzen verändert, die Ställe in primitiver Form dazwischengeklemmt. Der zoologische Schaubetrieb hatte sich Ende der fünfziger Jahre auf fast die Hälfte der gesamten Schaufläche ausgedehnt. Die freiräumliche Qualität war weitgehend verlorengegangen. Aber die Zahl der Besucher war 1959 auf 930000 angestiegen, was von der ungebrochenen Anziehungskraft des Zooprovisoriums zeugte.

Schon 1956 hatte Direktor Schöchle den Plan vorgetragen, die Wilhelma zu einem botanisch-zoologischen Garten auszubauen und dafür einen Streifen des Rosensteinparks entlang der Pragstraße in Anspruch zu nehmen. Seine planerischen Vorstellungen führten seitens des Finanzministeriums im Mai 1958 zum Auftrag an die Staatliche Hochbauverwaltung, den Zustand der Wilhelma insgesamt zu untersuchen und im Blick auf die historische Situation wie die künftige Nutzung Sanierungsvorschläge zu erarbeiten. Außerdem war zu prüfen, ob gemäß den Vorschlägen Schöchles »im Rosensteinpark Großtiere zootechnisch befriedigend und

Gußeisenkonstruktion der Gewächshäuser.

Historisches Detail im Maurischen Landhaus.

für das Parkgefüge tragbar« untergebracht werden konnten.

Gemäß Bebauungsplan vom 5. Dezember 1956 mußte in der Wilhelma überdies noch ein 18 Meter breiter Streifen für den Vollausbau der unteren Pragstraße abgetreten werden. Dieser Flächenverlust schränkte die Nutzungsmöglichkeiten in der verbliebenen schmalen Randzone empfindlich ein. Das Ergebnis der Untersuchungen lag im Oktober 1959 vor.

Für die Wilhelma wurde die Wiederherstellung der unter Denkmalschutz stehenden historischen Grundstruktur mit Instandsetzung bzw. Wiederaufbau aller Gebäude um den Maurischen Garten in der alten Form gefordert; zur Wahrung des Charakters war außerdem die Wiederherstellung des botanischen Gefüges im gesamten achsial bestimmten Raum unerläßlich. Daraus folgte die Entfernung aller Tiere, »welche im historischen Rahmen zootechnisch, tierpsychologisch und publikumswirksam nicht unterzubringen sind und die botanisch geplante Anlage stören«. Tierarten, die sich dem bestehenden Rahmen unterordneten oder in den Randzonen eingesetzt werden konnten, sollten belassen werden. Dazu zählten Robben, Vogelarten, Reptilien und Fische.

Die Besuchermassen – an Spitzentagen bis zu 25000 – mußten eingelassen, kanalisiert und versorgt werden. Ein wesentliches Problem stellte sich mit deren Führung und Verteilung, die im Rundgang tunlichst ohne große Höhenunterschiede zu planen war. Für den ruhenden Verkehr wurde allein ein Bedarf von 240 Pkw- und 18 Omnibusstellplätzen ermittelt.

Als Voraussetzung für einen geordneten Betrieb mußten schließlich Wirtschaftsgebäude und Anzuchtflächen vorgesehen werden. Da der Schaugarten von der Wirtschaftszone durch die Gewächshausreihe zwischen dem Eingang und dem Maurischen Garten getrennt war, konnten die erforderlichen Einrichtungen problemlos geschaffen werden.

Wo möglich und sinnvoll, sollte die vorhandene Bausubstanz restauriert bzw. ergänzt werden. Das planerische Konzept wahrte die historische Grundstruktur von Achsialität und Freiraumgliederung und ordnete die neuen Nutzungen entsprechend ein. Der die Wilhelma von der Neckartalstraße trennende Wandelgang zwischen dem Wilhelmatheater und dem Eingangspavillon sollte aufgelöst und zum »Schaufenster« des Zoos umgestaltet werden.

Auf der Parkseite des Wilhelmatheaters wurden die Gaststätte und dem Theater fehlende Nebenräume vorgesehen. Entlang der Pragstraße waren belebende Kleingehege in Verbindung mit Lärmschutzmauern beabsichtigt.

Beim Maurischen Schloß wurde die Wiederherstellung auf die Umfassungswände beschränkt. Da die Rekonstruktion des Inneren nicht möglich schien, sollte sich die künftige Nutzung in den botanisch-zoologischen Zusammenhang einfügen und mit den anschließenden Gewächshäusern direkt verknüpft werden, so daß sich ein sinnvoller Besucherweg ergab.

Die wesentlichste und sicher für den historischen Bestand schmerzlichste Veränderung war die Aufgabe der in den äußeren Garten vorstoßenden Ruine des Maurischen Festsaals zugunsten eines großflächig angelegten Aquariums und Terrariums. Sie hätte nicht sinnvoll genutzt werden können. Die Mittelachse markierte nun eine große, verglaste Halle, die auf beiden Seiten von quadratischen Baukörpern eingefaßt wurde. Die Portalzone zum inneren Maurischen Garten wurde erhalten, damit dort das gewohnte Bild nicht gestört wurde.

Für eine Inanspruchnahme des Rosensteinparks zu Zwecken der Tierhaltung bestanden wesentliche Einschränkungen. Das Parkerlebnis wurde in erster Linie vom Großen Rundgang aus vermittelt, der optimal in das landschaftlich bewegte Gelände eingefügt worden war. Das Staatliche Amt für Denkmalpflege forderte deshalb: »Der Große Rundgang darf weder geändert noch verlegt oder verkürzt werden. Da der Rosensteinpark mit dem Schloß eine Einheit bildet, muß auch die Erweiterung des Tierparks unter denkmalpflegerischen Gesichtspunkten gesehen werden.« Das erschien den Planern möglich, weil unter den Begriffen Tierpark und Zoologischer Garten ein Grünraum mit verdichteter Nutzung verstanden wurde. Die Gehegegrößen waren ja nicht vom Nahrungsbedarf abhängig, da sowieso gefüttert werden mußte, sondern orientierten sich am notwendigen Bewegungsraum, den Rückzugsmöglichkeiten, der Sicherheit und nicht zuletzt an ästhetischen Prinzipien.

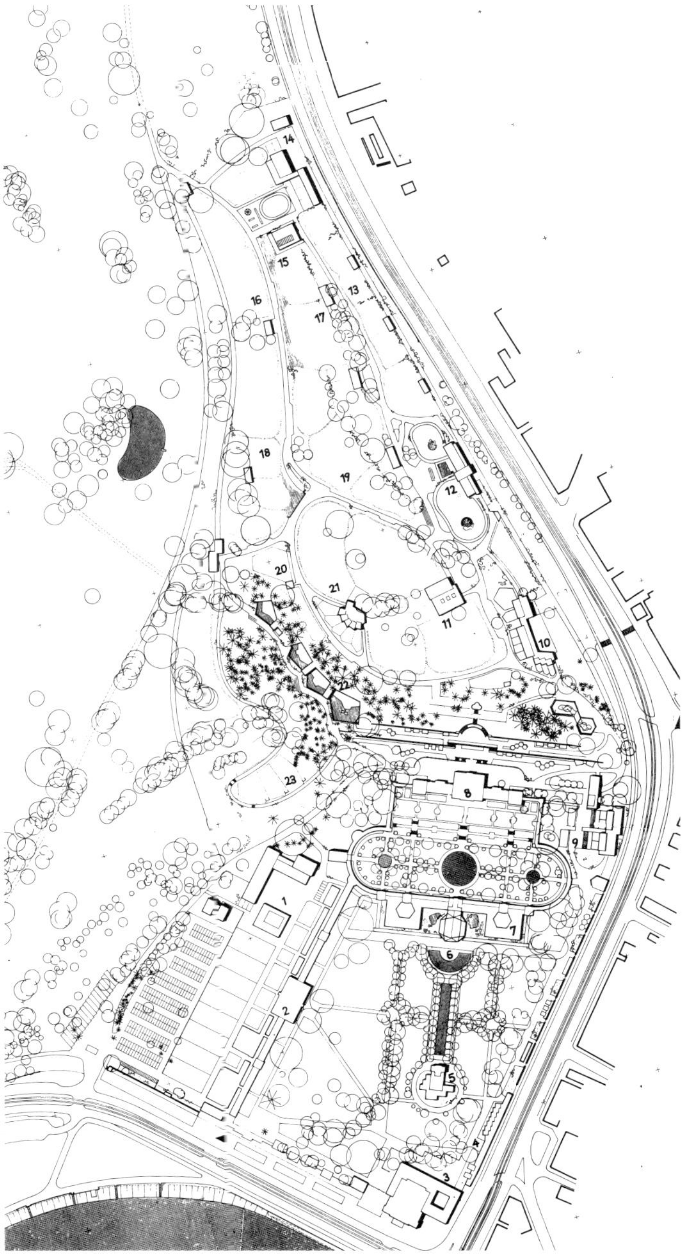

Erweiterung der Wilhelma in den Rosensteinpark 1959.

Hinsichtlich der Lage und Ausdehnung des Tierparks wurde in etwa den Gedanken Schöchles gefolgt. Er sollte zwischen der Pragstraße und dem Großen Rundgang angelegt werden und sich auf einer Fläche von 10,95 ha von den Terrassen aus etwa 500 Meter nach Westen bis zu einer Bodenschwelle mit einer Gruppe großer Bäume hinziehen.

Bei den baulichen Vorstellungen bestanden erhebliche Unterschiede. Gemäß den Untersuchungen sollte die Anordnung der Nutzungen, die Größe der Gebäude wie die Oberfläche der Gehege von den räumlichen Bezügen zum Park und den vorhandenen Baumgruppen bestimmt werden und einen Besucherrundgang ermöglichen. Die Großtiergehege und Häuser für Raubtiere und Dickhäuter wurden deshalb hinter die abschirmenden Bäume an den zur Pragstraße abfallenden Hang geschoben. Sie bildeten das Rückgrat der Erweiterung und boten gleichzeitig einen gewissen Lärmschutz. Im Zentrum sollte eine große Anlage für Steppentiere liegen, und im Übergang zum Park waren offenere, grün bleibende Freigehege vorgesehen. Die Bärenanlage wurde im sogenannten Koniferental vorgesehen; der südlich an das Sequoiawäldchen anschließende Steilhang eignete sich zur Unterbringung der Klettertiere. Ziel war es, optisch die Einheit mit dem Rosensteinpark zu wahren und den Großen Rundgang nicht empfindlich zu bedrängen. Das Problem lag in der notwendigen Abgrenzung, die man sich mittels Trockengräben fast unsichtbar vorstellte.

Der Ministerrat stimmte den Vorschlägen im Dezember 1960 zu; der Landtag von Baden-Württemberg schloß sich diesem Votum während der Beratungen zum Haushaltplan 1962 an und genehmigte die ersten Mittel zum Ausbau. Dank der Beharrlichkeit des Direktors Schöchle bekam Stuttgart damit endlich einen »echten« Zoo, und sogar einen vom Staat getragenen.

Der Beschluß erfolgte fast hundertfünfzig Jahre nach dem Entstehen der »Königlichen Menagerie«, die König Friedrich 1812 im Stöckach anlegen und König Wilhelm I. ein Jahr nach seinem Regierungsantritt 1817 auflösen ließ, und fast hundert Jahre nach der vom gleichen König geplanten Errichtung eines Tiergartens, der am Ende der Unteren Anlagen entstehen sollte. Dessen Verwirklichung kam jedoch über die Anfänge nicht hinaus, denn der König starb kurz nach dem Baubeginn. Ironie der Geschichte: Schon einen Tag nach Wilhelms Tod, am 26. Juni 1864, erließ sein Nachfolger Karl die nachstehende Verfügung an die Königliche Bau- und Gartendirektion:

»Des jetzt regierenden Königs Majestät gedenken den in Ausführung begriffenen zoologischen Garten nicht nur nicht fortzusetzen, sondern haben befohlen, daß alle Arbeiten daran definitiv eingestellt und die vorhandenen Einrichtungen, soweit immer möglich, wieder beseitigt werden.«

Private Initiative hat Stuttgart trotzdem zu Tiergärten verholfen. Bereits 1840 hatte Gustav Werner im Garten der Wirtschaft seiner Mutter in der oberen Sophienstraße aus Liebhaberei einen Tierhof eingerichtet. Er entwickelte sich im Lauf der Jahre zu einem Tiergarten, der von den Erben nach Werners Tod aufgelöst wurde. Den zweiten Anlauf, wiederum aus Liebhaberei, unternahm Zimmermeister Johannes Nill, der 1871 am Herdweg einen Tiergarten eröffnete und mit großem Erfolg betrieb. Dieser umfaßte zuletzt ein Areal von 3 Morgen und erreichte einen Bestand von über 500 Tieren. Sein Sohn führte den Garten noch bis 1906 weiter. Mit Teilen des Nillschen Inventars richtete der Fabrikant Theodor Widmann 1907 zusammen mit dem Restaurator Wurster auf dessen Gelände an der Doggenburg einen Tiergarten ein. Der nur 40 Ar große Betrieb überlebte bis in die dreißiger Jahre.

Ein rühriger Tiergartenverein schlug 1927/28 vor, vom Westteil des Rosensteinparks rund 20 Hektar für einen Tiergarten abzutrennen, was die Kappung des Großen Rundgangs bedeutet hätte. Von Gegnern dieses Projekts wurde das zwischen Stuttgart und Feuerbach gelegene Gelände auf der Höhe als geeignet vorgeschlagen. Die Stadt Stuttgart griff diesen Gedanken auf und schrieb 1933 nach der Eingemeindung von Feuerbach für das ehemalige Steinbruchgelände am Killesberg einen Wettbewerb aus. Die Planung wurde jedoch durch den im Zusammenhang mit der Reichsgartenschau 1939 angelegten Landschaftspark gegenstandslos. Stuttgart hatte dadurch zwar eine der schönsten Parkanlagen neuerer Zeit erhalten; der Zoo blieb jedoch wieder auf der Strecke.

Nach der Genehmigung des Landtags wurde der Ausbau der Wilhelma zum Botanisch-Zoologischen Garten in Baustufen systematisch betrieben. Schon ab 1960 war vom zuständigen Staatlichen Hochbauamt II die Wiederherstellung des Maurischen Gartens als Herzstück der Anlage eingeleitet worden; sie schloß

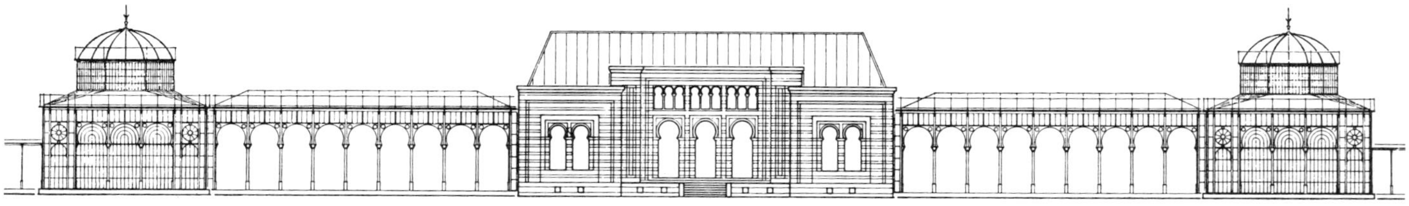

Wiederaufbau: Maurisches Landhaus und Gewächshäuser 1960/1962.

Maurischer Garten.

die Beseitigung nicht nur der Kriegsschäden ein, sondern auch solcher Schäden, die altersbedingt waren oder durch Senkungen des Untergrundes verursacht worden waren.

Das Maurische Schloß (Landhaus) war wegen Dolinen im Untergrund nach vorne abgekippt; die Fassaden mußten beim Wiederaufbau durch Pfähle und ein Stahlbetonkorsett gesichert werden. Eine hohe, im rückwärtigen Teil mit einer Empore versehene Halle orientiert den Innenraum zum Garten hin und läßt an der Vorderfassade noch Reste des alten Dekors erkennen. Pflanzen und Vogelvolieren prägen den Charakter wesentlich mit. Unter der Empore entstand in einer Dunkelzone das erste Nachttierhaus auf dem europäischen Kontinent, in dem die Tiere während der Bewegung beobachtet werden können. Statt der Kuppel erhielt der Bau aus Belichtungsgründen ein Glasdach, das zwar die ehemalige Masse nachempfindet, in seiner knappen Form jedoch den Inhalt wie den Zeitgeist widerspiegelt. Am 7. Juni 1962 konnte das Haus eröffnet werden.

Der Neubau des Aquariums und Terrariums wurde 1963 begonnen. Er sollte den zoologischen Schwerpunkt innerhalb der historischen Wilhelma bilden und wurde an die Ostseite des Maurischen Gartens angefügt. Damit konnten die fast ausschließlich auf Innenräume angewiesenen Ausstellungsbereiche an den Schlechtwetterrundgang angeschlossen werden, der sich vom Eingangspavillon bis zum Maurischen Festsaal erstreckte. Die Stelle der Festsaalruine nahm in der Mittelachse nun die sechseckige, großflächig verglaste Halle ein, in der die Besucher über Brücken und Podeste an Krokodilen vorbeigeführt werden. In den seitlich flankierenden, quadratischen Baukörpern mit den Waschbetonfassaden befinden sich die Aquarien; um einen sechseckigen Kern mit Klimalandschaften gruppieren sich unterschiedlich große, thematisch bestimmte Räume, deren Aquarienbecken durch ihre Form optische Weite gewinnen (eine Erfindung des Zoos in Cleveland, USA). Verbindungsflügel mit Terrarien für Echsen und Schlangen leiten zur Krokodilhalle über. Inhalt und Funktion haben eine interessante formale Lösung gefunden. Die Architektur setzt sich vom historischen Erscheinungsbild ab, fügt sich aber maßstäblich ein. Am 27. April 1967, nach dreieinhalbjähriger Bauzeit, wurde das Bauwerk der Öffentlichkeit übergeben.

Der Ausbau des Schaubetriebs zog zwangsläufig Verbesserungen im Wirtschaftsbereich nach sich; im Jahr 1965 wurde ein H-förmiges Wohnhaus und 1967 das eingeschossige Betriebsgebäude mit Werkstätten, Lagerräumen, Futterküche und Tierkrankenstation fertiggestellt, beide nach Plänen des Architekten Koppenhöfer aus Stuttgart.

Aquarien mit Klimalandschaft.

Krokodilhalle.

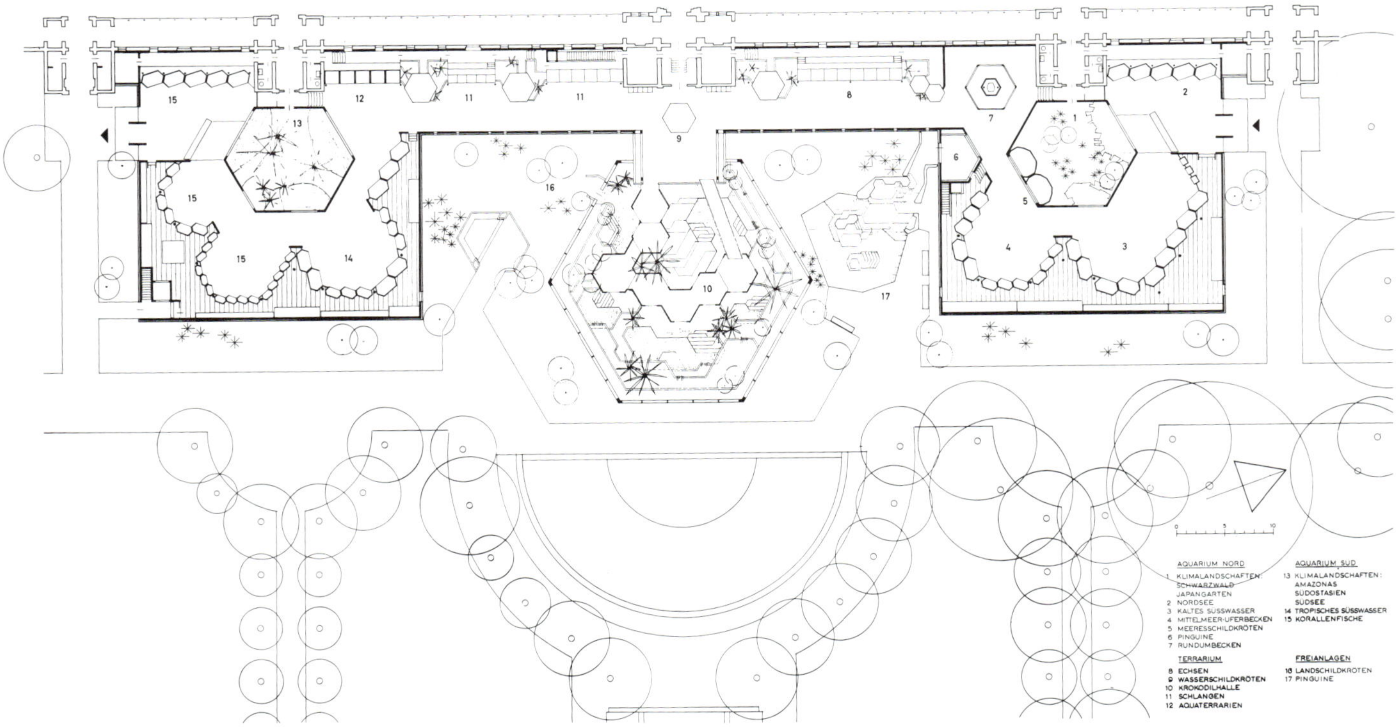

Grundriß Aquarium und Terrarium.

Als erstes großes Vorhaben im Erweiterungsgebiet wurde entlang der Pragstraße die Anlage für Raubtiere und Dickhäuter erstellt. Dazu bedurfte es zunächst der Räumung des Areals, das in Kriegszeiten mit Baracken besetzt und später als »Grabeland«, d.h. durch Kleingärten genutzt worden war.

Mit der Planung wurden 1963 die Schweizer Architekten Rasser und Vadi beauftragt; sie hatten schon in Basel Erfahrungen mit Zoobauten sammeln können. Eine Eigentümlichkeit dieser Bauten ist die Verknüpfung von Innen- und Außengehegen oder Käfigen mit Besucherführung entlang beider Seiten. Das Raubtierhaus ist als Kette von vier gestaffelten Baukörpern entwickelt. Vor deren Südseite liegen die vergitterten Außengehege und eine große Freianlage für Löwen, die mit einem 8 Meter breiten Wassergraben umgeben ist

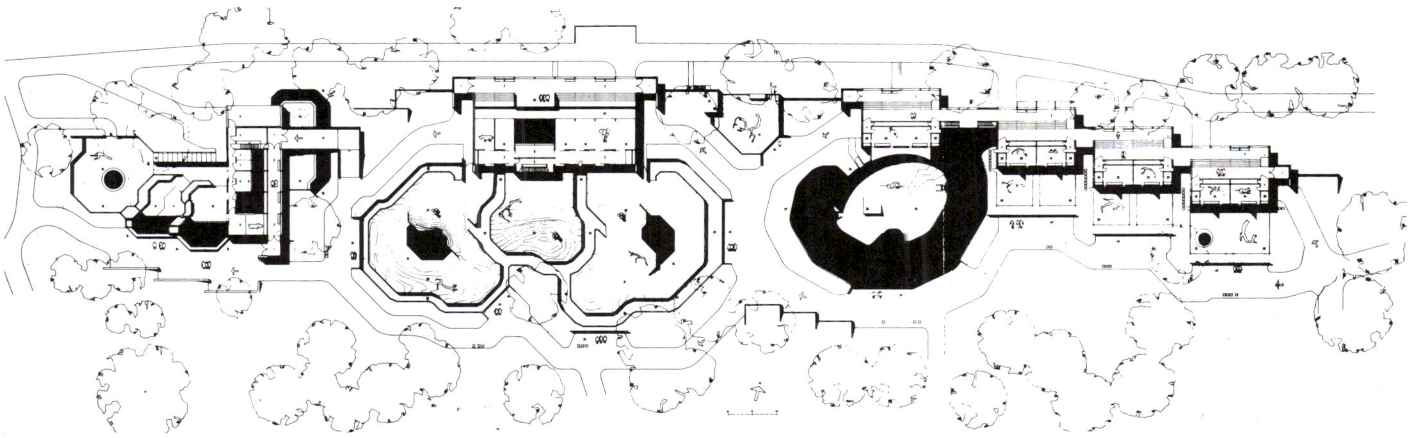

Grundriß Raubtier- und Dickhäuteranlage.

Tiger-Freianlage.

Elefantenhaus.

und durch eine gerundete Rückwand in der Bedeutung gesteigert wird. Die Anlage für Elefanten und Nashörner lebt aus dem Kontrast zwischen den in das bewegte Gelände gut eingefügten Freigehegen und dem langgezogenen, einfachen Baukörper, dessen waagerechte Lüftungslamellen ein charakteristisches Merkmal bilden. Im rechten Winkel steht dazu das Haus für Flußpferde und Tapire, das den rund 250 Meter langen Komplex abschließt und in den westlich anschließenden Freiraum überleitet.

Die Architektur wird von den klaren und gut gegliederten Baukörpern ebenso bestimmt wie von dem Material Stahlbeton: Sie ist ein geglücktes Beispiel modernen Bauens in jener Zeit. Die Einweihung konnte am 26. Juni 1968 gefeiert werden.

Wichtiges Bindeglied zwischen der historischen Wilhelma und dem Erweiterungsteil im Rosensteinpark ist die Baugruppe für Menschenaffen und niedere Affen. Architekt war die Bauverwaltung selbst. Im unteren Teil liegt die dreigestufte Anlage mit Innen- und Außenkäfigen für Schimpansen, Gorillas und Orang-Utans. Ein senkrecht zum Hang gestellter Baukörper bildet den Übergang zu Terrassen und Park; Treppe und Steg entlang eines hohen Außenkäfigs für Schwingaffen lassen den steilen Aufstieg interessant werden. Die einfach gefügten Stahlbetonbauten nehmen formale Bezüge zur Raubtier- und Dickhäuteranlage auf und betonen die Einheit des Parkganzen. Mit den Arbeiten wurde im Februar 1969 begonnen; die Eröffnung erfolgte am 6. April 1973. Im Zusammen-

hang mit den Sanierungsarbeiten sind 1981 auf den beiden oberen Terrassen Volieren für tropische Vögel entstanden, die in eine reiche subtropische Pflanzenwelt eingebettet wurden.

Oberhalb der Terrassen ist eine Felsanlage für Affen und Klettertiere den Hang hinaufgeschichtet, der riesige Granitfindlinge im Gegensatz zum Beton des Gebauten das besondere Gepräge geben. Mit dieser 1975 fertiggestellten Anlage erhielt der Besucherweg zum Erweiterungsteil seinen inhaltlichen Abschluß.

Im Zentrum des Erweiterungsgebiets wurde von den Architekten Fiedler, Fränkel, Rösslein und Stanger aus Stuttgart eine große Anlage für afrikanische Huftiere in die mächtigen Baumgruppen behutsam eingefügt und bis 1980 verwirklicht. Um das hohe Giraffen-Schauhaus gruppieren sich große Freigehege für die Steppenbewohner; niedere Stallbauten nehmen auf der Südseite Tiere des Urwalds auf. Das Baumaterial Holz und geneigte Dächer bestimmten den Charakter der Anlage, die den Übergang zum offenen Park herstellen will.

Binnen zwanzig Jahren war mit der letztgenannten Baugruppe ein wesentlicher Teil der Sanierung und des vorgesehenen Ausbaus abgeschlossen. Bereits zu Beginn der siebziger Jahre hatte sich jedoch gezeigt, daß eine Fortschreibung des Gesamtplans notwendig war. Gravierendstes Problem war die Bereitstellung von Parkplätzen, für die von der Wilhelmaverwaltung unbekümmert Flächen des Rosensteinparks in Anspruch genommen wurden. Statt der ebenerdig vorgesehenen Parkplätze wurde nach Plänen der Bauverwaltung im Betriebsbereich hinter der Trennmauer zur Neckartalstraße ein Parkhaus mit 800 Stellplätzen gebaut und 1976 in Betrieb genommen. Das große Volumen fügt sich dank der geringen Höhe und der feingliedrigen Konstruktion selbstverständlich in die Umgebung ein. Der Gedanke eines »Schaufensters«, d.h. der Öffnung zur Stadt wurde aufgegeben und die Restaurierung und Ergänzung der Terrakottawand und des Säulengangs beschlossen. Wegen der wachsenden Besucherzahl wurde 1974 die Eingangszone hinter dem historischen Pavillon durch die Einfügung einer offenen Glashalle vergrößert. Am Pavillon wurden unter Ölfarbanstrichen gut erhaltene Wandmalereien aus der Entstehungszeit entdeckt und restauriert.

Bei genauer Prüfung des Flächenbedarfs hatte sich ergeben, daß für die Unterbringung der Bärenanlage im Koniferental unvertretbare Eingriffe erforderlich gewesen wären. Als neuer Standort wurde der Hangbereich südlich des Sequoiawäldchens gewählt; dort war im Übergang zum Park 1977 eine Anlage für Tiere Südamerikas gebaut worden, die als beispielhaft für eine harmonische Einfügung gelten kann. Die Bauten und Freianlagen für Bären und Klettertiere wurden davor in eine gewaltige Felslandschaft hineinkomponiert, in der sich Naturstein, Beton und Begrünung durchdringen. Der grüne Steilhang ist entlang des Aufstiegs zur prägenden Felswand umgestaltet; die große Wasserfläche der Eisbärenanlage wurde bestimmendes Element des oberen Bereichs. Dank einer Spende des Vereins der Freunde der Wilhelma von 2 Millionen DM konnte mit den Bauarbeiten im Mai 1987 begonnen werden. Am 11. Juli 1991 wurde die Anlage mit einem großen Fest der Bevölkerung übergeben.

Nach den Vorstellungen der Wilhelma – inzwischen war Professor Dr. Neugebauer zum Direktor ernannt worden – reichte die 1959 festgelegte Erweiterungszone nicht aus, um die tiergärtnerisch und pädagogisch notwendigen Einrichtungen zu schaffen. Sie sollte deshalb um etwa 150 Meter nach Westen ausgeweitet werden. Am Ende war, auch als Drehpunkt für den Besu-

cherweg, ein Schaubauernhof vorgesehen, dessen Berechtigung wegen des weiteren Eingriffs in den Park heftige Diskussionen in der Öffentlichkeit und im Gemeinderat auslöste. Dies um so mehr, als auf der anderen Seite des Parks bei der Großen Meierei an der Ehmannstraße gleichzeitig ein Betriebshof von erheblichem Ausmaß geplant wurde, der ebenso beachtliche Flächen des Parks beanspruchte. Das Regierungspräsidium als Denkmal- und Naturschutzbehörde genehmigte schließlich am 19. Januar 1988 die Ausweitung in geringerem Umfang. Die Bauverwaltung schrieb danach einen Wettbewerb aus, der am 5. Dezember 1988 entschieden wurde. Nach einer zweiten Stufe wurden die Architekten Peter Cheret und Joachim Englert sowie die Landschaftsplaner Bernd Krüger und Hubert Möhrle aus Stuttgart mit der weiteren Planung beauftragt.

Seit Dezember 1991 wird ein erster Bauabschnitt im oberen Teil bis zur neuen Westgrenze verwirklicht. Er markiert den Endpunkt des Zooausbaus und soll die Entwicklung vom Wildtier zum Haustier aufzeigen. Der als Gehöft an eine Baumgruppe angelehnte »Schaubauernhof« bildet den Schwerpunkt dieses Bereichs, umlagert von Freigehegen für die Wildformen der Tiere. Ein neuer Eingang wird vom Großen Rundgang aus angelegt, eine kleine Gaststätte entsteht am Drehpunkt des Besucherrundgangs. Mauerwerk und Holz prägen die Architektur der niedrigen Bauten, begrünte Dächer werden sie als Zeugnisse des ökologischen Bewußtseins unserer Tage ausweisen. Die Einweihung ist für April 1993 vorgesehen. Später soll die Zwischenzone zu den schon vorhandenen Anlagen mit Gehegen für die australische Tierwelt gefüllt werden.

Die räumliche Ausdehnung der Wilhelma im Rosensteinpark findet damit ihren Abschluß. Sie hat zweifellos eine kritische Größe erreicht, die sich an manchen Stellen des Großen Rundgangs wegen der Trennzäune negativ auswirkt, obwohl sich der Parkcharakter durch Baumgruppen und grüne Inseln fortsetzt. In der Denkschrift von 1959 steht der Satz: »Eine gewisse Beschei-

Tiergarten im Park.

dung in der Haltung von Tierarten wird damit immer verbunden sein, was jedoch durchaus im Sinne heutiger tiergärtnerischer Qualitäts- und Auslesebestrebungen ist.« Nur, Zoologen und Architekten haben oft unterschiedliche Meinungen zum Umfang der »Bescheidung«.

Im historischen Bereich wird die Restaurierung des kleinen Belvedere, des Gebäudes der Damascenerwache und des Wandelgangs an der Neckartalstraße 1993 abgeschlossen.

Zusammen mit der Wiederherstellung des Wilhelmatheaters und in direkter baulicher Verbindung dazu ist die Wilhelmagaststätte von der Staatlichen Hochbauverwaltung geplant, 1985 begonnen und am 1. Dezember 1987 gleichzeitig übergeben worden. Das auf Selbstbedienung abgestellte Haus verfügt innen über 350, außen über 850 Sitzplätze. Ein quadratisches Raster bildet die einheitliche Grundlage für die Gestaltung der Bauten und des Freiraums. Pavillons in Stahl-Glas-Konstruktion mit Pyramidendächern vermitteln Gewächshausatmosphäre. Sie sind zum winkelförmigen Gastraum verbunden, der an das Theater angebaut und in dessen Mittelachse leicht überhöht ist. Seine mächtige Rückfront erhielt dadurch einen feingliedrigen Kontrast, der sich mit den berankten Pergolen in den Park hinein fortsetzt. Nach außen schließt ein massiver Gebäudeteil Haus und Park gegen den Verkehrslärm ab, nimmt die Form der östlichen Zirkelmauer des Theaters auf und bildet eine klare Grenze zur Pragstraße.

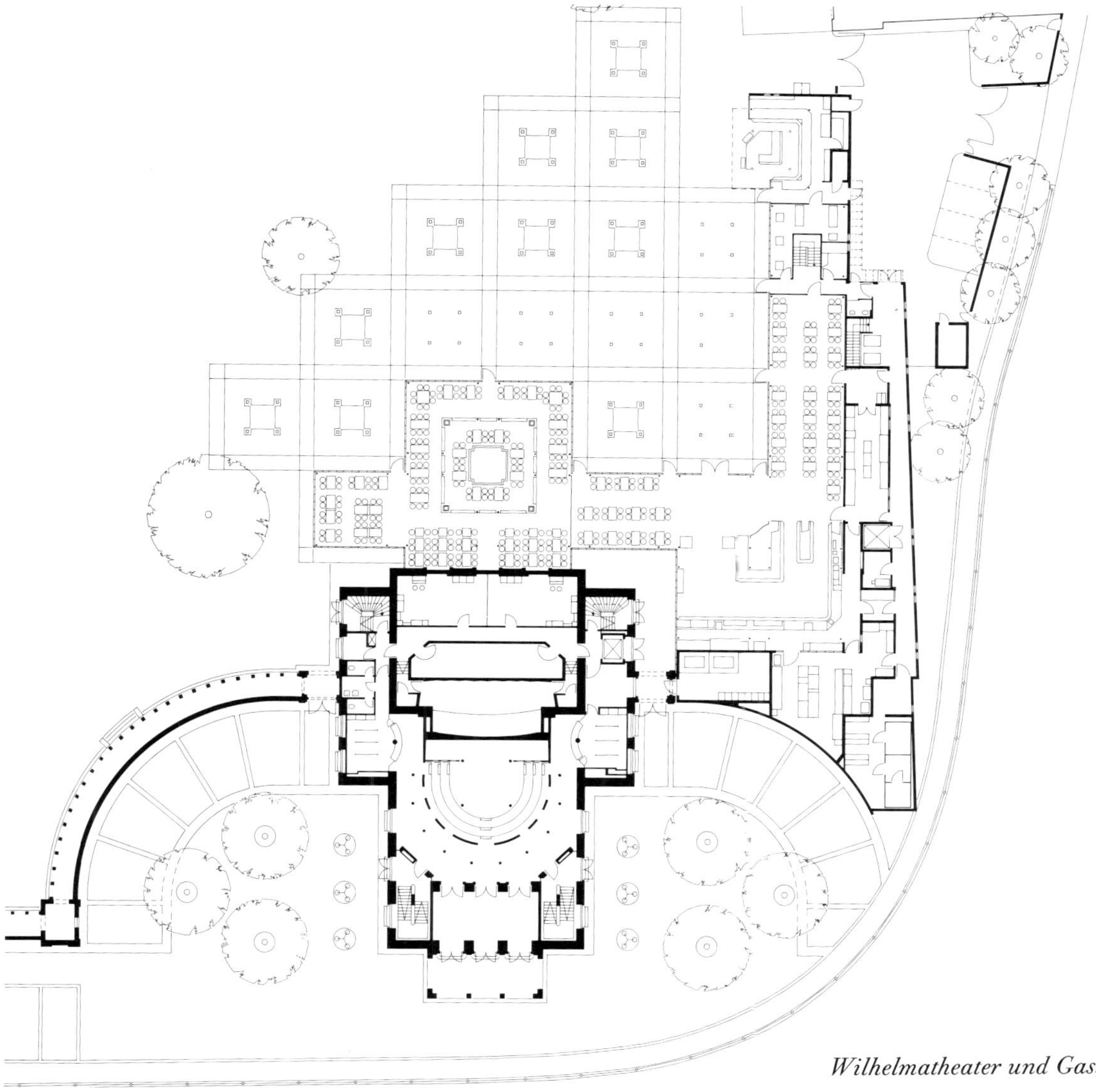

Wilhelmatheater und Gaststätte, 1987.

Im südlich anschließenden, nicht mehr geometrisch bestimmten Bereich ist nach Plänen der Architekten Auer und Weber eine große Anlage mit Freiflugvolieren im Entstehen. Mit deren Fertigstellung wird auch der äußere Maurische Garten seinen Tierbesatz haben; offen bleibt wegen des ungeklärten Verkehrsausbaus lediglich noch die Zone entlang der unteren Pragstraße.

Wenn auch außerhalb des Botanisch-Zoologischen Gartens bei der ehemaligen großen Meierei an der Ehmannstraße angesiedelt, bildet der dort gebaute Betriebshof eine wesentliche Voraussetzung nicht nur für die Pflege des Rosensteinparks, sondern auch für die Tierhaltung der Wilhelma. Die Grünfutter- und Heugewinnung ist eine beachtliche wirtschaftliche Größe; die Aufbereitung und Wiederverwendung des anfallenden Mists zur Düngung der Grünanlagen schließt den Kreislauf. Obwohl der Maschinenpark unter die Erde gelegt und das Gelände so angezogen wurde, daß aus dem Park fast nur das gebogene Scheunendach sichtbar ist, geriet die Anlage mit Dunglege und Kompostierung zu groß und störend.

Diese Diskrepanz wird im Vergleich zu dem aus den erhaltenen Resten der historischen Meierei erkennbaren früheren Volumen besonders deutlich. Ihre Restaurierung und Teilergänzung läßt die fortschrittliche Viehhaltung in der Zeit von König Wilhelm I. nachempfinden, macht aber auch den gewaltigen Unterschied zum Flächenbedarf unseres voll mechanisierten Zeitalters deutlich.

Der Rosensteinpark – nur noch Restfläche?

Nach dem Geländeopfer und den Eingriffen für den Bahnbau zwischen 1908 und 1915 blieb der Park mit seinen noch 85 Hektar Größe bis zum Zweiten Weltkrieg unangetastet. Bei Kriegsende waren nicht nur das Schloß und die übrigen Gebäude im Park zerstört oder beschädigt, auch der Baumbestand hatte besonders im Westteil schwer gelitten; das Areal war zudem mit Bombentrichtern übersät. Der Bau von Baracken und die Nutzung von größeren Flächen entlang der Prag- und der Nordbahnhofstraße als »Grabeland« schädigten den Baumbestand außerdem, so daß besonders die Randbereiche von ihrem Charakter eingebüßt hatten.

Die Abschnürung des Parks durch die umgebenden Straßen und damit die Isolierung von der Stadt hatte sich infolge des Bahnbaus und der vorwiegend gewerblichen Entwicklung in der Umgebung verstärkt. Der umlaufende Staketenzaun und die Torzugänge ließen immer noch die abgeschlossene Welt des königlichen Gartens erahnen. Es war kein Wunder, daß die Bevölkerung von dem Park wenig Notiz nahm. Professor Bonatz hatte ihn 1928 sogar als Standort für die Technische Hochschule untersucht und die westliche Hälfte des Parks dafür überplant, und im Flächennutzungsplan wurde in den siebziger Jahren die Bebauung eines schmalen Streifens entlang der Nordbahnhofstraße für hochwertige öffentliche Bedürfnisse vorgesehen.

Angesichts der drängenden Nachkriegsprobleme konnten die Bombenschäden nur in kleinen Schritten behoben werden. Eine umfassende Auffrischung und Erneuerung des Parks fand nicht statt; im Gegenteil: Zunächst erlitt er weitere empfindliche Einbußen.

Entlang der oberen Pragstraße vom Löwentor bis zur Wilhelma mußte 1958/59 für die Verbreiterung der Bundesstraße 10 ein Streifen abgegeben werden, dem die Randbepflanzung zum Opfer fiel. Das Löwentor und der anschließende, tieferliegende Bereich wurden dadurch schwer beeinträchtigt. Gravierender waren die Absichten auf der Südseite: Hier forderte nicht nur die Post eine über zwei Hektar große Fläche für den Bau eines neuen Bahnpostamtes; nach dem damaligen Verkehrskonzept wurde seitens der Stadt zudem die Verlegung der Bundesstraße 10 von der Pragstraße an den Südrand des Parks als unausweichlich angesehen. In einer großen Besprechung am 24. Juli 1958 unter Beteiligung von Oberbürgermeister Klett und Finanzminister Dr. Frank erklärte sich das Land zur Geländeabgabe an die Bundespost unter Bedingungen bereit. Es konnte sich trotz Einwendungen von Direktor Schöchle auch »der Notwendigkeit der Geländeabgabe für die Ehmannstraße nicht verschließen, zumal der Herr Regierungspräsident als Vertreter der Straßenbau- und Naturschutzbehörde die Straßenführung billigt«.

Das Bahnpostamt wurde 1960–62 gebaut. Glücklicherweise scheiterte die baldige Verlegung der Bundesstraße 10 an den fehlenden Geldmitteln. Die Stadt hat dann im Zusammenhang mit der Diskussion um den Schwanenplatz und dem Wertewandel zugunsten der Stadtqualität ihre Absicht aufgegeben, so daß dem Park weiterer Flächenverlust und die völlige Entwertung durch Verkehrslärm und Abgase erspart geblieben sind. Übrig blieb jedoch die notwendige Verkehrserschließung des Bahnpostamtes; zur Beruhigung der Wohngebiete in der Nordbahnhofstraße erfolgte im Zuge der Erschließung des Museums am Löwentor zusätzlich die Verlängerung der Ehmannstraße vom Tunnelanschluß bei der Rosensteinstraße bis zur Nordbahnhofstraße. Der Park verlor dadurch rund drei Hektar Fläche. Leider hat die Post am südöstlichen Ende zur Parkseite hin einen großen LKW-Ladehof angeordnet, der ein wenig erfreuliches Gegenüber bildet.

Ein gewisser Ausgleich ist durch die Aufhebung der Ehmannstraße zwischen den Unteren Anlagen und dem Rosensteinpark geschaffen worden. Das autofreie Zusammenwachsen hat dort die beiden Parkbereiche wesentlich aufgewertet.

Von der Fläche her hat das Land Baden-Württemberg als Eigentümer in der Nachkriegszeit die größten Einbußen zu vertreten. Sie sind jedoch nicht vergleichbar mit der Abtrennung und damit dem totalen Flächenverlust des Parks für Straßen oder Betriebsanlagen von Bahn oder Post.

Die etwa 11 Hektar umfassende Wilhelma-Erweiterung wollte das Parkgefüge bewahren. Die Gestaltung sollte vom intensiver genutzten Tier-»Garten« weich in den offenen Landschaftsraum überleiten. Dies ist im hängigen unteren Teil optisch weitgehend gelungen. In dem nach Westen ansteigenden schmalen Streifen rücken die Gehege jedoch so nahe an den Großen Rundgang heran, daß die unvermeidbaren Zäune eine sichtbare Grenze bilden und den Zusammenhang des Parkganzen unterbrechen. Bei allem Bemühen um eine behutsame Einfügung der Tiergehege ging dadurch ein Stück der ursprünglichen Weite verloren.

Der Bau des Museums am Löwentor war die logische

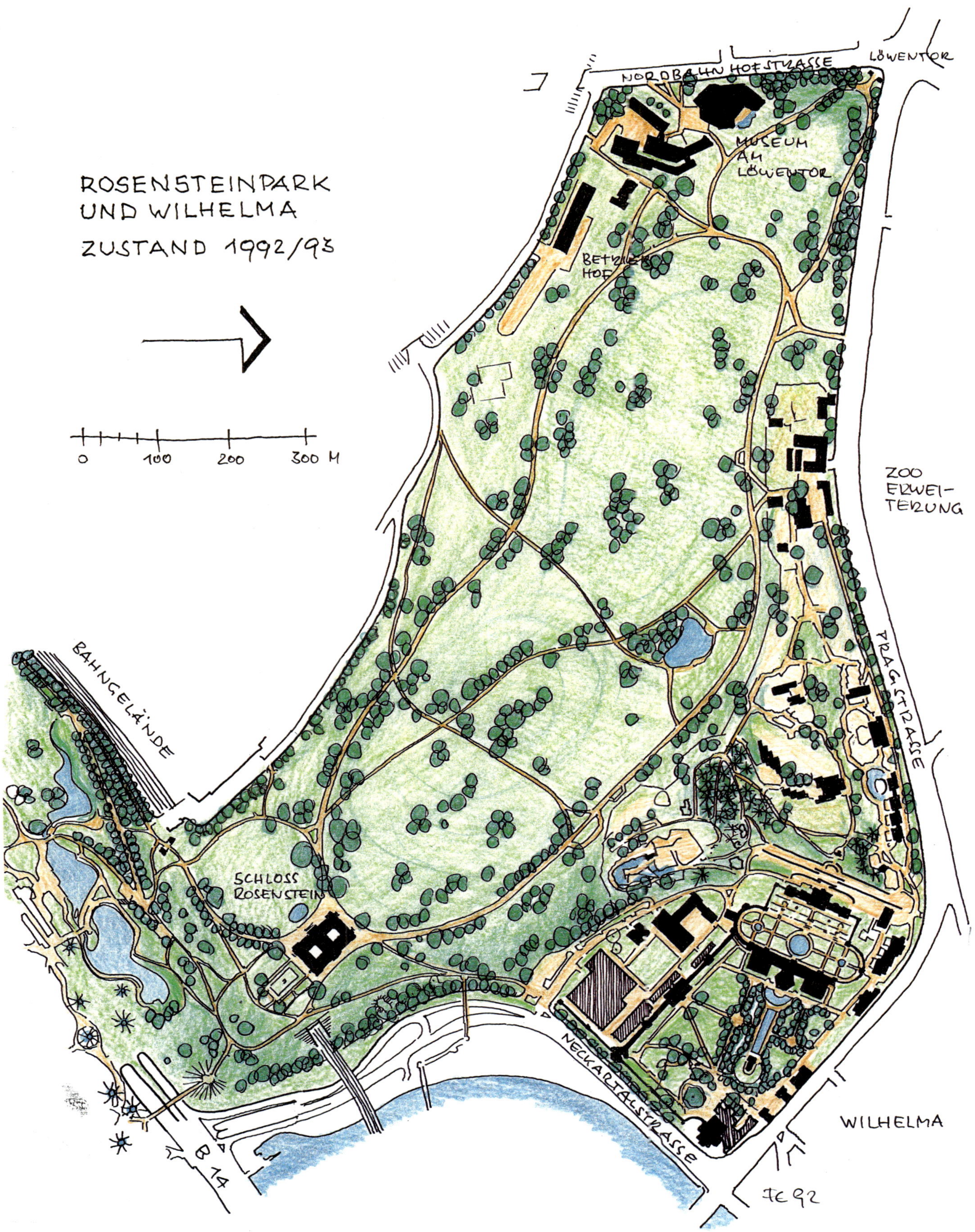
ROSENSTEINPARK
UND WILHELMA
ZUSTAND 1992/93
0
100
200
300 M
NORDBAHNHOFSTRASSE
LÖWENTOR
MUSEUM
AM
LÖWENTOR
BETRIEBSHOF
ZOO
ERWEI-
TERUNG
PRAGSTRASSE
BAHNGELÄNDE
SCHLOSS
ROSENSTEIN
NECKARTALSTRASSE
WILHELMA
B 14
FC 92

Folge der Nutzung des Schlosses Rosenstein für das Naturkundemuseum auf Dauer. So groß der neue Komplex auch ist, er bildet mit seinen Baukörpern und deren Zuordnung einen attraktiven Eingang in den Park und stimmt durch seine Architektur auf den Park ein.

Gegen die Verluste an historischer Substanz steht der Gewinn eines naturkundlichen Bildungs- und Erholungsbereichs für viele tausend Menschen. In ihm sind die wiederaufgebauten Baudenkmale und die neuen Gebäude mit dem Park zu einer sinnvollen Einheit verbunden.

Trotz der Schrumpfung von 85 auf 70 Hektar Fläche und der in den Nachkriegsjahrzehnten stark veränderten Randzonen blieb der Rosensteinpark weitgehend in seinem Wesen erhalten und hat den großen Atem des Landschaftsraums bewahrt. Bestimmend und ungestört sind immer noch das Zusammenwirken des Schlosses mit seiner Umgebung, die Baumgruppen und Wiesenflächen und die Sichtbeziehungen im Inneren des Parks. Von außen grüßt der Fernsehturm als Symbol unserer Zeit über den Talkessel hinweg, und Weinberge stehen im Hintergrund der Pragstraße.

Der Auftakt mit der nach den Torwärterhäusern zum Schloß aufsteigenden Grünfläche und der Kastanienallee am Zugangsweg bietet das gewohnte Bild, wenn auch in der maßstäblichen Wirkung gestört durch die Größe und den gleißenden weißen Marmor der nachgeschaffenen Nymphengruppe (ursprünglich am oberen Schloßgartensee). An der Südseite bereichert die grüne Verbindung zum Park der Villa Berg über die Talaue mit den Seen und Sprudlern hinweg, und direkt vor dem Schloß liegt der 1976 niedlich erneuerte Karlsgarten mit seinen grazil nachempfundenen Pergolen und den Kopien antiker Statuen. Die Ostseite hoch über dem Neckar beeindruckt nach wie vor durch den ungestörten Blick in die Umgebung.

Neue Wege stellen zusätzliche Verbindungen zum Park her; die wichtigste wurde zur Bundesgartenschau 1977 vom Weg zum Bellevuetor mit einer interessant

geformten Betonbrücke über die Neckartalstraße und einem hölzernen Steg über den Neckar bis nach Bad Cannstatt geschaffen. Begrünte Kuppen betten den Fluß in den Landschaftsraum ein, mit der Folge allerdings, daß die Stadt vom Wasser weiter abgeschnitten wird.

Nördlich des Schlosses aber entfaltet sich unverändert die landschaftliche Schönheit des Parks. Der Große Rundgang umschließt die über 30 Hektar große, zentrale Fläche, in der sich das von Menschen gestaltete Naturerlebnis einprägsam abbildet. Die in neuerer Zeit angelegten Querwege beeinträchtigen diese Wirkung nicht, sondern lassen neue Einblicke zu. Der vormals nur als Wasserreservoir dienende Pumpsee ist zu einem belebenden Anziehungspunkt gestaltet worden. Durch den nun vielfach über 150 Jahre alten Baumbestand wird die Weiträumigkeit des Parks betont und seine großartige Wirkung unterstrichen; ein Geschenk an unsere Zeit, das der stetigen Pflege bedarf.

Geometrisch geformte Gartenanlagen, vor allem ihre Alleen, müssen zur Wahrung ihres Eindrucks in einem Schritt erneuert werden. Im Gegensatz dazu unterliegt der englische Landschaftspark dem dauernden »Stirb und Werde« der Natur; aber auch er erfordert zur Erhaltung seines gewollten Charakters genauso den behutsamen Einsatz der »silbernen Axt« gegen Verwilderung wie Nachpflanzungen zur rechten Zeit und am rechten Ort. Dies ist vielen, ökologisch denkenden Bürgern unserer Zeit nicht bewußt, jedoch unerläßlich, um das Gesamtkunstwerk mit seinem einzigartigen Erlebnisreichtum im Sinne der Erbauer zu erhalten. Auf der Grundlage eines Parkpflegewerks wird seit einigen Jahren danach gearbeitet.

Ganz sicher ist, daß der Park jetzt die Grenzen seiner Belastbarkeit erreicht, wenn nicht überschritten hat. Weitere Eingriffe sollten deshalb schon im Denken der Menschen keinen Platz mehr finden; das sind wir seinem königlichen Schöpfer und den künftigen Generationen gleichermaßen schuldig.

Nachwort

Im Frühjahr 1993 findet in Stuttgart die Internationale Gartenbauausstellung – IGA 93 – statt. Neben dem gärtnerischen Schaubetrieb wird im Rahmen dieser Veranstaltung eine öffentliche Parkanlage neu gestaltet, die sich vom Killesberg im Bereich Wartberg-Steinenberg hangabwärts bis zum Löwentor hinunterzieht und mit dem großen Garten des Leibfriedschen Villengrundstücks den Anschluß an den Rosensteinpark findet. Durch diese Daueranlage verwirklicht die Landeshauptstadt das sogenannte »Grüne U«, d.h. die Verbindung der ehemaligen Königlichen Schloßgärten und des Rosensteinparks mit dem Höhenpark Killesberg und dessen Fortsetzung zum Kräherwald. Damit entsteht ein zusammenhängender Grünraum, der in einem großen Bogen von der Stadtmitte im Talgrund auf der Nordseite hinauf zum Kesselrand reicht und dort den Anschluß zu den großen Waldgebieten herstellt.

Die bisher in Stuttgart abgehaltenen Bundesgartenschauen haben im wesentlichen der Erneuerung vorhandener Parkanlagen gegolten. Erstmals nach dem Zweiten Weltkrieg entsteht nun im Weichbild der Stadt ein neuer Parkbereich, der zusammen mit den vorhandenen Grünräumen für das Stadtbild wie für das Klima in dem dichtbebauten Talkessel von großer Bedeutung ist. Insoweit setzt die bürgerliche Gemeinde als heutiger Souverän mit einer gewaltigen Kraftanstrengung fort, was hundertachtzig Jahre früher binnen einer Generation von den württembergischen Königen für ihre Residenz geschaffen worden ist.

Diese Verknüpfung war für mich der Anlaß, den Werdegang der Residenzschlösser und ihrer zugehörigen Parks im geschichtlichen Ablauf nachzuvollziehen und in die Stadtentwicklung einzubinden. Dabei habe ich feststellen müssen, daß viele für die Baugeschichte der Landeshauptstadt wichtige Bücher leider seit langem vergriffen sind und sich deren Inhalte oft auf Zeitabschnitte, Baumeister oder Einzelbauten beziehen. Meist enden die Darstellungen mit dem Zweiten Weltkrieg. Die Aufbruchstimmung in das moderne Bauen als sichtbares Zeichen des überwundenen Totalitarismus wie die Bedingungen des Wiederaufbaus finden in unserer rekonstruktionssüchtigen Zeit kaum eine gerechte Wertung. In der Erinnerung an die gute alte Zeit wird auch oft vergessen, daß die Entwicklung schon immer schmerzliche wie heilsame Eingriffe in die Stadträume und die Bausubstanz erfordert hat.

Angesichts dieser Sachlage habe ich versucht, den Bauprozeß über die Jahrhunderte hinweg bis in unsere Tage in den großen geschichtlichen Zusammenhang zu stellen und in überschaubarer Form nachzuzeichnen. Dabei standen die Fülle des Materials und die gewünschte Knappheit des Inhalts oft genug im Widerstreit. So sind viele zeitliche, persönliche oder sachliche Bezüge und stilistische Verweise nur angerissen oder unterblieben. Ich hoffe trotzdem, daß die Aussagen hinreichen und der Bogenschlag gelungen ist.

Vor allem aber ist die Darstellung durch die Brille eines Architekten erfolgt, dessen Schwerpunkte zwangsläufig andere sind als die von Kunsthistorikern. Zudem durfte ich in der Staatlichen Hochbauverwaltung über 30 Jahre lang am Wiederaufbau wie an der Neugestaltung des Kernbereichs der Landeshauptstadt persönlich mitwirken und kenne das riesige Ausmaß der Zerstörungen des Zweiten Weltkriegs noch aus eigener Anschauung. Deshalb war es mir ein wichtiges Anliegen, die Bautätigkeit in den Nachkriegsjahren vor dem Hintergrund der geistigen Einstellung jener Zeit wie der eigenen Erfahrungen – zugegeben subjektiv – aufzuarbeiten und mit der Stadtentwicklung zu verknüpfen.

Ohne das Entgegenkommen und die Hilfe vieler Personen und Dienststellen hätte ich das Thema nicht bewältigt. Meine ehemaligen Kolleginnen und Kollegen in der Staatlichen Hochbauverwaltung wie die Baupartner aus früheren Zeiten haben mir alle Unterlagen zugänglich gemacht und mich mit Informationen, Plan- und Bildmaterial vorbehaltlos unterstützt. Gleichermaßen sind die Photographen des Buches, Frau Ute Schmidt-Contag und Herr Uli Kreh, den bildlichen Vorstellungen des Verfassers willig gefolgt. Dafür möchte ich an dieser Stelle herzlich danken.

Mein besonderer Dank gilt Herrn Professor Dr. Fleischhauer; er hat mir neben vielen Hinweisen seine persönlichen Erinnerungen überlassen und den Abdruck seines Berichtes über die Zerstörung des Neuen Schlosses gestattet.

Obwohl mich die Baugeschichte der Schlösser und Schloßparks schon immer beruflich wie privat beschäftigt hat: den Anstoß zur Veröffentlichung hat der J.F. Steinkopf Verlag gegeben. Der Mithilfe und Beratung seines Lektorats ist es schließlich zu verdanken, daß mein Buch zustande gekommen ist.

Gerlingen, im September 1992

Herbert Fecker

Literaturverzeichnis

Heinz Bardua, Stuttgart im Luftkrieg 1939–1945, Archiv der Stadt Stuttgart 1985.

Andrea Berger-Fix, Klaus Merten, Die Gärten der Herzöge von Württemberg im 18. Jahrhundert. Katalog 1981.

Paul Bonatz 1877–1956, Stuttgarter Beiträge Heft 13/1977, Karl Krämer Verlag, Stuttgart.

Otto Borst, Stuttgart, Konrad Theiss Verlag, Stuttgart 1973.

Dehio/Piel, Baden-Württemberg, Deutscher Kunstverlag, München 1964.

Fritz Drissler, Bauabschluß im Schloß Rosenstein 1960.

Paul Färber, Nikolaus Friedrich von Thouret, W. Kohlhammer Verlag, Stuttgart 1949.

Werner Fleischhauer, Renaissance im Herzogtum Württemberg, W. Kohlhammer Verlag, Stuttgart 1958.

Ders., Barock im Herzogtum Württemberg, W. Kohlhammer Verlag, Stuttgart 1958.

Ders., Das Alte Schloß in Stuttgart und seine Schätze.

Werner Frasch, Ein Mann namens Ulrich, DRW-Verlag Weinbrenner, Stuttgart 1991.

O. Gerhardt, Stuttgarts Kleinod, Verlag Silberburg, Stuttgart 1936.

Walter Grube, Der Stuttgarter Landtag 1457–1957, Verlag Ernst Klett, Stuttgart 1957.

Jürgen Hagel, Stuttgart im Spiegel alter Karten und Pläne, Katalog Hauptstaatsarchiv 1984.

Hans Andreas Klaiber, Philippe de la Guêpière, W. Kohlhammer Verlag, Stuttgart 1959.

Klaus König, Bernhard Ziegler, Das Museum Schloß Rosenstein, Stuttgarter Beiträge zur Naturkunde 1987.

Kurt Leipner, Stuttgart, Daten zur Geschichte, Konrad Theiss Verlag, Stuttgart 1987.

Hans Luz, Stuttgarter Gärten – Betrachtungen zur Entwicklung der Gartengestaltung von 1900 bis heute.

Antero Markelin, Rainer Müller, Stadtbaugeschichte Stuttgart, Stuttgarter Beiträge, Karl Krämer Verlag, Stuttgart 1984.

Klaus Merten, Führer Altes Schloß Stuttgart, Württembergisches Landesmuseum, Stuttgart 1986.

Ders., Führer Schloß Ludwigsburg, Württembergisches Landesmuseum, Stuttgart 1984.

Ernst Müller, Geschichte Württembergs, W. Kohlhammer Verlag, Stuttgart 1963.

Elisabeth Nau, Hohenheim – Schloß und Gärten, Jan Thorbecke Verlag, Sigmaringen 1967.

Gerhard Raff, Hie gut Württemberg allwege, Deutsche Verlags-Anstalt, Stuttgart 1988.

Verena Schneckenburger, Giovanni Salucci.

Richard Schmidt, Das Alte Schloß in Stuttgart, herausgegeben vom Ausschuß für die Volksspende zum Wiederaufbau des Alten Schlosses, März 1932.

Ders., Das Alte und das Neue Schloß in Stuttgart, Deutscher Kunstverlag, München 1944.

Albert Schöchle, Das Schlitzohr, Konrad Theiss Verlag, Stuttgart 1981.

E. von Seyffer, Das königliche Landhaus Rosenstein, Württembergisches Jahrbuch 1830 für vaterländische Geschichte.

Wilhelm Speidel, Giovanni Salucci.

Bernhard Sterra, Das Stuttgarter Stadtzentrum im Aufbau, Silberburg-Verlag, Stuttgart 1991.

Gerhard Storz, Karl Eugen, Klett-Cotta Verlagsgemeinschaft, Stuttgart 1981.

Johannes Voigt, Paul Schmitthenner im Sog, Universität Stuttgart 1985.

Gustav Wais, Alt-Stuttgarts Bauten im Bild, Reprint 1977, Verlag Wolfgang Weidlich, Frankfurt/M.

Karl Weidle, Der Grundriß von Alt-Stuttgart, Verlag Ernst Klett, Stuttgart 1961.

Ludwig von Zanth, Die Wilhelma, Selbstverlag, Stuttgart 1855/1856.

Bernhard Ziegler, Henner Siegel, Das Museum am Löwentor, Stuttgarter Beiträge zur Naturkunde 1985.

BDA: Gutachten Schwanenplatz.

Finanzministerium des Landes Baden-Württemberg: Festschriften; Altes Schloß 1945–1971; Neues Schloß 1958–1964; Denkschrift Wilhelma 1959; Die Wilhelma 1829–1980.

Stadt Stuttgart: Generalverkehrspläne 1962/1965; Bundesgartenschau 1961; Amtsblatt der Stadt Stuttgart (diverse Ausgaben); Behördenakten.

Bildquellen

Akademie Schloß Solitude: 55.

BDA Stuttgart: 121.

Fremdenverkehrsamt Ludwigsburg: 34.

Uli Kreh und Ute Schmidt-Contag, Stuttgart: 2, 122, 123, 124 l., 124 r., 125 o.l., 125 o.r., 125 u.l., 125 u.r., 127, 128, 133 o., 134, 135 o.l., 135 u.l., 135 o.r., 135 u.r., 136 o., 136 u., 137, 138, 139 o.l., 139 o.r., 139 u., 141 o., 142 o., 142 M., 142 u., 143, 144 l., 144 r., 145, 147 l., 147 r., 148 o.l., 148 o.r., 148 M.l., 148 M.r., 148 u.l., 148 u.r., 154 o., 154 u., 156 u., 160 l., 160 r., 163 l., 163 r., 164 o.l., 164 o.r., 165 u.l., 165 u.r., 166 o., 166 u., 167, 168, 172 o.l., 172 o.r., 172 u.l., 172 u.r., 173.

Landesbildstelle Württemberg, Stuttgart: 21, 49, 65, 66, 103 u., 110 o., 110 u., 111 o., 111 u., 113.

Foto Adolf Lazi Archiv, Stuttgart: Seite 108 o.

Hans Luz: 92, 93, 146/147, 175.

Schloßmuseum Ludwigsburg: 38 l., 38 r., 52, 53.

Siegel/Wonneberg: 157 l., 157 r.

Staatliche Hochbauverwaltung, Stuttgart: 32, 36 o.l., 36 o.r., 45 o., 45 u., 112, 126, 131, 133 u.l., 133 u.r., 152, 161, 162, 164 u., 165 o., 169.

Staatliches Museum für Naturkunde, Stuttgart: 153 o., 153 u., 158.

Staatsgalerie Stuttgart: 6, 59 o., 62, 63, 64, 71, 75.

Stadtarchiv Stuttgart: 26 o., 50, 85, 104.

Stadtmessungsamt Stuttgart: 80/81, 103 o.

Stadt Stuttgart: 119, 140/141.

Städtisches Museum Ludwigsburg: 30, 35, 37, 51.

Universitätsbauamt Stuttgart: 59 u.

Wilhelma, Stuttgart: 91, 95, 96, 98, 99, 100 o., 100 u.

Württembergisches Landesamt für Denkmalpflege, Stuttgart: 108 u.

Württembergisches Landesmuseum, Stuttgart: 31, 33, 40, 42, 43, 46/47, 61, 72/73, 77, 84, 90.

Alle übrigen Vorlagen aus der Sammlung des Verfassers.